기독교 지도자들의 영적 준비를 위한 지침서

기독교 영성 목회

기독교 영성 목회: 기독교 지도자들의 영적 준비 지침서
　Spiritual Preparation for Christian leadership
초판 발행: 2000년 1월
제2판발행: 2020년 5월 25일
저자: E. 글렌 힌슨
역자: 엄성옥
발행처: 은성출판사
등록: 1974년 12월 9일 제9-66호
주소: 서울시 강동구 성내로3길 16 (은성빌딩 3층)
전화: (031) 774-2102
팩스: (02) 6007-1154
이메일: esp4404@hotmail.com
홈피에지: www.eunsungpub.co.kr

ⓒ 2020년 은성출판사

　이 도서의 국립중앙도서관 출판예정도서목록(CIP)은 서지정보유통지원시스템 홈페이지(http://seoji.nl.go.kr)와 국가자료종합목록 구축시스템(http://kolis-net.nl.go.kr)에서 이용하실 수 있습니다. (CIP제어번호 : CIP2020019696)

　출판 및 판매에 관한 모든 권한은 본 출판사가 소유하고 있습니다. 출판사의 사전 서면 허락 없이 번역, 재제작, 인용, 촬영, 녹음 등을 할 수 없음을 알려드립니다.

Originally published in English under title: Spiritual Preparation for Christian Leadership by E. Glenn Hinson published by Upper Room Books in 1999. All Rights to this book, not specially asigned herein, are reserved by the copyrights owner. All non-English rights are exclusively throught Upper Room Books, 1908 Grand Ave., P.O.Box 189, Nashville, TN 37202, U.S.A.

Printed in Korea
ISBN: 979-11-89929-03-9

Spiritual Preparation
for
Christian Leadership

E. Glenn Hinson
translated by
Sung Ok Eum

기독교 지도자들의 영적 준비를 위한 지침서

기독교 영성 목회

E. 글렌 힌슨 지음
엄성옥 옮김

차례

머리말/ 9

제1장: 영성 형성은 필요한 것인가? / 13
제2장: 교회사에서 본 기독교 지도자들의 영성 형성 / 31
제3장: 주된 일: 하나님과의 관계 / 59
제4장: 책임지는 삶: 영적 일지 기록하기 / 89
제5장: 시간을 최대한으로 활용하라 / 117
제6장: 균형잡힌 영성 / 141
제7장: 영성과 성/ 173
제8장: 영성 생활을 유지하기-1: 영적 읽기, 듣기, 보기 / 197
제9장: 영성 생활을 유지하기-2: 독거와 침묵 / 219
제10장: 영성 생활을 유지하기-3: 여행에 동참함 / 239
제11장: 교회와 세상에 가장 필요한 사람 / 263

부록: 성격과 영성 / 287
참고문헌 / 301
색인 / 319

머리말

이 책은 기독교 지도자들이 갖추어야 할 영적 준비에 대해 다룬 책이다. 지도력(leadership)이라는 단어는 목회자, 교육 사역자, 음악 사역자, 종군 목사, 상담자 등 안수받은 전문 목회자들에게만 적용되는 것은 아니다. 그 단어는 세상에서 활동하면서 그리스도의 몸 안에서 주도적인 역할을 하는 많은 신자까지도 포함한다. 교회 생활에서 일어나는 일을 편견 없이 바라보면, 안수받은 사람들은 오늘날 교회가 세상에서 살아 계신 그리스도의 사역을 수행하는 데 필요한 지도력의 일부만 공급할 뿐이라는 것을 쉽게 확인할 수 있다.

기독교 지도자에게 영적 준비가 필요하다는 것을 깨닫는 데는 그다지 오랜 시간이 걸리지 않는다. 기독교 사역은 힘들고 어렵고 스트레스가 많고 비용이 많이 드는 일이다. 교회와 세상은 기독교 지도자에게 많은 것을 기대한다. 사도 바울이 디모데에게 말한 것처럼(딤전 4:12), 우리는 자신의 기호와는 상관없이 말과 행동과 사랑과 신실함과 깨끗함에 있어서 신자들의 본이 되어야 한다. 또한 우리는 인간의 지성으로 인식하거나 인간의 능력이 허용하는 것 이상의 일을 행하라는 부름을 받고 있다. 그런데, 과연 어떤 사람이 그러한 일을 할 수 있을까? 대답하자면, 인간의 능력으로는 아무도 할 수 없다. 사도 바울이 알고 있었던 것처럼, 우리는 자기 자신이 아니라 하나님을 믿어야 한다. 하나님은 우리가 능히 이 새로운 언약의 사역자가 되게 해 주실 수 있다.

이 책은 내가 약 40년 동안 켄터키주 루이빌에 있는 남침례교 신학교에서 교회사를 가르치면서, 사역자들이 그들의 어려운 일을 감당할 수 있도록 준비시키기 위해 노력하는 과정에서 만들어진 책이다. 나는 1992년 이후로, 리치먼드에 있는 침례교 신학교에서 영성에 대해 강의해왔다. 이렇게 역사신학 분야에서 영성학으로 전환한 것은 내가 예측했던 것도 아니고 계획했던 일도 아니었다. 그것은 하나님의 섭리에 따른 일로서, 삶에서 일어나는 개입이 하나님의 기회로 판명되는 한 가지의 예이다. 이 일로 인해 나는 총명하고 정력적인 기독교 지도자 후보생들에게 이 책에 수록된 자료들을 적용하고 정리하고 시험해 보는 데 도움을 받았다.

나는 항상 학생들을 나의 주임 교수라고 생각해왔다. 내가 그들을 가르쳤다기보다는 그들에게서 많은 것을 배웠다. 학생들에게 어떤 주제를 가르치는 것이 나의 교육철학은 아니다. 물론 나는 학생들에게 가르치기 위해서 특정의 주제나 학문을 사용하지만, 내가 무엇에 도전하고 있는지를 망각해서는 안 된다. 내 강의를 들은 학생들은 이 책에서 내가 답변하고자 하는 질문을 제기해 주었다. 그들은 내가 오늘날 세상과 교회 안에서 위험에 처해 있는 진정한 문제를 파악하는 데 도움을 주었다. 학생들은 내 강의를 경청할 때는 물론이요 그렇지 않을 때도 내가 현실에 접하게 해 주었다.

이 책이 나오기까지 나는 많은 사람의 은혜를 입었다. 그중 내 인생에 영향을 준 일반 성도들, 특히 믿는 그대로 생활하셨던 작은 아버지 부부에게 가장 많은 은혜를 입었다. 미조리 오자크스(Missouri Ozarks)에 있는 시골 학교에서 나를 가르쳐 주셨던 버타 브라운(Berta Brown) 선생님은 훌륭한 신실함의 본보기를 보여 주셨다. 또 우리 농장에서 5마일 떨어진 곳에서 가게를 운영하시던 부쉬(G. C. Busch) 씨는 경제 불황기에 우리 가족이 목숨을 유지할 수 있게 해 주신 분이시다. 그 밖에도 많은 평범한 사람들이 나에게 도움을 주었다.

다음으로, 내가 하나님을 알기 위해 진지하게 탐구하면서 높은 산에 오르는 동안 나의 지성과 마음을 파악할 수 있도록 도움을 주신 특별한 성인들이 계시다. 내가 19살 때에, 세인트루이스에 있는 워싱턴 대학의 은사이신 후스톤 스미스(Huston Smith) 교수님의 세상을 포용하는 믿음은 내가 믿음의 위기를 넘어설 수 있게 해 주셨다. 또 켄터키 주 겟세마네에서 활동한 수도사 토머스 머튼 덕분에, 나는 활동의 세상 속에서 기도 생활의 필요성을 깨닫게 되었다. 나의 특별한 친구인 더글러스 스티어(Douglas Steere)는 나 자신의 내면 깊은 곳에 있는 것을 확인시켜 주고 용기를 북돋아 주었다. 옥스퍼드 대학에서 초대 교회사를 공부할 때에 나를 지도해 주신 그린슬레이드(S. L. Greenslade) 교수는 사람이 학자이면서도 성인이 될 수 있다는 사실을 몸소 증명해 주셨다. 제2차 바티칸 공의회 기간에 더글러스 스티어와 갓프리 딕먼이 설립한 에큐메니컬 영성협회(Ecumenical Institute of Spirituality)에서 나와 함께 활동한 동료 회원들은 지난 25년 동안 이 분야에서의 나의 업적에 대해 나에게 정보를 주고 많은 감화를 주어왔다. 교황 요한 23세와 제2차 바티칸 공의회가 열어 놓은 놀라운 시대에 살면서 가르칠 기회를 주신 하나님께 무어라 감사해야 할지 모르겠다. 이 놀라운 은사를 주신 하나님께 감사를 드린다.

『기독교 영성 목회』라는 책의 저술을 청탁해 주신 Upper Room 출판사와 편집자인 조지 도니지언에게 감사를 표한다. 리치먼드에 있는 침례교 신학교는 내가 이 책을 저술할 수 있도록 강의 시간을 배려하는 호의를 베풀어 주었다. 리치먼드에 있는 유니온 신학교의 윌리엄 스미스 모튼 도서관(William Smith Morton Library)에서 내가 필요한 자료들을 쉽게 입수할 수 있었다. 1998년 1-2월에 내가 레지던스에서 영적 지도자로 시무하는 동안, 사우스캐롤라이나의 그린빌에 있는 제일 침례교회에서는 이 책의 1-3장을 저술하는 것을 허락해 주었고, 기독교 지도자에게 영적 준비가 얼마나 중요한가에 큰 관심이 있음을 보여 주었다. 과거에 내 제자였으며 현재 가톨릭 대학 대학원에서 영성을 전공하는 스테파니 포드, 그리고 현재 내 제자인 소냐 매튜스는 원고를 읽고 여러 가지 제안을 해주었다.

글렌 힌슨
1998년 5월 21일

제1장

영성 형성은 필요한 것인가?

1960년, 내가 루이빌에 있는 남침례교 신학교에서 교회사를 공부하는 학생들을 인솔하여 겟세마네 수도원을 방문한 직후, 토머스 머튼은 자신이 초신자들을 가르칠 때 사용하는 지침서 열 권, 혹은 열두 권, 그리고 자필 서명을 한 『영적 지도와 묵상』(*Spiritual Direction and Meditation*) 한 권을 나에게 우송해 주었다. 나는 그 책들이 신학교에서 강의하는 나 자신 및 동료 교수들이 기독교 지도자들을 배출하기 위해 행하는 일에 어느 정도 관련이 있다고는 생각도 하지 못한 채 그 책을 대충 훑어 넘겼다. 자발성의 원리가 중심을 차지하는 자유 교회(Free Church)의 신앙을 배경으로 하고 살아온 나에게 있어서 영성 형성과 지도라는 말은 생소하고 권위주의적인 말처럼 들렸다. 나는 토머스 머튼을 무척 좋아했고, 또 그가 머물던 수도원의 평화로움을 좋아했지만, 영적 지도에 대한 그의 말은 전혀 나에게 감동을 주지 못했다. 몇 년 후에, 미국과 캐나다의 신학교 연합에서는 릴리 재단의 지원을 받아 태평양 교회 신학교에서 도덕 신학을 강의하는 찰스 F.

휘스턴(Charles F. Whiston) 교수가 개신교 신학생들을 주축으로 하여 기도 학교를 개최하는 일을 지원하게 되었다. 1960년대에는 세속주의의 물결이 휩쓸고 있었기 때문에, 일부 학생들은 휘스턴 교수의 시도는 그 시대에 맞지 않는 시도라고 생각했었다. 휘스턴 교수가 인디애나주 리치먼드에 있는 얼햄(Earlham) 대학교에서 약 1시간 동안 기도에 관해 강의를 한 후에, 한 학생은 "기도에 대해 이야기하는 데 시간을 낭비하는 이유를 모르겠군요. 내가 아내에게 키스하면, 그것이 바로 기도입니다. 내가 쓰레기를 버리는 것, 그것이 바로 기도입니다"라고 말했다. 세속주의 경향이 심했던 60년대에는, 거룩한 영역과 세속적인 영역을 구분하는 일을 반기지 않았다.

에큐메니컬 경향으로 말미암아 개신교 교인들과 가톨릭 신도들이 공동 참여의 기회를 추구하면서, TEAM-A(Theological Education Association of Mid-America)에서는 영성과 관련된 하나의 모임을 지원했다. 인디애나주에 있는 세인트 메인래드(St. Meinrad) 신학교의 카밀루스 엘스퍼만(Camillus Ellspermann) 신부는 사제 준비생들을 위해 베네딕트 수도회의 영성 형성 방법을 자세히 다룬 문제를 냈다. 수험생이었던 나는, 개신교인들이 종교개혁의 중심 기조를 위협하는 듯이 보인 방법과 수단을 채택하기 위해서 자신의 장자권을 포기하면 어쩌나 하는 강한 두려움을 느꼈었다. 1980년대에도, 워싱턴에 살렘 대학을 세운 틸덴 에드워즈가 주최한 어느 회의에서, 나는 우리가 영성 형성의 과정에서 무엇을 채택하든지 간에, 그것은 우리의 전통의 본질, 즉 종교 안에서의 자발적인 원리와 일치하는 것이어야 한다는 주장을 포기하지 않았음을 밝혔다.

현재 나는 리치먼드에 있는 침례교 신학교에서 "영적 지도자로서의 목회자들"이라는 과목을 강의하고 있는데, 그 강의를 수강하는 학생들은 토머스 머튼의 『영적 지도와 묵상』을 관심을 두고 읽고 이해한다. 그뿐만 아니라 나는 한 사람의 영성 형성이 사역을 위한 전반적인 준비에서 주도적인 역할을 하는바 가톨릭 신학교에서 시행하는 것과 유사한 영성 형성 프로그램이 개신교 지도자들을 위해서도 생겨나기를 바라고 있다. 나는 동창생들의 제안을 받아들여, 학기마다 일주일에 두 시간 영성에 대해 강의할 계획도 세우고 있다. 그 강의는 영성에 대한 개론(기도하는 법, 영성 일지 쓰기, 영성과 인성, 영성과 성, 영성 생활에서의 균형)에서부터 시작하여, 영성의 역사, 종교적 체험의 신학, 영성 심리학, 기독교 신앙의 고전 등을 다루고, 마지막으로 영적 지도자로서의 사역자들을 다루려 한다. 이 강의에서는 이론과 실천의 통합, 행동에 의한 학습을 추구하려 한다. 개신교 신학생들에게 신학교를 다니는 동안 내내 개인적인 영적 지도자를 두어야 한다고 요구할 수 있을지는 미지수이다. 우리 주위에는 노련한 지도자들이 많지 않지만, 일부 신학교에서는 그룹 지도를 할 수 있으며, 어떤 학생들은 개인적으로 일 대 일 지도를 받을 수 있다.

지난 30~40년 동안 개신교인들은 영적 지도의 분야에서는 매우 주저하면서 조심스럽게 행동해 왔다. 1954년에 내가 남침례교 신학교 석사 과정에 입학했을 때, 보수적인 신학 교수들이 실천 신학 부문—목회적 돌봄, 교회 행정, 종교 교육, 교회음악 등—을 장악하고 있으면서 환심을 사서 신용을 얻으려고 노력하고 있었다. 공동 예배, 교수들이나 관리 직원들의 권면, 그리고 학생들 자신이 느끼는 필요성 등을 통해서 사역자들의 개인적인 경건이 어느 정도 부양되었지만, 사이비 영성과 거룩한 체하는 구호에 대한 두려움 때문에 영적 성장과 발달에 대한 개방이 지체되었다. 거짓 경건보다는 현학적인 세속성이 더 의를 이루지 않을까? 조심스러움, 무관심, 영성 형성에 대한 적대감에서부터 도약하여 비틀거리기는 하지만 그것을 기독교 지도자 훈련의 중요한 부분으로 삼는 것을 어떻게 설명할 것인가?

변화하는 에큐메니컬 분위기

영성 형성에 대한 개신교의 태도가 이처럼 크게 변화된 분명한 이유 중의 하나는, 교황 요한 23세가 "새로운 오순절"을 주창한 이후 개신교와 가톨릭 진영에서 쌍방을 대하는 태도가 크게 변한 데서 찾아볼 수 있다. 요한 23세와 제2차 바티칸 공의회(1962-65) 이전에는 가톨릭 신학교와 개신교 신학교에서 계획하는 것이 서로 달랐다. 60년대 초에 월터 웨거너(Walter D. Wagoner)가 신학 교육 기금의 지원을 받아 행한 연구에 의하면, 가톨릭 신학교에서는 영성 형성을 교육 과정의 중심에 두고 있었다. 가톨릭 신학교들은 "신학생들이 경건해지고 영적 성숙에 이르도록 도와주는 장소와 기간"이 되려 했다. 평균적으로, 가톨릭 신학생들이 영성 훈련에 할애하는 시간은 개신교 학생의 다섯 배 이상이다.[1] 개신교 신학교에서는 전통적인 신학 안에서의 교육 사역 및 사역을 위한 기술에 초점을 두었으며, 영성 형성이라고 할 만한 것은 거의 없었다. 웨거너는 뉴욕 소재 유니온 신학교의 탁월한 학생 지도자의 말을 인용한다.

> 그리스도의 사역의 어떤 형태에 헌신하는 상대적인 통일성을 제외한다면, 유니온 신학교는 세상과 전혀 다를 바 없다. 비록 우리는 어떤 종류의 진정한 예배의 필요성에 대해서 말하기는 하지만, 대부분 학생은 채플을 중요하게 여기지 않는다. 어떤 종류이든 개인적으로 독창적인 경건 훈련을 하는 학생들도 거의 없다. 기도보다 활동을 중요하게 생각한다. 사도 바울보다는 하비 콕스를 더 깊이 연구한다. 피정(retreat)은 특별히 사회적이고 정치적인 행동 집단의 항의에 반대되는 것으로서 상대적으로 자주 행해지지 않는다. 유니온 신학교의 학생들은 교육 과정에 따른 엄청난 학업량과 연구 과제를 해결하기 위해서 열심히 노력한다. 이런 면에서, 유니온 신학교는 외부 세상과 다를 바 없다.[2]

제2차 바티칸 공의회는 로마 가톨릭교회의 시각과 에큐메니컬한 관계에 있어서 놀라운 변화를 가져왔다. 가톨릭 신자들과 개신교인들은 수 세기 동안 각기 안전한 벙커 속에서 기습 공격을 받지 않고 상대적으로 고립된 상태로 지내왔지만, 이제 양측은 상대방을 알며

---

1) Walter D. Wagoner, *The Seminary, Protestant and Catholic* (New York: Sheed and ward, 1966), 24-25.
2) Ibid., 31.

사상을 교환하고 공동의 문제들에 대한 해답을 추구하려 한다. 개신교인들의 입장에서, 이러한 상호교환을 통해서 얻는 가장 건전하고 지속적인 유익은 영성 및 영성 형성 분야에 있었다. 앞으로도 개신교와 가톨릭 진영의 기독교적 지도력의 개념은 계속 구분되겠지만, 지도자들의 영성 형성을 위한 관심에 집중되고 있다.

네 번째 각성

이러한 에큐메니컬 조류에 병행하며 이 조류를 증대시켜준 것이 소위 역사가들이 말한바 미국 역사상 네 번째 "각성"이다.[3] 첫 번째 각성은 1720년부터 1760년까지 지속된 대각성(Great Awakening)이었다. 그다음은 두번째 대각성이라고 하는 1790년부터 1820년 사이에 발생한 개척지의 신앙부흥이었다. 세 번째 운동은 19세기 말부터 20세기 초에 있었던 사회복음 운동이다.

각성은 대체로 세 단계를 거친다. 현재의 각성은 격동의 월남 전쟁 시대와 관련된 절망과 무질서와 혼란—반전 데모, 도시에서의 폭력, 민권 운동 등—에서 생겨났다.

1970년대와 80년대에는 유대-기독교 전통 안에서 더욱 심오한 통찰을 발견했을 그뿐만 아니라 불교, 힌두교, 도교 등 동방의 종교들

---

3) William G. McGlothlin, *Revivals, Awakenings, and Reform* (Chicago: University of Chicago Press, 1978), 141ff.을 보라.

의 지혜를 지향하는 심오한 종교적 탐구가 이루어졌다.

90년대에는 그러한 각성의 결과로 의식의 변화―세계 의식과 자유 및 세계의 자원 공유에 대한 외침―가 등장했다.

이러한 의식 변화의 배후에는 16세기 종교개혁의 전야라고 할 수 있는 바 1456년에 구텐베르크가 활자를 발명한 것보다 더 엄청난 기술의 혁명이 놓여 있다. 커뮤니케이션의 발달―위성, 텔레비전, 컴퓨터, 인터넷 등― 덕분에, 우리는 이제 한 국가의 시민으로만 살 수 없으며, 세계의 다른 사람들의 욕구에 부응하는 삶을 살아야 한다.

우리는 세계국가의 시민으로서, 세계 도처에서 일어나는 일의 증인이요 참여자로서 살아야 한다. 걸프 전은 미국인들이 처음으로 전쟁의 상황을 생생하게 목격할 수 있었던 전쟁이었다. 당시 우리는 폭탄이 투하되는 것, 시장에서 사람들이 불에 타서 죽는 것 등의 참상을 직접 목격했다. 또한 르완다에서 무죄한 양민들이 학살당하는 것, 에티오피아에서 많은 사람이 기아로 굶어 죽는 모습, 베를린 장벽이 무너지는 것 등도 직접 목격했다.

베이비 붐 세대와 X 세대

포스트 모던 문화의 주된 대표자는 베이비 붐 세대와 X 세대이다. 베이비 붐 세대란 1946년부터 1964년 사이에 태어난 사람들이며, X 세대란 1965년부터 1977년 사이에 태어난 사람들이다.

사회학자인 웨이드 클라크 루프(Wade Clark Roof)에 따르면, 베이비 붐 세대는 1992년대 미국의 종교적 전망을 바꾸어 놓았다.[4] 그들은 획일적으로 연령, 교육, 경제 계층, 성, 생활 방식, 연대순 등으로 나뉘지 않지만, "구도자들의 세대"라는 칭호에 걸맞은 공통의 특징을 나타낸다.

(1) 그들은 내면세계 대 외부 세계를 강조한다.
(2) 그들은 내적 경험이 진정한 종교 생활의 원천이라고 확신하며 영적인 재발견을 추구한다.
(3) 그들은 다른 사람들과 차원이 같은 믿음을 가지고 있지만, 상대적으로 덜 교리적이며, 판에 박힌 정통주의를 반대한다.
(4) 그들은 "종교적"인 것과 "영적"인 것을 예리하게 구분한다. "종교적"이란 제도적인 뜻을 함축하며, "영적"이란 보다 개인적인 의미를 함축한다.
(5) 일부 적극적인 구도자들은 자신의 탐구에 깊이 개입하며, 보다 개방적이고 개인적이고 융통성이 있다는 이유로 신비 종교를 선호한다.

베이비 붐 세대에게 매력이 있는 교회는 더 개방적이며 영적 성장의 기회를 제공하는 교회이다. 루프는 "베이비 붐 세대는 자신을 헌신할 방법을 간절히 찾는다. 그들은 자신이 행하는 것이나 자신이 헌신하는 것에서 인격적인 고양, 또는 자아의 확장을 찾을 수 있는지

---

4) Wade Clark Roof, *A Generation of Seekers* (San Francisco: Harper/Collins, 1992), 1.

알고자 한다"⁵⁾라고 결론을 내린다.

X세대(어떤 사람들은 이들을 "first post-Christian generation"이라고 한다)의 사람들은 냉소주의가 추가된 것을 제외하고는 부모 세대를 그대로 따른다. 폴스터 조지 바나(Pollster George Barna)는 X세대는 "이전 세대보다 더 하나님으로부터 멀어졌다는 느낌, 서로 분리되었다는 느낌, 삶의 무의미, 사회적 연대감의 결여 등을 더 많이 느낀다. 간단히 말해서 그들은 삶으로부터의 소외감을 느낀다"⁶⁾고 한다.

많은 사람이 결손 가정에서 자랐고, 제대로 된 학교 교육을 받지 못했으며, 앞으로의 경제적 전망은 부모 세대보다 밝지 못하다. 그들은 포스트모던 문화, 반-계몽주의 문화 속에서 성장한 첫 세대이다. 근대주의(Modernism)는 객관적이고 선하고 획득 가능한 지식을 의지하는 데 반해, 포스트모더니즘은 진리는 지성에 의해서만이 아니라, 정서와 직관에 의해서도 소유할 수 있다는 가정에 따라 작용한다.⁷⁾ 각 개인 및 개인이 속한 공동체가 진리를 정의할 수 있으며, 강조점은 그 공동체에 따라 달라진다.

1993년에 InterVarsity Christian Fellowship과 Leighton Ford Ministries의 지원을 받아 이루어진 X세대 상담 사역에서는 X세대

---

5) Ibid, 247.

6) George Barna, Baby Busters: *The Disillusioned Generation* (Chicago: Northfield Publishing, 1994), 72.

7) Stanley Grenz, *A Primer on Postmodernism* (Grand Rapids: Wm. B Eerdmans, 1996).

영성의 다섯 가지 특징을 식별해 냈다: 확실성(authencity), 공동체(community), 독단적 태도의 부재, 예술 중시, 다양성.

(1) X세대는 삶의 복잡한 문제에 대해서 단순한 답변에 만족하지 않는다. 그들은 삶이 어렵다는 사실을 알고 있으며, 정직하게 그것을 대면하기를 원한다.

(2) 베이비 붐 세대와 마찬가지로, 그들 역시 공동체를 원한다. 그들은 자신이 알지 못했던 가정에 대한 향수를 느낀다. 또한 성취보다는 인간관계를 중시한다.

(3) 바나(Barna)는 "전형적인 X세대에게는 절대적인 진리란 없다"[8]고 보고한다. 대부분의 X세대 사람들은 성서, 하나님에 대한 믿음, 교회 교리, 기독교의 절대성 등에 관한 독선을 비난조로 바라본다.

(4) X세대는 예술, 특히 음악 속에서 하나님과 접촉하는 길을 본다. 예술은 하나님에 대한 정서적인 경험과 예배의 주된 수단을 제공한다.

(5) 마지막으로, 그들은 인종 등의 구분으로 인해 분열된 사회와 교회 내에서 신빙성을 추구한다. 이들 역시 베이비 붐 세대와 마찬가지로 다양성을 인정하고 받아들인다.[9]

---

8) Barna, *Baby Busters*, 69.

9) Reported by Andres Tapia, "Reaching the First Post-Christian Generation," *Christainity Today*, September 12, 1994, 23-28. See also Jim Belcher, *Regeneration Quarterly*, Spring 1995, 23-26.

크게 기대되는 소명

기독교 사역은 언제나 망설여지는 소명으로서, 그 소명에서 중요한 것은 우리가 알고 있는 것이나 가지고 있는 기술이 아니라 우리 자신이다. 그 이유는 목회서신에서 "오직 말과 행실과 사랑과 믿음과 정절에 있어서 믿는 자에게 본이 되어"(딤전 4:12)라고 디모데에게 권면한 데서 찾아볼 수 있다. 잘못된 말이나 험한 말, 숨기는 말, 거짓말 등이 성행하는 이 시대에, 이것을 우리의 언행의 본보기로 삼을 수 있다.

"오직 사랑 안에서 참된 것을 하여"(엡 4:15).
"오직 너희 말은 옳다 옳다, 아니라 아니라 하라"(마 5:37).

우리는 자신의 말에 대한 책임을 져야 한다. 정치가들과 전도자들의 윤리적 타락이 갈수록 심해지는 이 시대에, 우리는 어떤 일을 하든지 책망받지 않고 존경받게 행해야 한다. 폭력과 학대가 난무하는 이 시대에 사는 우리는 사랑을 목표로 삼아야 한다.

"사랑은 오래 참고 사랑은 온유하며 시기하지 아니하며 사랑은 자랑하지 아니하며 교만하지 아니하며 무례히 행하지 아니하며 자기의 유익을 구하지 아니하며 성내지 아니하며 악한 것을 생각하지 아니하며 불의를 기뻐하지 아니하며 진리와 함께 기뻐하고"(고전 13:4-6).

약속을 어기기를 식은 죽 먹듯이 하는 이 시대에, 우리는 자신이 한 약속을 굳게 지켜야 한다. 줏대 없이 이리저리 밀려다니지 말고 견고히 서야 한다. 성적인 노출, 학대, 음란, 방탕이 성행하는 시대에, 우리는 모든 인간관계 중에서 가장 친밀한 이 관계에서 성실함의 본보기를 보여야 한다.

기독교 사역에 대한 사람의 기대는 줄어들지 않았다. 개인적으로 전보다 한층 더 요구하는 것이 많아졌다. 미국과 캐나다 내의 신학교 연합이 후원한 '사역을 위한 준비' 조사에 의하면, 사역자들을 평가하는 데 있어서 인격이 가장 우선을 차지한다는 사실이 확인되었다. 긍정적인 기준 9개와 부정적인 기준 3개 모두가 주로 인격적인 요인에 초점을 두고 있었다. 긍정적인 기준을 열거하자면 다음과 같다.

(1) "칭찬을 받으려는 마음이 없이 행하는 봉사"
(2) 고매한 인격, 즉 "타협을 강요하는 온갖 압력에도 불구하고 자신의 약속을 지킴으로써 언약을 존중하는" 능력
(3) "관대함, 그리고 공동체 내의 사람들이 존중할 수 있는 기독교적인 모범으로 나타나는 바" 복음에 대한 믿음
(4) "맡은 일을 완수함으로써, 그리고 견해의 차이를 다룰 능력을 갖춤으로써 자신의 유능함과 책임감"을 나타내며, "목회 기술이 계속 성장해야 할 필요성"을 감지함
(5) "회중 내에 강력한 공동체 의식을 형성하는" 지도력
(6) "따뜻함과 감수성과 이해력을 가지고, 스트레스를 받는 사람들을 해방시켜 주고 기운을 북돋아 주는 태도로 상담함

(7) "계속 신학을 공부하며, 생각과 표현의 명확함에 깊은 관심을 가짐으로써 기존의 예리한 지성을 더욱 연마하려는 태도"

(8) 스트레스를 받으면서도 계속 사람들을 지지하면서 침착함을 유지하는 능력"

(9) 자신의 한계와 실수를 인정하며, 계속된 성장과 학습의 필요성을 인식하는 능력" [10]

심각한 비판을 받은 요인들은 다음과 같다.

(1) "비판적이고 품위 없고 무감각한 태도를 취하며 교인들과 친하게 지내려 하기보다는 밀어내는 목회자"

(2) 옳지 못한 성관계를 갖거나 사람들을 화나게 하고 충격을 주거나 기분을 상하게 하는 방종한 행동을 하는 사람

(3) 직업적인 압박을 받을 때 정서적인 미숙을 드러내거나 무감각함과 불안함과 미숙함을 증명하는 행동을 하는 것" [11]

스트레스가 많은 소명

이렇게 사람들이 기대하는 것이 많다는 점을 고려해 보면, 기독교

---

10) David S. Schuler, Milo L. Brekle, and Merton P. Strommen, *Readiness for Ministry*, vol. 1-Criteria (Vandalia, Ohio: Association of Theological Schools in the United States and Canada, 1975), 6-7.

11) Ibid., 7-8.

지도자에게는 스트레스가 많다는 사실은 놀라운 것이 아니다. 로이 오스월드(Roy Oswald)는 목회자들이 경험하는 스트레스에 대한 정보를 주었다.

> 목회자들은 직업상 여러 사람과 관계를 갖게 된다. 여기서 우리의 가치는 사방에 폭탄이 떨어지고 있는 상황에서 사람들과 함께 안전한 참호로 내려가는 능력 여하에 달려 있다. 우리는 그곳에서 사람들과 함께 지내면서 그들의 슬픔이나 기쁨에 동참할 그뿐만 아니라, 모든 사람을 행복하게 해주고 회중들을 성장시켜야 한다. 우리는 성직자들을 그리 존경하지 않는 문화 속에서 살기 때문에 반드시 그렇게 해야 한다. 만일 우리가 더욱 선한 사람이 되어야 한다는 스트레스를 받지 않는다면, 현실과 접촉하고 있지 못한 것이다.[12]

교회에서 지도자 역할을 하는 사람들 대부분은 완전히 기력을 잃거나, 면직되거나, 또는 내키지 않는 마음으로 체념하고 일한다.

1980년대에 심리학자들이 영적인 기력 소진에 관심을 두게 되면서부터, 사람들은 사역에서의 영적 기력 소진에 많은 관심을 기울여 왔다. 우리가 사역에 헌신하면 할수록 그만큼 가지고 있는 에너지를 소모해야 할 가능성이 크며, 때에 따라서는 연료가 바닥날 때까지 매달려야 한다. 사역하다 보면, 카르멘 레니 베리(Carmen Renee Berry)와 마

---

12) Roy M. Oswald, *Clergy Self-Care: Finding a Balance for Effective Ministry* (New York: Alban Institute, 1991), 26.

크 로이드 테일러(Mark Lloyd Taylor)가 "메시아 덫"(Messiah Trap)이라고 부른 것에 빠지기 쉽다. 그 덫에 빠지면 두 가지 거짓말을 믿게 된다. 즉, "내가 아니면, 이 일은 완성되지 못할 것이다"와 "나보다 다른 모든 사람의 욕구가 우선한다"[13]는 것이다. 사람들이 메시아 덫에서 빠져나오도록 도와주어야 할 교회가 오히려 덫을 놓는 경우가 있으며, 특히 목회자들이 그렇다.

최근에 사임하거나 면직당하는 목회자들의 비율이 많이 증가해왔다. 목회자들이 여러 해 동안 성실히 봉사한 후, 위임 목사가 되는 데 있어서 어려움을 당할 때 교회가 분열되기도 한다. 목회자를 파면하는 배후에는 매우 복합적인 요인이 있으므로 여기에서는 논의하기 어렵다.

어떤 경우에는 목회자들을 업적이 좋지 않을 때에는 파면할 수 있는 고용인으로 여기는 교회 체제에 그 원인이 있다. 또 어떤 경우에는 목회자와 교인들 사이의 인격적인 문제가 생기기도 한다. 또 보수적인 집단이 교파 내의 다른 사람들의 사주를 받아 진보적인 목회자를 몰아내는 것과 같은, 교파적인 알력에서 문제가 생기기도 한다. 또 공동체 내의 지엽적인 문제가 교회 전체의 문제로 확대되는 경우도 있다. 어떤 경우든지, 그 결과로 끔찍한 고통과 고난이 따른다. 이

---

13) Carmen Renee Berry and Mark Lloyd Taylor, *Loving Yourself as Your Neighbor: A Recovery Guide for Christians Escaping Burnout and Codependency* (San Francisco: Harper & Row, 1990), 12.

러한 충격을 흡수할 수 있는 구조적 장치를 가진 교파들도 있지만, 조합교회 정책을 취하는 교파들은 그렇지 못하며, 종종 회중들은 경착륙에 대해서는 거의 고려하지 않는다.

어떤 목회자들은 이러한 어려운 상황에 적응함으로써 겨우 사역을 유지해 나간다. 이들은 회중을 지도하는 것이 아니라, "협조를 위한 찬성"을 한다. 이들은 도전적인 사역이나 예언자적인 생각이나 행동을 피한다. 이들은 지위를 유지하기 위해서는 신념도 버리고 타협한다.

이 책이 지향하는 것

이 책은 영성은 교회와 사역자들의 절박한 욕구 충족에 도움을 줄 수 있다는 확신을 가지고 저술했다. 사도 바울은 "우리가 그리스도로 말미암아 하나님을 향하여 이같은 확신이 있으니 우리가 무슨 일이든지 우리에게서 난 것 같이 스스로 만족할 것이 아니니 우리의 만족은 오직 하나님으로부터 나느니라 그가 또한 우리를 새 언약의 일꾼 되기에 만족하게 하셨으니"(고후 3:4-6)라고 했는데, 그의 말이 옳다.

제2장에서는 기독교 지도자들을 위한 영성 형성의 역사를 고찰해 보려 한다. 제3장에서는 영적인 준비에 있어서 주요한 문제, 즉 하나님과의 관계에 초점을 두었다. 다음에는 영성 일지를 기록함으로써 우리 스스로 책임을 지는 방법을 고찰하며(제4장), 시간을 최대한 활용하는 것과(제5장), 경험적, 지적, 사회적, 직관적 차원 간의 균형

유지(제6장), 성(性)과 영성 사이의 건전한 관계 육성(제7장), 영적 읽기와 듣기와 보기를 통해서 영성 생활을 유지하는 방법에 대한 제안(제8장), 독거와 침묵(제9장), 영적 교제(제10장) 등을 다루며, 마지막 장에서는 세상과 교회가 가장 필요로 하는 보다 큰 문제를 고찰하려 한다(제11장). 부록에서는 인격과 영성에 관한 몇 가지 지침을 제공하였다.

제2장

교회사에서 본
교회 지도자들의 영성 형성

　교회사적으로 볼 때, 기독교 지도자들의 영성 형성(spiritual formation)은 항상 중요한 문제였지만, 오늘날처럼 그 문제를 의식적으로 고찰한 시대는 없었다. 그러나 영성 형성 측면에서 교회사를 시대적으로 구분하기 위해서, 중요한 시기에 대한 충분히 고찰하였다.
　첫 번째 시기는 1~3세기로서, 영성 형성이 위험한 소명이었던 시대이다. 다음 시기는 4세기부터 중세 시대 말기까지인데, 수도원 운동이 그 주된 모델이 된다. 세 번째 시기에는, 트렌트 공의회(1545~63)에 의해서 정한 바와 같이, 가톨릭 신자들은 중세 시대의 모델을 재확인했다. 초기의 기독교적 관습으로 복귀하려 했으며, 만인제사장설을 위협하는 방법이 될 것을 두려워한 개신교인들은 영성 형성을 매우 의심스러운 시선으로 바라보았다. 이렇게 목회자들을 훈련하는 측면에 대한 관심을 게을리했기 때문에, 결국 독일의 경건주의와 개신교 신학교 내에서 영성을 재고하게 되었다. 경건주의가 기독교 지도자들의 영성 형성을 강조한 것은 개신교 전체에 적절한 영향을 미쳤다. 따라서 전쟁이 갈수록 치열해지고, 학문과 기술이 엄청나게 진보하고, 소외와 대립, 혼란이 극심해지는 시대에 사는 개신교 지도자들은 자기들에게 맡겨진 엄청난 욕구를 충족시켜 줄 능력이 자신에게 부족하다는 것을 깨달았다.

제2차 세계 대전 중에 강제수용소에서의 경험을 통해서, 개신교인들과 가톨릭교도들은 상대방을 재발견하고 서로에게서 많은 것을 배우기 시작했다. 기독교 지도자들의 영적 준비와 관련하여 말하자면, 그들은 수 세기 동안 신자들에게 영양을 공급해온 풍성한 시냇물을 다시 마시게 되었다.

사람들을 향한 사역이 성공하려면 먼저 목회자 자신이 훌륭한 인격체로서 형성되어야 한다는 것을 새롭게 발견하고 있다. 이러한 전제를 기초로 할 때, 기독교 지도자의 영성 훈련은 나머지 준비 과정과 동떨어져서 이루어질 수 없다. 영성 형성은 우리의 삶의 일부를 형성하는 것이 아니라, 예수 그리스도 안에 있는 온전한 자아, 인격을 완전하게 마무리하는 일이다.

순교자 시대의 현장 실습 훈련

기독교 역사의 처음 3세기 동안, 기독교 지도자 훈련은 현장실습 훈련(on-the-job training)이었다. 지도자 선발은 요리문답 기간에 영성을 증거로 하여 이루어졌다. 순교자 시대에는 요리문답 기간에 회심자들이 문자 그대로 믿음 때문에 죽을 수 있도록 준비시켜야 했다.[1] 특히 데키우스 황제의 박해(250~51) 이후로, 지도자 역할을 하는 사람들은 특별히 공격을 받기 쉬웠다. 지도자들은 집단 예배, 기도, 성경 읽기 등의 수단을 통해서 크게 헌신함으로써 다른 사람들에게 본을 보여 주어야 했다. 일반적으로 연로한 지도자들이 젊은 지도자들을 지도했다.

이 모델은 예수께서 제자들을 부르시고 훈련하신 일을 모방한 것인 듯하다. 맨슨(T. W. Manson)의 주장으로는 예수님의 가르침은 처음에는 대규모의 청중을 대상으로 했으나 가이사랴-빌립보 사건 이후로는 제자들이라는 측근들을 대상으로 했다.[2] 맨슨의 주장의 옳고 그름과는 상관없이, 복음서에는 예수님께서 자기를 가까이에서 따르는 사람들을 가르치셨음을 반영하는 구절이 많다. 그들은 예수님과 함께 지내면서 교육을 받았다. 예수님을 따르는 것이 그들의 "신학교"였다.

제자들은 대개 스승과 더불어 직면한 다양한 상황의 총체적인 영향을 통해서 영적으로 형성되었음이 분명하다. 그들은 강력한 신적 의식을 지닌 엄격한 유대인 예수의 삶 속에서 기도나 상징적인 헌신 행

---

1) 예비 신자들의 발달에 관해서는 E. Glenn Hinson, *The Evangelization of the Toman Empire* (Macon, Ga.: Mercer University Press, 1981), 73-87을 보라.

2) T. W. Manson, *The Teaching of Jesus* (Cambridge: Cambridge University Press, 1955), 12ff.

위들을 보면서 그것들의 의미를 배웠다. 만일 우리가 공관복음서가 남겨준 인상을 믿는다면, 예수께서는 일생 기도를 비롯한 여러 예배 행위로써 연마되는 심오한 하나님-의식의 필요성을 그들의 마음에 심어 주셨다.

그 후 몇 세대의 기독교 지도자들은 그와 유사한 방식으로 영성 형성을 획득했다. 다음으로 우리의 관심을 끄는 특별한 예는 선교사들이다. 바울이 매우 상세한 증거를 제공하고 있으므로, 그가 제시한 모형은 우리가 논의하는 데 도움이 될 것이다. 바울은 자신의 이방 선교를 도와준 동역자들을 교육하면서 부모가 자식을 교육하는 것과 같이했다. 그는 각 사람에게 깊은 관심을 가지고, 그들의 생활과 믿음의 성장을 지켜보았다. 실라, 디모데, 디도 등은 모두 믿음 안에 있는 그의 "아들"이었다. 다소 불안한 성품을 가진 디모데에게는 다른 사람들보다 특별한 관심을 기울였다. 중요한 고린도 선교 사역 때에, 바울은 디모데를 주 안에서 사랑하는 아들로 세웠다: "내가 주 안에서 내 사랑하고 신실한 아들 디모데를 너희에게 보내었으니 그가 너희로 하여금 그리스도 예수 안에서 나의 행사 곧 내가 각처 각 교회에서 가르치는 것을 생각나게 하리라"(고전 4:17). 또 그는 디모데를 빌립보에게 보내어 자기의 사정을 상기시켜 주었으면 하는 소망을 적었다(빌 2:20). 바울이 그리스도를 본받은 것처럼, 실라와 디모데와 디도는 바울을 본받아야 했다.

바울을 존경하는 사람이 쓴 것이라고 생각하기도 하는 목회서신에서도 바울과 디모데 사이의 친밀한 관계를 표현했다. 에베소 선교 때에 디모데는 바울의 분명한 후계자였는데, 바울은 젊은 디모데가 그곳에서 일하면서 지침으로 삼을 수 있는 아버지로서의 충고를 했다. 그의 교훈은 현실적인 동시에 인격적인 권고로 되어 있다. 거기에는 공동체 조직에 관한 지침과 바울을 본받은 "하나님의 사람"의 "영적 훈련"에 관한 명령이 섞여 있다(참고. 딤전 4:7-10; 6:11-16). 디모데후서 3장 10-11절은 특히 많은 것을 조명해 준다: "나의 교훈과 행실과 의향과 믿음과 오래 참음과 사랑과 안내와 핍박과 고난과 또한 안디옥과 이고니온과 루스드라에서 당한 일과 어떠한 핍박 받은 것을 네가 과연 보고 알았거니와 주께서 이 모든 것 가운데서 나를 건지셨느니라." 디모데는 바울과 더불어 현장에서 교육을 받았다.

초기 기독교의 상황이 안정되어 상주하는 성직자를 가진 공동체들이 자리를 잡음에 따라, 목회자들을 교육하는 일은 성직자들 자신, 특히 주교들이 맡게 되었다. 특별히 성직자 훈련을 위한 공식적인 학교에 대한 계획은 없었다. 2세기에 판테누스(Pantaenus)가 알렉산드리아에 세운 학교, 150년경에 순교자 저스틴이 로마에 세운 학교, 또는 232년에 오리겐이 알렉산드리아에서 이주하면서 가이사랴 마리티마(Caesarea Martima)에 세운 학교처럼 철학 학교나 복음주의 학교에서 교육을 할 수 있었고, 실제로 여기서 교육을 하였다. 알렉산드리아의 데메트리우스(Demetrius), 네오가이사랴의 그레고리 등 몇몇 장로들과 감독들은 이러한 학교에서 기본 교육을 받았다. 그레고리는 오리겐을 변증가요 교사로서만 아니라 깊은 인격적인 영향을 미친 분으로 칭송했다.[3] 성경에 대한 그의 접근 방법에서 분명히 드러나듯이, 오리겐은 무엇보다도 영성 형성에 초점을 두었다. 역사적으로 처음 2~3세기 동안에 여러 학교가 많은 선교사와 상주 성직자를 훈련했을 가능성이 있지만,[4] 성직자들의 교육을 주로 하는 학교는 없었다.

기독교 지도자들의 영성 형성에서 "학교들"이 어떤 역할을 했든지 간에, 곧 이 활동의 중심은 도시나 국가의 기독교인들을 보살피는 최고 목자인 감독에게 주어졌다. 카르타고의 감독 키프리안이 데키우스 황제의 박해 기간 숨어 지내면서 장로들과 집사들에게 보낸 편지를 보면, 교육이 항상 이루어졌음을 알 수 있다. 키프리안도 바울처럼 직접적인 충고나 교훈은 물론이요, 아버지로서의 본보기도 보였다. 게다가, 그의 성직자들은 일종의 믿음의 공동체를 형성했는데, 그 안에서 정규적으로 영성 형성이 이루어졌다. 키프리안은 감독 생활 초기에 성직자들 및 자기가 보살피는 사람들의 의견을 존중하겠다고 공언했다. 예를 들어, 그는 몇몇 장로들이 그에게 가져온 민감한 문제에 대한 판결을 거부했다. "왜냐하면 나는 감독이 된 후로, 여러분(성직자들)의 충고와 백성들의 동의를 받지 않은 채 나 자신의 개인적인 견해에 따라서 행동하지 않기로 했기 때문입니다."[5]

---

3) Gregory Thaumaturtus, *Panegyric on Origen*.

4) Krister Stendah, *The Schools of St. Matthew and Its Use of the Old Testament* (Lund: C. W. K. Gleerup, 1954).

5) Cyprian Epistle. 5.4; *The Ante-Nicene Fathers*, V: 283.

키프리안과 같은 감독들은 성직자들의 위험한 역할을 감당할 수 있게 해줄 영성 훈련을 가장 중요시했는데, 박해로 말미암아 이러한 신념은 더욱 강화되었다. 왜냐하면 이 위대한 감독은 평신도들은 물론이요 많은 성직자가 고문에 굴복하여 배교하는 것을 목격했기 때문이다. 그는 어느 편지에서 성직자들에게 예수님과 바울을 본받아 "계속 청원하면서 기도하고 신음하라"고 간곡하게 호소했다.[6]

수도원적 모델

3세기 말(대략 260-303)에 누린 오랜 평화로운 시대에 많은 새 신자들이 유입된 것, 그리고 312년의 콘스탄틴 대제의 회심에 따라 기독교 지도력이 급속히 확장되면서 비공식적인 교육 체계로는 영적 교육을 감당할 수 없게 되었다. 4세기 초부터, 감독들의 회의에서는 성직자들의 자격 및 행동의 규칙에 큰 관심을 기울였다. 이것들은 어느 정도 지침이 되었지만, 그 내용으로 볼 때 영성 형성의 기본적 본질에 대한 지침에 불과했다.

곧 성직자들의 영성 형성의 모델로서 우위를 차지한 것은 수도원 운동에서부터 생겨났는데, 그것은 박해가 끝나면서 기독교적 훈련이 쇠퇴하고 교인들이 많이 증가하면서 발달하기 시작했다. 4세기에 성

---

6) Cyprian Ep. 7.5; ANF, V;286.

직자의 독신제도를 촉구한 수사들에게서 수도원 운동의 영향을 찾아 볼 수 있다. 가이사랴의 바실 등 여러 감독이 지지한 공주(共住) 수도 운동은 성직자들이 자기들의 교육을 위해 채택할 수 있는 모델을 제공했다.

이 중요한 발전은 서방에서 이루어졌다. 서방 세계에서는 게르만족의 침입을 비롯한 여러 가지 역사적 요인들로 인해 염세주의가 팽배했고, 많은 사람은 세상으로부터의 도피에 매력을 느꼈다. 여러 주교 중에서 특히 밀란의 암브로스(Ambros)는 자기 밑에 있는 성직자들에게 수도원적 이상을 고취했다. 그러나 그것이 수 세기 동안 영성의 표준이 될 수 있는 길을 열어 놓은 사람은 어거스틴이다. 그는 힙포에 수도원 모델을 본 딴 성직자들의 공동체를 만들었는데, 그로 인해 성직자들의 형성은 수도사들의 형성과 흡사하리라는 것, 그리고 이후 수도원 운동을 통해서 많은 기독교 지도자들이 공급되리라는 사실이 확실해졌다. 중세 시대에는 수도사들과 수도원들이 기독교의 전파에 크게 기여함으로써 삶 전반에서 그들의 역할이 한층 더 두드러졌다.

어거스틴은 북아프리카의 기독교가 위기에 처했을 때 장로가 되었다. 당시에는 마니교와 도나투스 파의 위협 때문에 영적인 무관심과 도덕적 쇠퇴는 한층 가중되었다. 이러한 상황에 대처하여 훌륭한 교육을 받은 헌신적인 성직자들이 중요한 반응을 나타냈다. 당시의 상태에 대처할 분명한 모델은 수도원 운동 안에 있었다. 어거스틴의 전기를 저술한 포시디우스(Possidius)에 따르면, 어거스틴은 감독에 임명된 직후 힙포의 교회 안에 수도원을 세우고 "거룩한 사도들이 세운 규율과 관습에 따라서 하나님의 종들과 함께 생활하기 시작했다."[7] 주로 재산의 공유에 대한 규제가 이루어졌다. 어거스틴과 그의 성직자들의 모범적인 삶은 힙포에 큰 영향을 주어 다른 교회들의 관심을 끌게 되었다고 포시디우스는 주장했다. 그리하여 힙포의 교회들은 이 공동체를 감독들과 장로들의 공동체로 전환하기 시작했는데, 그들은 수도원적 이상을 지지했다.

따라서 중세 시대에 성직자들의 영성 형성은 두 가지 환경—수도원 학교와 감독이 주도하는 학교— 중 하나에서 이루어졌다. 수도원 학교들은 주로 영성 형성을 목표로 했고, 진보적인 문화를 비판하거나 과소평가했다. 이 사실은 학습의 토대를 보존하는 데 있어서 중세 시대의 다른 집단보다 수도사들이 더 많은 활동을 했다는 사실과 병행한다. 왜냐하면, 그들이 보존한 것이나 고전 학문의 대부분은 경건을 위한 가치와 관련이 있었기 때문이다. 따라서 샤를마뉴는 프랑크 왕국 내에 교육의 기초를 확장하려 했을 때, 수도원 학교를 자신의 프로그램을 위해 사용했고, 성경과 수도원의 일상적인 기도 이상의 것을 가르쳐야 한다고 주장했다. 중세 시대 수도원 운동을 지배한 베네딕트의 규율을 따르는 수도원의 체계는 대체로 정해진 시간에 시편을 찬양하는 성무일과, 성경과 다른 저서를 묵상하는 거룩한 독서

---

7) Possidius, *Life of Augustine* 5, translated by Mary Magdalene Muller, OSF., and Roy J. DeFerrari (New York: Fathers of the Church, Inc., 1952), 78.

(*lectio divina*), 그리고 육체 노동으로 이루어졌다.

수도원적 모델이 자리를 잡은 이후로, 감독 주도의 학교에서의 교육은 수도원 학교의 교육과 특별히 다르지는 않았다. 탁월한 수도사들 덕분에 교육은 더욱 학구적인 경향을 띠었고, 이들 수도사는 후일 지도적 성직자들이 되었다. 예를 들어 브리튼의 수도사 일쿠인(Alcuin)은 샤를마뉴의 학문 부흥의 배후에 있는 천재였다. 또 켄터베리의 안셀름(Anselm of Canterbury, 1033-1109), 라온의 안셀름(Anselm of Laon, 1117년 사망), 샴포의 윌리엄(William of Champeaux, ca. 1070-1121), 피터 아벨라르드(Peter Abelard, 1079-1142), 샐리즈베리의 존(John of Salisbury, ca 1115-80) 등 다수의 훌륭한 수도사들의 노력 덕분에 대학들이 생겨나서 탁월한 위치를 차지하기 시작했다. 그들은 대부분 프랑스의 백(Bec) 사원—이 수도원의 초기의 두 수도원장은 랑프랑(Lancfrnc)과 안셀름(Anselm)이었다—이나 파리에 위치한 대성당 학교에서 교육을 받은 사람들이었다.

비록 대학들은 원래 수도원 학교나 대성당 학교에서 성장해 나온 것이었지만, 점차 교육적인 면에서 관상적 경건에서 벗어나서 다소 엄격한 학문 교육을 지향하기 시작했다. 일부 성직자들은 이러한 교육을 받았지만, 수도원 운동 대신에 스콜라주의가 교육의 모델로 자리를 잡았다. 역사상 다른 많은 시대가 그렇듯이, 중세 말기에는 총명한 성직자들이 무식한 대중의 이해 수준을 크게 넘어서는 지식을 소유함에 따라 큰 변화가 일어났다. 11세기부터 13세기에 이르기까지 교회 안에 많은 문제가 산적한 것 외에도, 이러한 공백은 경건과 성직자들의 영성 형성에서의 큰 혁명이 일어날 수 있는 조건을 마련하는 데 도움이 되었다.

중세 시대의 교육 유형을 지속한 가톨릭교회

트렌트 공의회에서는 이탈리아의 모델을 버리고 톨레도의 대주교이며 이사벨라 여왕의 고해신부인 크시메네스(Ximenes) 추기경이 고안한 스페인의 개혁 모델을 채택했다. 크시메네스는 새로운 대학들의 설립, 성직자들의 도덕적 갱신, 종교재판을 통한 헌신의 소생 등을 통한 스콜라 신학의 부흥을 강조했다. 바로크 예술과 건축에서는 교회에 대한 충성의 중요성을 강조하기 위해서 과장법을 사용했다. 그로 인해 제단, 성례전, 그리고 궁극적으로 영혼의 확실한 지도자로서의 교회에 관심을 기울이게 되었다. 그러나 가톨릭교회가 개신교 종교개혁에 대처하는 데 있어서 주된 역할을 한 인물들은 이냐시오 로욜라가 세운 예수회의 회원들이었다. 종교적으로 번민하던 탐색의 시대인 1521~22년에 고안된 로욜라의 『영신 수련』(Spiritual Exercises)은 종교개혁 이후 시대에 영성 형성의 주류를 이루었다.

『영신 수련』은 경건하고 훈련된 예수님의 추종자들을 형성하기 위한 엄격한 계획을 제시했다. 그 책에서는 허물을 뿌리뽑기 위한 주의 깊은 자기성찰과 영성 지도에 예수의 삶에 대한 묵상과 다양한 형태의 기도를 결합했다. 그러나 그것은 너무 엄격했기 때문에 평신도들이 사용하기 위해서는 조정이 필요했다. 프랑소아 드 살레(francis de

Sales)는 『경건생활 입문』(Introduction to the Devout Life, 1961)에서 평신도들이 쉽게 받아들일 수 있는 다소 쉬운 방법을 만들어 냈다. 국가주의가 발흥하던 시대에 교회를 위한 예수회의 열심은 부정적인 반작용을 일으켰고, 그로 인해 1773년부터 1814년까지 그 교단은 해체되었다. 그런데도 이냐시오의 방법은 종교개혁 이후 시대에 여러 가지 방법으로 적용되면서 계속 가톨릭 지도자들의 양성에 막대한 영향을 미쳤다.

개신교적 모델 탐구

개신교 종교개혁자들은 수도원을 거부했기 때문에 개신교 지도자들의 교육을 위한 새로운 모델이 필요했다. 이론상으로, 그들은 근대경건운동(devotio moderna)의 관점을 선호했다. 근대경건운동은 14~15세기에 고전 학문의 부흥과 결합하여 발달했다. 그 운동은 성례전과 교회의 직무를 통한 구원보다 기독교 신앙의 실천을 강조했다.

16세기초에 널리 인정받은 인문주의의 대표자인 데시데리우스 에라스무스(Desidirius Erasmus)가 제시한 모델은 개신교 성직자들의 영성형성에 현저한 영향을 미쳤다. 에라스무스도 다른 인문주의자들과 마찬가지로 종교를 신비한 대속이라기보다 삶의 교리라고 생각했다. 개인적으로 그는 (『그리스도를 본받아』에서 예증된 바) 독일과 네덜란드 신비가들의 경건을 고전적 인문주의와 결합했다. 그는 성례전과 교회의 전통을 버리지는 않았지만, 그것에게 무조건 복종해야 한다고 생각하지도 않았다.

에라스무스는 무식하거나 연약하거나 아직 유아기에 해당하는 신자들도 교회의 의식에 참여할 수 있다고 생각했지만, "하나님은 눈에 보이지 않는 의로운 상태만 기뻐하신다"[8]라고 주장했다. 에라스무스는 우선적으로 성서를 강조했다. 그가 수도원으로 복귀할 것을 원하는 친구에게, 그는 자신은 "성서를 연구하면서 살다가 죽기로 작정했다"[9]고 말했다. 그는 16세기에 제롬이 행한 역할을 하려고 계획했다. 에라스무스에 의하면, 그리스도는 교사이시며, 성경을 통해서 알려진다. 그러므로, 우리는 성경을 배움으로써 자신의 신앙을 실천하게 될 것이다. 에라스무스가 16세기 기독교에 공헌한 가장 큰 업적은 일반 평신도들이 성경을 마음대로 읽을 수 있게 하려고 노력한 데 있다. 그는 평신도들은 성경을 가까이함으로써 바른 삶을 살게 될 것이라고 확신했다. 그렇기 때문에 그는 중세 시대의 성직자 교육의 두 기둥이라 했던 수도원 운동과 스콜라주의를 비웃었다. 그는 자신이 갈멜 수도회에 속해 있을 때 겪은 좋지 않은 경험 때문에, 수도원에서 특별한 장점을 보지 못했고, 기독교인은 수도원보다는 세상 속에서 자신의 소명을 더 잘 수행할 수 있다고 생각한 듯하다. 그는 대학

---

8) Erasmus Enchiridion XVI, trans. *Raymond Himelick* (Bloomington, Ind.: Indiana University Press, 1963), 176.

9) Erasmus Epistle to Servatius Roger, July 8, 1514, in *Erasmus and His Age*, ed. Hans J. Hillerbrand (New York: Harper & Row, 1970), 73.

교의 교사들에 대해서도 비판적이었다. 그는 그들의 노력을 완전히 폐지하려 하지는 않았지만, 그들이 중요한 일에 있어서 덕을 세우는 데 기여한다고 생각하지 않았다.[10]

16세기 초반에 널리 퍼져 있던 이러한 생각이 개신교의 성직자 교육에도 영향을 미쳤다. 19세기에 이르기까지 개신교 성직자들은 에라스무스의 모델을 따르는 대학에서 교육을 받았다. 예를 들어 비텐베르크에서 루터와 멜란히톤은 히브리 문화와 그리스 문화가 요구되는 학문의 일부가 되었음을 깨달았다. 루이스 스피츠(Lewis Spitz)은 다음과 같이 결론을 내렸다.

"루터가 에라스무스적 문화—종교의 위협을 깨닫고 공동생활 형제단 내에 유입된 문화와 종교 안에서 위험한 징후를 관측했다고 해도, 그는 문화로서의 문화, 교회에 이바지하는 문화의 큰 가치를 인식했다."[11]

루터를 비롯한 개신교 종교개혁자들은 성직자 교육에서 영성 형성이라는 요소를 빠뜨렸거나 고의로 운에 맡긴 듯이 보인다. 과거에 『독일 신학』(그는 이 책을 1518년과 1523년에 두 번 출판했다)과 『그리스도를 본받아』와 같은 경건 고전을 사랑하고 즐겨 읽었던 루

---

10) See his *Epistle to Paul Volz*, August 18, 1518.

11) Lewis W. Spitz, *The Religious Renaissance of the German Humanists* (Cambridge, Mass.: Havard University Press, 1963), 246.

터는 이제 기독교인의 영성 형성 전체의 초점은 오직 한 권의 책, 즉 성경에 둘 것을 강조했다. 그는 과거에 자신의 경건을 배양하기 위해 사용했던 수도 훈련을 마귀의 수단이라고 맹렬하게 비난했다. 또 교회에서 행하는 금식, 기도, 순례, 미사, 철야, 자선 등도 비난했다. 그러나 루터 자신은 계속 시편을 낭독하고, 경건한 삶을 위한 지침으로 주기도문과 교리의 지침으로서의 십계명, 찬송가, 죄 고백서, 기도서 등에 초점을 둔 엄격한 형태의 신앙생활을 했다.[12]

개신교 운동이 진행되고 나서 얼마 후, 루터를 비롯한 개혁자들은 경건이 통일되지 않을 가능성이 있음을 깨달았다. 중세 시대의 평민들은 신앙에 도움을 될 기도서를 의지하라는 가르침을 받았다. 그런데 개신교 개혁자들로부터 기도서 사용을 반대하는 말을 듣고, 그들은 기도서를 대신할 만한 것을 개혁자들에게 요구했다. 그러한 요구에 부응하여, 루터는 독일어판 7편의 참회의 시편을 출판했고(1517), 몇 편의 설교를 유포시켰고, *Short Form of the Ten Commandments, the Creed, and the Lord's Prayer*(1520)를 저술하고, 『개인 기도서』(*Personal Prayer Book*, 1522)도 편찬했다. 그는 그 밖에도 평신도들과 성직자들에게 많은 편지를 보냈다.[13]

---

12) See his letter to Peter Beskendorf, composed in early 1535, *Library of Christian Classics*, XVIII:124-30.

13) See *Luther's Works*, vol. 43, ed. Gustav Wiencke (Philadelphia: Fortress Press, 1968).

정확하게 개신교의 목회자 훈련에서 이러한 종류의 영적 권고를 얼마나 받아들였는지는 논란의 여지가 있다. 영성 형성은 대체로 대학의 교수들에게 넘겨졌고, 성직자들은 주로 대학에서 교육을 받았다. 루터 및 여러 개신교 지도자들이 그러했듯이, 교수들이 어느 정도 교육을 책임지고 있는 한, 심각한 오류는 발생하지 않았다. 그러나 개신교가 영성 형성보다 학구적 관심이 우위를 차지하는 개신교 나름의 스콜라주의에 빠지면서, 성직자 교육은 어려움을 겪었다.

신학교 모델

개신교 지도자들의 영성 형성의 다음 단계에서는, 종교개혁자들이 목회자 교육에 있어서 현세적이며 그다지 영성 형성에 도움이 되지 않는 방법을 선호하여 수도원적 모델을 포기함으로써 상실했던 요소들을 회복시키려는 시도가 일어났다. 어떤 면에서, 이 과정은 17세기 이후로 계속되어왔다. 그것을 보여 주는 좋은 예는 독일 경건주의의 아버지인 필립 야곱 스페너(Philip Jacob Spener, 1635-1705)의 제안들, 그리고 개신교 신학교들의 설립이다.

스페너는 루터교의 생명력 회복은 소규모의 모임에서 성경을 공부하고 내면생활을 계발하는 것(collegia pietatis), 평신도들이 교회 생활에 보다 폭넓게 참여하는 것, 수사학적인 설교보다는 실질적인 설교, 불신자들을 존중하는 것, 그리고 목회자 교육의 근본적인 개혁 등에 달려 있다고 생각했다.

교회를 "바리새적 정통주의"에서 구하기 위해 제시한 제안에서, 스페너는 영성 형성과 관련한 목회자 교육의 개선에 큰 관심을 기울였다. 스페너는 교회의 갱신에 있어서 성직자들이 행하는 중요한 역할을 자신은 잘 알고 있다고 말했다. 그렇기 때문에 성직자들의 경건 훈련이 한층 더 중요했다. 스페너도 다른 사람들처럼, 예비학교나 대학에서 부주의한 행동을 장려함으로써, 그리고 학교는 "모든 계층을 위한 교회의 훈련소"요 "성령의 사역장"이 되어야 함에도 영성 형성은 희생시키고 학문 연구를 지나치게 강조함으로써 개인적인 영성 훈련을 방해하고 있다고 분개했다. 스페너는 우선적으로 교수들에게 책임을 물었다. 교수들은 학생들에게 좋은 본을 보이고 학생들을 엄격하게 훈련하며, "경건이 없는 학문은 무가치한 것"임을 깨닫게 해야 했다. 학생들은 안수받아 목회자의 책임을 맡기 전에 먼저 경건한 사람이 되어야 한다. 그러므로 교수들은 학생들과 돈독한 관계를 맺음으로써, 그들을 교회로 보낼 때에 그들의 근면성과 솜씨 및 경건성을 증명하는 증명서도 함께 보낼 수 있으면 좋을 것이다. 또한 스페너는 『독일신학』, "우리의 사랑하는 루터에게 성경 다음으로 영향을 준" 요한 타울러의 설교, 그리고 『그리스도를 본받아』 등의 고전을 활용하라고 제안했다. 그리고 교수들에게는 다양한 영성 훈련을 새로이 하라고 권장했다. "경건한 묵상을 하는 방법, 자기 성찰을 통해서 자신을 보다 잘 아는 방법, 육의 정욕에 저항하는 방법, 욕망을 억제하고 세상에 대해서 죽는 방법 …선한 일이나 부족한 분야에서의 성장을 관찰하는 방법, 사람들에게 가르친 것을 스스로 행하는 방법"

등을 권장했다. 그는 목회자들의 영성 형성에 대해 다음과 같이 신중하게 판단했다.

"매우 똑똑하여 박사 학위를 두 개나 가지고 있지만 하나님의 가르침을 받지 못한 세상적이고 헛된 바보보다는, 비록 재능도 없고 학업 성적도 형편 없지만 하나님을 열렬히 사랑하는 청년이 하나님의 교회에 더 유익하다." [14]

독일 경건주의를 모태로 하여 태어난 개신교 신학교는 여러 면에서 대학들이 원만한 목회자 교육을 제공하지 못한 데 대한 반작용, 특히 목회자들의 실질적이고 영적인 측면을 배려하지 못한 것에 대한 반작용이라고 할 수 있다. 신학교는 본질적으로 로마 가톨릭교회의 산물이었다. 트렌트 공의회에서 앞으로의 성직자 훈련은 교회 제도 안에서 이루어져야 한다고 선언하면서 신학교의 필요성이 제기되었다. 따라서 개신교인들이 약간은 주저하면서 신학교를 세운 이유를 쉽게 이해할 수 있다. 가장 오래된 루터파 신학교는 1690년에 브룬스윅 근처의 리닥샤우센(Riddagshausen)에 세워진 것인데, 그 신학교는 공식적인 것은 아니지만 스페너의 경건주의와 분명한 관계를 맺고 있었다. [15] 다음으로 1718년에 드레스덴에 신학교가 세워졌고, 세 번째로

---

14) Philip Jacov Spener, *Pia Desideria*, trans. and ed. Theodore G. Tappert (Philadelphia: Fortress Press, 1964), 103-15. 한글 역본으로『경건한 소원』(은성출판사, 엄성옥 역)을 참조하라.
15) See Ferdinand Gohrs, "Theological Education," *The New Schaff-Herzog*

는 1735년에 프랑크푸르트에 세워졌다. 영국 국교도들은 일찍이 신학 대학을 세우려고 노력했지만 성공하지 못했고, 19세기에 들어서야 이 운동이 이해되었다. 미국에서는 19세기 초에 처음으로 신학교들이 설립되기 시작했는데, 19세기 중엽에는 신학교가 50개가 넘었다.

아마 계몽주의의 합리주의가 목회자 교육을 위한 신학교들의 설립 확대에 기폭제가 된 듯하다. 대학들은 처음에는 교회 내에서 시작되었지만, 18~19세기에는 무척 세속적으로 변했다. 학문적 정확성에 관한 관심 때문에 교회의 목표와 목적에 대한 헌신이 방해를 받았다. 따라서 신학교들은 자체의 방침을 변호하지 않으면서 이러한 목표들을 충족시켜 줄 기관으로 발달했다. 신학교에서는 학구적 신학 그뿐만 아니라 실천신학과 영성도 육성했다.

전통적인 영성 형성 추구

지난 30~40년 동안 기독교 지도자 교육 분야는 문예부흥과 종교개혁이라는 대격동 시대와 비슷하게 어지러웠고, 그 과정에서 목회자들의 영성 형성이라는 문제는 한층 더 중요한 것이 되었다. 근래의 사회학적 연구가 옳다면, 우리는 장차 예측 가능한 적절한 교회 생활

Encyclopedia of Religious Knowledge, XI:332.

의 패턴을 기대할 수 없다. 왜냐하면 우리 시대는 끊임없이 급속히 변화하고 있기 때문이다.

교회 지도자 훈련에 영향을 주는 변화는 목회 사역이 이루어지는 곳에 대한 이해의 변화이다. 과거에는, 목회 사역(설교, 가르침, 성례전, 예배 등)은 주로 교회 건물 안에서 이루어지는 것으로 생각되었다. 그러나 2차 세계대전 이후, 교회는 차츰 세계적으로 중요한 문제를 의식하게 되었으며, 이제 "하나님의 나라와 우리의 사역은 세상 안에, 세속 도시 안에 있다"고 말하고 있다. 또 여러 가지 신학이 이러한 고백을 정당화하고 강화해왔다. 특히 디트리히 본회퍼의 『감옥에서 보낸 편지』(Letters and Papers from Prison)를 기점으로 하는 급진 신학은 과거 교회가 자만하고 세상에 관심을 가지 않았던 일을 비난하고, 지극히 세속적인 세상을 적극적으로 포용할 것을 요구했다. 만일 교회가 그러한 행동에 개입하기를 원한다면, 교회는 세상 안에 있어야 한다. 급진 신학은 단지 사람들의 흥미를 끈 것만 아니라, 실제로 성과를 거두었다. 심지어 보수적인 신자들도 교회가 스스로 만든 고립된 사회 안에서 살 수 없다는 것을 인정했다.

세속적 신학자들은, 만일 세상에서 사역이 이루어져야 한다면, 목회자들을 훈련하는 데 가장 좋은 장소는 어디이며, 가장 좋은 방법은 무엇이냐고 질문했다. 그들은 세상과 전혀 관계가 없거나 거의 관계가 없는 고립된 장소는 분명히 아니라고 대답한다. 1960년대와 1990년대에는, 수도원 형태의 기관에서의 교육은 교회가 속해 있는 사회와 교회의 깊어지는 틈을 강조하는 데 그쳤다. 그러한 고립된 사회로부터 나와 "실제" 세상에서 목회하는 목회자들은 종종 문화적 충격을 경험하며, 자신이 처한 상황의 급박한 욕구에 대처할 준비가 거의 되어 있지 않음을 발견한다.

그러므로 "목회 사역을 위한 교육에 가장 적합한 장소는 어디인가?"라는 질문에 대한 이론적인 대답은 "세상, 즉 사람들이 직업으로 일하는 현장"이다. 이러한 결론은 진보주의 교육 철학과 초대 교회의 본보기에 의해서 강조된다. 대학들은 교육의 현장을 넓혀야 한다는 것, 온 세상이 학습의 장이 되고 있다는 것을 발견하고 있다.

이런 상황에서, 영성 형성은 완전히 제자리를 잃은 것처럼 보일 수도 있다. 왜냐하면 많은 사람이 생각할 때, 영성 훈련과 준수는 교회의 특징이기 때문이다. 일부 진보적 신학자들은 세상과 제휴하고 세상에 이바지하려는 생각에서, "교회만 중시하는" 관습을 버릴 것을 요구했다. 결국, 목회자들은 보호받고 특혜를 받는 자리를 양도하고 세속적인 일을 하며 세상 사람들과 마찬가지로 살게 될 것이다.

이러한 경향의 추론은 교회의 고립주의적 경향을 시정하는 건전한 방법을 제공했지만, 너무 지나쳤으며 신학적 고찰과 실질적 고찰이 추가되었다.

신학적 관점에서 보면, 때로 교회와 세상 사이에 틈이 벌어지는 일이 있더라도, 우주 안에 계시는 궁극적인 인격적 실재이신 하나님을 인간적 경험의 상황 안에 가져다 놓으려 할 것인지를 결정해야 했다. 믿을 수 있는 하나님에 대한 표현을 제공하려는 현대인들의 시도는 칭찬할 만하다. 그러나 만일 그 표현이 이미 그들이 믿고 있는 것과 정확하게 일치하는 것으로 드러난다면, 우리는 하나님의 이름으로 무엇을 제공해야 하는가? 토마스 머튼은 칼 라너(Karl Rahner)의 판단을 암시적으로 언급하면서, 기독교인들은 "비기독교적 세계, 하나의 '디아스포라' 안에서의 자신의 위치와 관련하여 결정을 내려야 한다"고 말했다. "하나님께 대해 정직하다"[16]는 구실로 세속적인 사람의 믿음을 인정하기보다는 소수파의 일원이 되는 편이 낫다.

많은 사람은 실질적인 관점에서 20세기를 주의 깊게 고찰하면서, 현대인들이 과연 모든 종교적 수행을 내던져 버릴 수 있을 만큼 성숙했는지는 크게 의심스럽다고 결론짓는다. 표면적으로 볼 때, 널리 퍼져 있는 정서적인 문제, 술과 마약의 남용, 주술, 사이비 종교 집단들의 발달, 초월명상에 대한 새로운 관심, 그 밖에 여러 가지 유사종교 현상 등으로 말미암아 현대인들이 "성년이 되었다"는 신화는 산산조각이 났다. 더욱 깊은 차원에서, 우리는 인간들이 하나님을 찾도록 강요하는 어떤 "당위"(ought)가 있느냐고 질문할 수도 있을 것이다. 디트리히 본회퍼는 매일 세 시간 정도 시편을 읽고 기도하고 여러 가지 경건한 수행을 했다. 세상 사람들이 볼 때 자족하는 현대인의 완벽한 전형인 듯이 보이는 닥 함마슐드는 관상 생활을 했다고 한다. 오늘날 우리가 자기 자신, 학문, 기술 등을 너무 신뢰하기 때문에 자신의 미래를 위험하게 하는 것은 아닌지 의심하는 사람들이 많다.

---

16) Thomas Merton, *Faith and Violence* (Notre Dame, Ind.: University of Notre Dame Press, 1968), 237.

영국의 역사가 아놀드 토인비(Arnold Toynbee)는 "인류의 생존의 유일한 소망은 종교들이 우리를 인도하여 존재의 근원을 재발견하게 하는 데 달려 있다"고 평했다.

만일 이러한 관찰이 인류 전체에게 적용된다면, 교회를 지도하는 사람들에게는 한층 더 적용되지 않을까? 세상, 서방 문명 속에서 많은 사람이 혼란이 섞이지 않은 순수한 길을 찾고 있는데, 교회와 목회자들은 그 길에서 표지판을 지우고 있는 것은 아닐까? 최근에 많은 사람은 "그렇지 않다"는 대답에 도달했다. 그들은 오히려 그러한 표지판들을 다시 알기 쉽게 보여 주는 신학적 모델을 추구해왔다. 진화신학이나 과정신학, 소망의 신학, 해방 신학 등의 훌륭한 모델이 있는데, 이러한 신학은 모두 현재의 인간 생활은 긍정하지만, 그것의 모호성을 망각하지 않는다.

그러므로 오랜 성찰에 의하면, 중요한 것은 교회가 영성 형성을 소유할 것인가가 아니라, 어떻게 그것을 추구할 것인가이다. 제2차 바티칸 공의회에서는, 로마 가톨릭 성직자들은 목회 훈련과 긴밀한 관계에서 영성 형성 훈련을 받아야 한다고 지시했다. 공의회에서는 전통적으로 내려오는 특별한 일들을 인정했다: 영적 지도자들의 도움, 영성 생활의 중심이 되는 성찬 예배의 중요성, 사제들과 주교와 교인들의 친밀한 관계, "교회의 관습에 의해 권장되는 경건한 훈련들"을 열심히 실천하는 것, 사제의 청빈과 독신생활 등. 공의회는 영성 형성에 영향을 미치는 몇 가지 새로운 사실—특히 "최근에 건전한 심리학과 교육학에서 발견된 사실들"—에 대한 인식도 나타냈다. 사제의 영성 형성에 관한 교령(Decree on Priestly Formation)에게서는 전통적인 표현과 현대적인 표현을 결합하여 사용하면서, 신학교 교육의 목표를 "주로 정서적인 안정, 사려 깊은 결정을 할 수 있는 능력, 그리고 사건이나 사람들에 대해 판단하는 올바른 태도 등에 의해 입증되는 적절한 수준의 인간적 성숙"[17]이라고 제시한다.

개신교인들, 특히 독립교회 전통에 속한 교인들은 영성 형성을 계획하는 일에 한층 조심스럽게 접근해왔다. 이렇게 조심하게 된 것은 부분적으로 행위 구원을 함축하는 방법과 기술을 종교개혁자들이 비난한 데 따른 결과이기도 하다. 종종 이렇게 조심하는 것은 특정의 제한 조건과 그들 자신이 물려받은 유산인 피상적인 경건주의에 대한 반작용과 연결되기도 한다. 개신교의 전통에서는 인격 형성보다는 학문 형성을 강조해왔다. 최근에야 개신교인들은 스페너가 『경건한 소원』(Pia Desideria)에서 행한 것처럼 그 문제를 다른 시각에서 진지하게 다루기 시작했다.

에큐메니컬한 분위기가 성숙되면서 여러 가지 제한에서 해방된 개신교 신학교들은 종교개혁 때에 내버렸던 많은 전통적인 영성 형성의 요소들을 도입했다. 그들이 영적 성장과 발전을 위해서 여러 가지 수단을 사용하는 것과 관련한 유보 조항을 초월할 것인지는, 한 인격체로서의 목회자 형성의 전체 과정에 얼마나 참여하는지에 달

---

17) Decree on Priestly Formation, IV. 11, in *The Documents of Vatican* II, ed. Walter M. Abbott, S.J. (New York: America Press, 1966), 448.

려 있다. 베네딕트 수도회의 수사이며 성 마인라드 신학교(St. Meinrad School of Theology)의 영성 형성 지도자인 카밀루스 엘스퍼만(Camillus Ellspermann) 신부의 말을 빌리자면, 목표는 "총체적인 형성"[18]이어야 한다. 이것은 영성 형성에 있어서 가르침은 예배 경험, 기도에 대한 학습, 1:1 영적 지도, 그밖에 특별히 "영적인 것"과 관련된 상황 등에만 한정되지 않음을 의미한다. 예수회의 고생물학자요 철학자인 샤르뎅(Teilhard de Chardin, S. J.)은 "창조, 그리고 성육신 덕분에, 사물을 보는 법을 아는 사람들이 볼 때, 이 세상에는 더럽혀진 것이 하나도 없다"[19]라고 했다. 그러므로 기독교인들이 해야 할 일은 그리스도 안에서 삶 전체를 거룩하게 만드는 것이다. 신화(神化)는 우리의 수동성이나 상징적인 예배 행위를 통해서, 그리고 적극적인 활동을 통해서 이루어진다.

일부 세속적 신학자들의 견해와는 달리, 삶은 신성한 것이며 우리는 그리스도 안에서 신화(神化)되어야 한다고 보는 것은 상징적인 경건 행동의 중요성을 부정하는 것이 아니다. 이러한 원리는 경건한 행동은 우리를 세상 밖으로 데려가는 것이 아니라, 우리가 진실로 세상 안에 들어가게 해 주어야 한다는 의미를 함축한다. 사물의 중심에 하

---

18) Camilius Ellespermann, O.S.B., "The Spiritual Formtion of the Seminarian," paper delivered to the Faculty Colloquium of TEAM, October 20, 1969.

19) Teilhard de Chardin, S.J., *Le Milieu Divin London: Fontana*, 1964, 66.

나님의 사랑이 있다고 믿는 사람들이 볼 때, 하나님은 "우리 마음에서 세상을 뽑아내시며, 동시에 세상을 우리 마음속에 집어넣으시는데, 그곳에서 우리는 하나님과 함께 무한히 부드러운 사랑 안에서 세상을 품는다"[20]라고 했다. 하나님께 주의를 집중하는 우리의 지각있는 행동은 우리가 세상과 세상 사람들에게 민감하게 해준다.

많은 사람은 영성 형성 전체의 목표에 대해 폭넓게 고찰한 결과, 영성 형성은 기독교 지도자들이 관여하는 전반적인 교육 경험에 적용된다고 한다. 미국신학교협의회의 어느 보고서는 학생은 "전반적인 신학교 생활의 경험을 통해서 영적으로 제대로 형성될 수도 있고 기형이 되기도 한다"고 결론지었다. 그 보고서는 스페너의 『경건한 소원』과 비슷한 방법으로, 영성 형성의 책임을 교수들에게 지운다.

> "신학교에 대해 연구하면서 깨달은 것이 있다면, 그것은 곧 학생들의 영적 발달과 형성은 교수들의 영성에 의존하며 그것과 더불어 시작된다는 것이다."[21]

결론

지난 40년 동안 기독교인들은 기독교 영성의 주된 흐름에 도달하

---

20) Thomas R. Kelly, *A Testament of Devotion* (London: Hodder & Stoughton, 1941), 43f.

21) *Theological Education* 8 (Spring 1972): 179.

기 위해 무척 노력해왔다. 교회들은 영성 형성을 위한 마술 같은 공식을 발견하지 못했다. 그러나 교황 요한 23세의 "새로운 오순절" 안에서 교회가 옛 지혜의 창고를 재발견한 것을 볼 때, 우리는 도전과 소망의 시대에 대비한 기독교 지도자들의 영성 형성에 대해 어느 정도 확신을 가지고 미래를 향해 나아갈 수 있다는 소망을 가질 수 있다. 우리가 새로운 도전과 기회를 만나면서 계속 영적으로 성장하기를 바라는 바이다.

제3장

주된 일: 하나님과의 관계

기독교 지도자의 주된 관심은 일반 신자들의 관심과 동일해야 한다. 즉 하나님과의 친밀한 인격적 관계에 관심을 두어야 한다. 우리는 단순히 하나님에 대해서 아는 데 그치지 않고 하나님을 알고 하나님의 생명에 참여하기를 원한다. 시편 기자는 다음과 같이 선포했다.

> 하나님이여 사슴이 시냇물을 찾기에 갈급함 같이 내 영혼이 주를 찾기에 갈급하니이다 내 영혼이 하나님 곧 생존하시는 하나님을 갈망하나니(시 42:1-2)

어떻게 해야 이러한 관계를 발전시킬 수 있을까? 성인들은 "그대가 사람들과 친밀한 관계를 발전시키는 것과 비슷하다"라고 말한다. "우리는 교제, 의사소통, 혹은 대화를 통해서 서로를 알게 되는데, 그것이 곧 기도이다."

기도의 두 가지 활동

나는 기도는 본질적으로 두 가지 활동을 소유한다고 생각한다. 첫 번째 활동은 반응이다. 그것은 아침 햇살을 받아 꽃이 피듯이, 우리가 내면의 문을 열어 하나님의 사랑의 에너지들이 우리의 내면의 방에 흘러들게 하는 것이다. 꽃은 밤이 되면 꽃잎을 접는다. 아침이 되면 꽃잎은 조금 벌어지며, 햇살이 강해지면서 조금씩 더 벌어지다가 마침내 활짝 편다.

사도 요한은 "하나님은 사랑이시라"(요일 4:8)고 했다. 신학적으로 말하자면, 하나님의 사랑의 에너지들이 세상을 존재하게 했고, 또 세상을 지탱하고 있다. 하나님의 사랑의 에너지는 세상이 의미 있는 목표를 향하게 만들고 있다. 그 사랑의 에너지는 항상 우리에게 부어지고 있다. 태양이 지구의 반대편에 있어 우리 눈에 보이지 않을 때도 태양의 에너지가 지구를 감싸고 있듯이, 비록 우리가 하나님을 보지 못해도 하나님의 에너지는 우리를 감싸고 있다. 그렇지 않다면 우리는 얼음덩이가 될 것이다.

하나님은 이러한 교제를 주도하시는 분이시다. 잠시만 이것에 대해 생각해 보면, 곧 그 이유를 깨닫게 될 것이다. 오늘날 물리학자들은 우주에는 1조 5천억 개의 은하계가 있는데, 우리의 태양은 그중 하나의 은하계에 속해 있는 수백만 개의 태양 중의 하나라고 지적하고 있다. 우리의 하나님은 1조 5천억 개의 은하계의 하나님이시다. 이것을 생각하면, 나는 그 경이로움에 입을 다물 수가 없다.

그러나 하나님의 위대하심이 가장 엄위한 사실은 아니다. 우리는 계시를 통해서 가장 엄위한 것을 배운다. 즉 1조 5천억 개 이상의 은하계의 하나님께서 끝없이 넓은 바닷가에 있는 모래알과 같은 우리를 돌보신다는 사실이다. 나는 계시를 통해서, 이 무한히 넓은 우주의 하나님께서 무한한 사랑으로 우리를 사랑하신다는 것을 알게 된다. 사도 바울은 "우리가 아직 죄인 되었을 때에 그리스도께서 우리를 위하여 죽으심으로 하나님께서 우리에 대한 자기의 사랑을 확증하셨느니라"(롬 5:8)고 했다. 사람들의 좋아하는 흑인 영가에는 위대한 진리가 들어 있다: "[하나님]께서 그 손안에 온 세상을 잡으셨다… [하나님]께서 그대와 나, 형제 …자매를 그 손에 잡으셨다. [하나님]께서 그 손에 온 세상을 잡으셨다."

하나님께서 우리를 찾지 않으신다면, 우리가 아무리 크게 소리치고 높은 안테나를 설치하고 우주선을 발사해도 하나님의 관심을 끌 수 없을 것이다. 루퍼스 존스(Rufus Jones)는 "이중 탐색"이라는 말을 했다. 하나님께서 우리를 찾기 때문에 우리도 본성상 타자(他者: 인간으로서 도저히 알 수 없는 분: 역주)이신 하나님을 찾도록 지음을 받았다는 것이다. 눈의 망막이 파장에 반응하는 것처럼 자연스럽게 인간의 마음은 하나님께 반응한다고 존스는 말했다. 다른 비유를 들자면, 비둘기가 귀소본능 때문에 자연스럽게 그 태어난 곳으로 가듯이, 마음도 자연스럽게 하나님을 향한다. 어거스틴은 『참회록』 서두에서 "당신께서는 당신 자신을 위해서 우리를 지으셨으며, 우리 마음은 당신 안에서 안식을 발견하기 전까지는 항상 불안합니다"[1]라고 기도했다.

이 모든 것은 하나님과의 관계를 아주 쉽게 여기게 만든다. "그저 문을 열기만 하라. 사랑이 흘러 들어오도록 내버려 두라." 그러나 우리는 문을 여는 것이 그리 쉽지 않다는 것을 알고 있다. 우리는 문을 안에서 닫아걸게 만드는 인생의 "폭풍"을 경험해왔다. 이러한 폭풍을 경험하고 나면, 다시 문을 열기가 쉽지 않다. 우리는 아직도 폭풍이 사납게 몰아칠지도 모른다고, 폭풍이 다시 불어 닥칠지도 모른다고 생각하여 두려워한다.

지금 나는 자연계의 폭풍이 아니라, 우리가 침묵하게 만드는 정신적인 폭풍에 대해서 말하고 있다. 우리는 어떤 사람을 사랑하다가 상처를 입을 수 있다. 그 사람은 우리의 사랑을 멸시하고 탈취하고 비틀고 왜곡시킨다. 분명 인간의 경험이 초래하는 즐거움이나 고통이 사랑보다 더 큰 것은 아니다. 어떤 사람들은 큰 고통을 다루지 못하기 때문에 친밀한 관계를 형성하려 하지 않고, 일종의 고치에 들어간다. 인생에는 상처를 주는 일이 많다. 안타깝게도, 하나님 사랑과 이웃 사랑을 키우라고 요구하는 교회들도 많은 아픔을 준다. 이러한 아픔을 경험하게 되면, 하나님에 대해 마음을 열기가 쉽지 않다.

그 밖에 인정을 받으려는 욕구도 하나님에 대해서 마음을 열기 어렵게 만든다. 나는 대공황 때에 성장하면서 가난하게 살았는데, 내

---

1) Augustine, *Confessions* 1.1.

어머니는 내가 자부심을 가지려면 무엇이든지 공짜로 받아서는 안 된다고 가르치셨다. 나는 어머니의 양육 원칙을 지금도 감사하게 생각한다. 모든 사람에게 필요한 참되고 필수적인 자부심이 있다. 그러나 내 어머니는 은혜를 받아들이는 것과 관련하여 나에게 문젯거리를 남기셨다. 나는 25살이 될 때까지 다른 사람에게서 사탕 하나도 받아서는 안 된다고 생각하며 살았다. 먹고 싶어서 입에서 군침이 돌아도 "고맙지만, 먹은 지 얼마 안 돼서 배가 부릅니다", 혹은 "조금 후에 점심시간이기 때문에 지금은 먹지 않는 게 좋겠어요"라고 말하곤 했다.

영국의 위대한 목사요 시인인 조지 허버트(George Herbert)는 교회에 대한 시에서 그 문제를 지적했다.

> 사랑은 나를 환영하지만,
> 먼지와 죄로 물든 내 영혼은 뒤로 물러섭니다.
> 그러나 처음 들어서는 순간부터 꾸물거리는 것을 보신
> 눈치 빠른 사랑은
> 내게 가까이 다가와서 부드럽게 물으십니다,
> 나에게 부족한 것이 있느냐고.
> 나는 이곳에 기할 자격이 있는
> 손님이 부족하다고 대답합니다.
> 사랑은 "그대가 바로 그 사람이라오"라고 말합니다.
> 감사치 못하고 친절하지 못한 제가 말입니까?
> 오, 사랑하는 분이시여,
> 저는 당신을 바라볼 수도 없습니다.

사랑은 부드럽게 내 손을 잡으십니다.
그리고 미소를 지으시면서
"눈을 지은 자가 바로 내가 아니냐?"라고 말씀하십니다.[2]

거룩한 사랑이신 하나님은 항상 사랑의 일을 행하시면서, 우리를 하나님 자신에게로 이끌려 하신다. 그러나 우리가 내면의 문을 열어야 한다. 하나님은 불도저를 몰고 오시는 것이 아니다.

영적 성장과 발달은 이처럼 문을 열어 하나님의 사랑을 받아들임으로써 이루어진다. 우리가 문을 조금이라도 열 수만 있다면, 사랑이 우리 안에 들어와 두려움과 불안을 몰아낼 것이다. 어렸을 때, 나는 낮에 빛의 작용을 보면서 놀라곤 했다. 동이 트면 커튼의 벌어진 틈이나 문틈, 또는 열쇠 구멍을 통해서 빛이 들어와서 방 전체를 밝혀 방 안에 있는 모든 물건을 비추어 주었다. 우리의 내면에서 하나님의 사랑도 이렇게 작용한다. 하나님의 사랑은 아주 작은 틈만 있어도 비집고 들어와서 우리의 내적 자아 전체를 조명해 주고, 우리가 완전한 존재가 되지 못하게 만드는 두려움과 근심을 몰아낸다.

요한일서의 저자는 "온전한 사랑이 두려움을 몰아낸다"라고 했다. 온전한 사랑이란 하나님의 사랑, 하나님 자체이신 사랑을 의미한다. 인간이 두려움을 느끼는 것은 자연스러운 일이며, 두려움은 삶에서 중요하고도 긍정적인 역할을 한다. 그러나 지나친 두려움은 우

---

2) George Herbert, "Love" from *The Temple in the Works of George Herbert in Prose and Verse* Vol. II (London: Bell and Daldy, 1859), 217-218.

리를 파괴하고 무능하게 만든다. 그것은 하나님이나 사람들에게 마음을 열지 못하게 만든다. 그것은 우리가 인간으로서의 잠재력을 깨닫지 못하게 방해한다. 또 우리의 정신과 마음과 영혼을 시들게 만든다. 그러나 우리가 조금이라도 문을 열 수만 있다면, 사랑이 우리 안에 들어올 것이며, 우리를 마비시키고 움직이지 못하게 만들며 완전한 존재, 참된 자아가 되지 못하게 만드는 두려움을 몰아낼 것이다.

사도 바울은 마태복음 6장 25-34절에 기록된 예수님의 교훈을 상기시켜 주는 사상을 가지고서, 사랑이 우리를 도와 두려움의 형제인 근심을 극복하게 해줄 수 있다고 했다. 근심도 역시 인간에게는 자연스러운 현상이며, 인간의 많은 행위에 동기를 부여한다. 그러나 근심이나 걱정 역시 부정적인 면을 가지고 있다. 지나친 근심은 사람들을 위축시킨다. 그렇기 때문에 바울은 근심에 시달리는 사람들에게 "아무 것도 염려하지 말고 다만 모든 일에 기도와 간구로, 너희 구할 것을 감사함으로 하나님께 아뢰라 그리하면 모든 지각에 뛰어난 하나님의 평강이 그리스도 예수 안에서 너희 마음과 생각을 지키시리라"(빌 4:6-7)고 했다. 여기에서 평강으로 번역된 히브리어 "샬롬"은 우리 문화에서의 평화 이상을 의미한다. 이 훌륭한 구절에서, 바울은 근심이나 걱정을 잠재우기 위해서 하나님만이 주실 수 있는 큰 안전에 대해 말하고 있다.

윌리엄 블레이크(William Blake)는 "우리는 사랑의 광선을 감당하는 법을 배우기 위해서 세상에 작은 공간을 배정해야 한다"고 했다. 우리는 배워야 하는데, 이는 저절로 되지 않는다. 우리는 하나님의 사랑의 에너지가 흘러 들어와서 두려움과 근심을 몰아낼 수 있도록 조그만 틈을 열어 놓는 일을 할 수도 있다.

기도의 또 한 가지 활동은 우리가 하나님의 사랑의 에너지를 전달하는 자가 되는 활동이다. 강압기(降壓器)는 전류를 220볼트에서 110볼트로 낮추어 준다. 나는 유럽에 갈 때, 미국에서 제조한 전기 기구를 사용하기 위해서 강압기를 가져갔다. 요즘은 변압기가 크기도 작고 가볍지만, 1960년대에는 변압기의 무게가 대략 15파운드나 되었다. 한편 승압기(昇壓器)도 있다. 전류를 증가시키려면, 전기 에너지를 증가시켜야 한다. 하나님의 사랑의 에너지를 승압하는 사람이 되려면, 하나님의 형상으로 지음을 받은 인간인 우리 자신의 기도와 행위 안에 하나님의 사랑의 에너지가 흘러 들어오게 해야 하며, 우리의 사랑의 에너지를 하나님의 에너지에 추가해야 한다.

거룩한 사랑의 에너지들을 전달하는 훌륭한 도관(導管)이 되려면 깨끗해야 한다. 사랑의 흐름을 방해할 수 있는 것들은 많다. 그중 하나가 분노이다. 분노는 사랑 다음으로 강한 감정이다. 그렇기 때문에 사막 교부들은 분노를 제거하는 방법에 대해서 논하는 데 많은 시간을 보낸 것이다. 그들은 히브리 성경의 시편에서 많은 것을 배웠다. 그들은 화를 내는 것, 심지어 하나님께 화를 내는 것이 괜찮은 일이라는 것을 배웠다.

대부분의 시편은 소위 탄식이나 불평의 시편이다. 우리는 그러한 시편들로부터 아무것도 숨기지 않고 털어놓는 투명성이 친밀함에 얼마나 기여하는지를 알게 된다. 시편 기자들은 하나님 앞에 마음을 털어 놓았다. 그들은 하나님과 더불어 혼인 계약과 흡사한 계약을 맺었었다. 하나님께서 그들에게 책임을 지우셔야 했던 것과 마찬가지로, 그들도 하나님께 책임을 지울 권리와 의무를 지고 있었다.

특히, 탄식 시편 중에서도 저주(imprecatory)의 시편, 하나님께 백성들에 대한 저주를 요청하는 시편들이 의미가 깊다.

> "하나님이여 그들의 입에서 이를 꺾으소서
> 여호와여 젊은 사자의 어금니를 꺾어 내시며
> 그들이 급히 흐르는 물 같이 사라지게 하시며
> 겨누는 화살이 꺾임 같게 하시며
> 소멸하여 가는 달팽이 같게 하시며
> 만삭 되지 못하여 출생한 아이가
> 햇빛을 보지 못함 같게 하소서"(시 58:6-8).

이 시편 기자는 화가 나 있는데, 그 사실을 감추려 하지 않았다. 많은 기독교인은 이러한 시편을 어떻게 다루어야 할지 몰랐다. 학자들은 간단히 저주의 시편을 생략해 버릴 것을 제안한다. 어찌 성경 안에 이러한 증오의 찬송이 자리 잡을 수 있단 말인가? 그 시편이 원수를 사랑하라는 예수의 가르침과 조화를 이룰 수 있을까? 나는 비평가들로부터 연속적인 공격을 받아 그 시편에서 바울이 로마서 12장 19절에서 인용한 "원수 갚는 것이 내게 있으니 내가 갚으리라고 주께서 말씀하시니라"는 말씀이 거듭 등장하는 것을 발견하기 전까지는 그러한 시편을 이해하지 못했었다. 그 시편은 분명한 권고를 주었다. 우리는 분노를 하나님께 맡겨야 한다. 하나님은 능히 그것을 다루실 수 있다. 우리를 성나게 한 사람들은 그것을 다룰 수 없으며, 우리는 분을 속에 담아 두어서는 안 된다. 분을 속에 담아두고 있으면, 그것은 화산이 된다. 간혹 밀실에 들어가서 저주를 퍼붓는 것이 우리가 드리는 가장 훌륭한 기도가 될 수 있다.

우리는 종종 지금의 모습 그대로 자신을 하나님께 드리지 말라는 경고를 받는다. 사람들은 "기도할 때에는 미소를 지으라. 기분 좋은 표정을 지으라. 하나님께 범죄할 수도 있다. 그대가 실제로 느끼는 감정을 하나님께 알게 하지 말라"는 등 하나님을 정직하지 못하게 대하라는 전통적인 가르침을 받아왔다. 시편 기자는, 만일 우리가 진정으로 하나님과의 친밀한 관계를 원한다면, 있는 모습 그대로, 가면을 쓰지 말고 하나님께 나아가야 한다고 말한다. 하나님은 있는 모습 그대로의 우리를 다루실 수 있다.

만일 우리가 분노와 좌절 등을 제거한다면, 우리는 사랑의 에너지를 받아들이며, 그것들이 우리를 통하여 우리의 행동으로 흘러 들어오고 다른 사람들을 향해 흘러갈 수 있다. 물론 그래도 우리의 행동에는 변화가 있을 수 있음을 인정해야 한다. 때로 우리는 2천 볼트를 받아들여, 자신이 변화하는 일에 대부분을 소모할 것이다. 또 2천 볼트를 받아들였는데, 전환하여 나오는 것은 1볼트일 수도 있고, 조그만 전등을 켤 정도인 6볼트일 수도 있다. 이따금 우리는 그러한 에너지가 아무런 방해를 받지 않고 우리를 통과하여 흐르게 하며, 우리가 발생시킨 에너지를 추가함으로써 일종의 승압기가 되기도 한다.

궁극적으로 중요한 것은 하나님의 우선적인 주도권에 대해 반응하는 첫 번째 활동과 관련되어 있다. 우리가 기도에 대해서 처음으로 생각하기 오래전부터, 하나님께서는 우리의 관심을 끌며, 우리를 중요한 교제에 참가시키려고 노력해 오셨다. 우리에게 먼저 필요한 것은 하나님께 주의를 기울이는 것이다. 기도는 하나님의 말씀에 귀를 기울이는 것이다.

안토니 블룸(Anthony Bloom) 대주교는 『기도의 시작』(Beginning to Pray)에 다음과 같은 내용을 기록했다. 그는 사제로 서임되고 나서 얼마 후에 양로원에 파송되었는데, 102세 된 할머니가 기도와 관련된 문제를 가지고 그를 찾아왔다.

그는 "질문해 보십시오"라고 말했다.

할머니는 말하기를 "몇 년 동안 나는 기도에 대해서 안다고 소문난 사람들에게 질문을 해왔지만, 아무도 현명한 답변을 해 주지 않았습니다. 혹시 신부님께서 아무것도 모르신다면 무심결에 제대로 답변해 주실 수도 있다고 생각했습니다."

사제는 이 기이한 칭찬을 듣고서 물었다.

"할머니의 문제는 무엇입니까?"

할머니는 "나는 14년 동안 거의 쉬지 않고 예수기도를 했지만, 전혀 하나님의 임재를 체험하지 못했습니다."

블룸은 자기 생각을 무심결에 말해 버렸다.

"항상 할머니는 말을 하면면, 하나님께 말씀하실 기회를 드리지 못하지요."

할머니는 어떻게 해야 하느냐고 물었고, 블룸은 이렇게 가르쳤다.

"아침 식사 후에 방에 들어가 방을 정리하십시오. 노인들은 물건들을 한쪽 구석에 보이지 않게 치워 두는데, 벽을 등진 위치에 의자를 두십시오. 할머니가 가지고 계신 성화 앞에 등불을 켜시고, 먼저 할머니의 방을 살펴보십시오. 앉아서 방을 둘러보면서 할머니가 살고 계신 곳이 어떤 곳인지 알아보십시오. 14년 동안 기도해오셨다면, 할머니께서 그 방을 보신 지도 오래되었을 것입니다. 그다음에는 하나님 앞에서 한 마디도 기도하지 말고 15분 동안 뜨개질을 하십시오. 뜨개질하면서 할머니의 방의 평화를 즐기려고 노력해 보십시오."

할머니는 블룸의 말을 신뢰하지 않았지만, 그렇게 하기로 했다. 얼마 후에 할머니는 블룸에게 와서 "그 방법이 효과가 있어요!"라고 말했다.

블룸은 "어떤 효과요?"라고 물었다. 그는 전에는 한 번도 그렇게 하라는 충고를 한 적이 없었기 때문에, 그 방법이 어떻게 작용했는지 알고 싶었다.

할머니는 그의 충고를 문자 그대로 따랐다. 방을 정리한 다음에 안락의자에 앉았다. 그리고 방을 둘러보면서 "좋군. 내 방은 정말 좋은 방이야"라고 말했다. 할머니는 고요하고 평화로움을 느꼈다. 시계가 째깍거리는 소리를 들었지만, 방해가 되지 않았고 오히려 침묵을 더 깊게 해 주었다. 뜨개질바늘이 의자의 팔걸이에 부딪혔지만, 그것도 정신 집중에 방해가 되지는 않았다. 그 때 할머니는 그 침묵이 실체를 가지고 있다는 것을 깨달았다.

"그것은 어떤 것의 부재가 아니라 어떤 것의 현존이었습니다. 그 침묵은 밀도와 풍성함을 가지고 나에게 영향을 미치기 시작했습니다. 주위의 침묵이 내 안에 있는 침묵을 만나기 시작했습니다. 갑자기 나는 그 침묵이 하나의 임재라는 것을 감지했습니다."[3]

쉬지 말고 기도하라

역사적으로 기독교인들의 목표는 데살로니가전서 5장 17절의 "쉬지 말고 기도하라"를 이루는 데 있었다. 그들은 여러 가지 방법을 시도해왔다. 초대 시대에 일부 제자들은 이 명령대로 실천하기 위해서 광야에 가서 잠을 자지 않고 지냈다. 그들은 스스로를 "잠을 자지 않는 사람들"(Akoimitai)이라고 불렀다. 어떤 사람들은 매일 150편의 시편을 기도했다. 물론 그 시대에는 개인이 성경책을 소유하기가 무척 어려웠기 때문에, 신자들은 시편을 암송해야 했다. 그 시대에 성경책은 손으로 필사된 것이었다.

또 어떤 사람들은 정교회의 공식적인 기도인 "마음의 기도"(prayer of the heart)를 개발했다. 이 기도는 "하나님의 아들 주 예수 그리스도시여, 이 죄인을 불쌍히 여기소서"라고 하거나, 이 기도를 줄인 형태로 기도하는 것이다. 이 기도의 목적은 항상 부활하신 그리스도의 임

---

[3] Archbishop Anthony Bloom, *Beginning to Pray* (New York: Paulist Press, 1970).

재를 의식하는 데 있었다. 최근에 사막 교부들의 저술을 연구하던 러시아 정교회 신자가 마음의 기도라는 방법을 개발하여, 그것을 『순례자의 길』(The Way of the Pilgrim)이라는 책에 기록했다. 그것은 심장이 고동치는 데 맞추어서 각 음절을 발음하면서 첫째 주간에는 그 공식을 하루에 3,000번 기도하고, 두 번째 주간에는 6,000번, 세 번째 주간에는 12,000번 하는 것이다. 이름이 밝혀지지 않은 이 책의 저자는, 그 후에는 우리가 깨어 있을 때나 잠을 잘 때나 우리의 심장이 고동치면서 자동으로 그 기도가 이루어진다고 했다.

어떤 사람들은 로렌스 수사(Brother Lawrence)라고 알려진 17세기의 갈멜 수도회의 평신도 수사 니콜라스 헤르만(Nicholas Herman)의 방법이 더 유익하다고 생각한다. 로렌스 수사는 무식한 사람이었다. 그는 30년 전쟁 때에 육군으로 복무했고, 제대하여 프랑스의 귀족 가문에서 하인으로 지냈다. 중년이 된 그는 갈멜 수도원에 들어갔다. 처음 10년 동안은 수도회의 엄격한 규율대로 실천했지만, 그것은 그를 좌절시킬 따름이었다. 어느 날 부엌에서 설거지를 하던 중, 그는 부엌일을 하면서도 하나님에게 말을 할 수 있다는 것, 그의 표현을 따르자면 "하나님의 임재를 실천"할 수 있다는 것을 깨달았다. 그는 무슨 일을 하든지 하나님의 임재에 주의를 집중하는 태도를 유지했다. 그는 하나님께 모든 관심을 기울였다. 그는 "나는 하나님에 대한 사랑 때문에 팬에 있는 작은 오믈렛을 뒤집습니다"라고 말했다. 그는 하나님과의 사랑에 빠졌으며, 그 사랑이 그가 행하는 모든 것에 스며들고 모든 것을 변화시켰다. 우리는 사람이 사랑에 빠지면 어떻게 되는지를 안다. 사랑에 빠진 사람은 연인을 항상 생각한다. 연인은 매 순간 모든 일 속에 임재한다.

로렌스 수사는 하나님을 사랑하는 것도 그와 같다고 말한다. 우리는 하나님을 알아야 하며, 하나님을 알려면 하나님께 관심을 기울여야 한다. 보고 듣는 법을 배우면, 삶 전체를 기도로 만들 수 있다. 여기에서 "본다"는 것은 단순히 바깥 경기를 바라보는 것 이상을 의미한다. 조지 허버트는 "우리는 유리창에만 시선을 둘 수도 있고," "유리창 너머로 하늘을 바라볼 수도 있다"고 했으며, 샤르뎅은 "보는 법을 아는 사람들에게 있어서는 이 세상에 있는 것 중에 세속적인 것은 하나도 없다"고 말했다. 모든 사물은 원래 하나님께서 거룩하게 지으신 것이며, 장차 거룩하게 될 것이다.[4]

성경은, 하나님께서 사물의 질서 안에 메시지를 형성해 놓으셨거나, 항상 우리에게 메시지를 비추어 주고 계신다는 것을 상기시켜 준다. 하나님께서는 자연을 통해서, 역사를 통해서, 그리고 우리의 삶을 통해서 메시지를 주신다.

첫째, 자연을 통해서 주시는 메시지에 대해 생각해 보자. 시편 19편은 담대하게 선포한다.

"하늘이 하나님의 영광을 선포하고

---

4) Pierre Teilhard de Chardin, *The Divine Milieu* (New York: Harper & Brothers, 1960), 15, 30, 33.

궁창이 그의 손으로 하신 일을 나타내는도다
날은 날에게 말하고
밤은 밤에게 지식을 전하니"(시 19:1-2).

시편 기자는 이것이 유형적인 소리와 관련된 것이 아님을 깨닫고 있었다.

"언어도 없고 말씀도 없으며
들리는 소리도 없으나
그의 소리가 온 땅에 통하고
그의 말씀이 세상 끝까지 이르도다"(시 19:3-4).

우리가 잘 아는 시편 8편은 우리에게 자신을 개방하라고 권유한다.

"여호와, 우리 주여
주의 이름이 온 땅에 어찌 그리 아름다운지요…
주의 손가락으로 만드신 주의 하늘과
주께서 베풀어 두신 달과 별들을 내가 보오니
사람이 무엇이기에 주께서 그를 생각하시며
인자가 무엇이기에 주께서 그를 돌보시나이까"(시 8:1, 3-4).

예수님께서는 하나님에 대해 가르치기 위해서 종종 자연을 사용하셨다. 들의 백합화, 공중의 새들, 우리의 머리카락 등 모든 것은 하나님께서 우리의 삶에 얼마나 깊이 관여하고 계시는지, 하나님께서 우리를 얼마나 크게 보살피고 계시는지를 상기시켜 준다(마 6:25-34; 눅 12:22-32). 자연 속에는 하나의 이야기가 들어 있다. 우리가 어린아이처럼 되어 상상 속에서 그 이야기 속에 들어간다면, 하나님, 하나님의 보호하심, 삶, 세상, 그리고 우리 자신에 대한 통찰이 열릴 것이다.

둘째, 하나님은 역사를 통해서 메시지를 주신다. 하나님은 모든 역사의 주인이시므로, 모든 역사는 우리에게 메시지를 전해준다. 이집트의 역사, 바벨론 역사, 앗시리아 역사, 페르시아 역사는 역사 안에 하나님의 흔적의 증거를 남겨 주었다. 페르시아의 왕 고레스는 "여호와의 기름부음을 받은 자"라고 부를 수 있다. 그러나 하나님의 자기 계시는 특히 역사의 특별한 부분, 특별한 이야기(사건) 안에서 분명하게 발생한다.

유대인들에게 있어서 특별한 이야기는 출애굽 사건이다. 유대인들은 출애굽을 기념하고 재현하기 위해 유월절 밤 축제(seder)를 거행한다. 미쉬나에 기록된 예수 시대의 가르침에 의하면, 유월절 밤 축제를 거행하는 방법은 다음과 같다: 양고기와 채소를 만든 음식을 먹은 후에, 집안에서 가장 어린 아이가 "오늘 밤이 다른 날 밤과 다른 이유가 무엇입니까?"라고 묻는다. 그러면 그 집의 가장은 유대인들이 애굽에서 탈출한 이야기를 해준다. 그 가르침에는 "그대가 실제로 애굽에서 탈출하는 것처럼 이야기하라"고 기록되어 있다. 다시 말해서, 질문을 하는 아이처럼 상상력을 발휘하여 그 이야기 속에 들어가서, 그 이야기가 우리에게 작용하게 해야 한다.

기독교인에게는 또 다른 특별한 이야기, 예수의 이야기(예수의 삶과 죽음과 부활)가 있다. 기독교인이 복음서에 초점을 두고 묵상하는 것은 우연한 일이 아니다. 성경 전체가 중요하다. 성경은 보다 큰 규모의 이야기를 말해 준다. 그러나 하나님의 자기 계시는 특별히 예수 이야기에서 절정에 달한다. 만일 우리가 어린아이처럼 그 이야기 속에 들어간다면, 그 이야기가 우리를 조명해주고 변화시켜 줄 것이다.

우리는 어떤 일이 일어나기를 원하는가? 사도 바울은 빌립보서 2장 5절에서 그 대답을 준다: "너희 안에 이 마음을 품으라 곧 그리스도 예수의 마음이니." 그는 이 마음이 어떤 마음인지 우리의 추측에 맡기지 않는다. 그는 이어서 좋은 소식을 준다. 하나님께서는 인류를 무척 사랑하셨기 때문에, 삶의 궁극적인 목표와 목적, 삶의 소망을 드러내시기 위해서 나사렛 예수 안에서 인간 생활의 고통과 수치와 치욕과 죽음에 동참하셨다. 바울은 로마서 5장 8절에서 "우리가 아직 죄인 되었을 때에 그리스도께서 우리를 위하여 죽으심으로 하나님께서 우리에게 대한 자기의 사랑을 확증하셨느니라"고 기록했다. 단순히 단어나 사상을 듣는 데 그치는 것이 아니라 그것을 존재론적으로 우리의 존재의 중심에 받아들이면, 우리의 삶이 변화될 것이다. 하나님께서는 "나는 무한하고 불가해한 사랑으로 너를 사랑한다"고 말씀하신다.

우리는 여기에서 그리스의 방법과는 다른 히브리식의 사고 방식을 볼 수 있다. 그리스의 방식은 과학적인 사고의 형태로 우리에게 전해져 온 것으로서 경험적인 관찰과 합리적인 고찰 방법이다. 우리는 눈으로 보고, 귀로 듣고, 만지고, 맛보고, 냄새를 맡는다. 그다음에는 증거를 합리적으로 고찰한다. 반면에 히브리 방법은 이야기 방식이었다. 자연 안에 이야기가 있다. 역사 안에 이야기가 있다. 우리 자신의 삶 속에 이야기가 있다. 만일 우리가 어린아이처럼 상상력을 통해서 그 이야기에 들어간다면, 그 이야기가 우리를 형성해줄 것이다.

여기에서 상상력의 중요성에 유의해야 한다. 어린아이의 특징은 풍부한 상상력이다. 어린아이들이 옛날 이야기를 듣는 모습을 지켜본 적이 있는가? 아이들은 질문하지 않았는데도 대답을 한다. 아이들은 그 이야기에 동화되어 그 이야기와 하나가 된다. 그 이야기는 아이들 자신의 이야기가 된다. 예수님께서 "어린아이와 같지 아니하면 하나님 나라에 들어갈 수 없다"고 말씀하신 것의 의미가 바로 이것일 것이다.

이야기들은 우리의 심오한 인식의 일부를 형성해왔다. 현재의 우리 자신, 우리가 행동하는 방법, 인생관 등은 추론적인 이성보다는 이야기들에 의해 형성된 것이다. 내 경우가 바로 그런 것이다. 내가 소중히 여기는 가치관들, 나의 견해, 무엇을 결정하는 방법 등은 나의 존재 자체에 새겨진 이야기들, 부모님과 교사들과 친구들과 여러 지도자의 삶 속에서 들려진 이야기들의 흔적이 만들어낸 결과이다.

나타니엘 호손(Nathaniel Hawthorne)의 『큰 바위 얼굴』(*The Great Stone Face*)[5]은 어네스트라는 소년에 대한 이야기이다. 소년은 집 근처 절

---

[5] 이 고전은 최근에 요약판으로 재판되었다. Nathaniel Hawthorne, *The Great Stone Face*, abridged by Penelope J. Stokes (Colorado Springs, Colo.: Chariot Victor Publishing, 1997).

벽에 자연적으로 새겨진 커다란 얼굴 모습을 보았다. 소년은 장차 그 계곡에 어린아이가 태어날 것인데 그 아이가 자라면 그 큰 바위 얼굴과 모습이 똑같아질 것이라는 전설을 들으면서 자랐다. 소년은 평생 그 전설을 잊지 않았고 그 얼굴을 마음에 담아 두었다. 소년은 거기에서 지혜와 진리와 사랑을 보았다. 그는 평생 "큰 바위 얼굴은 누구일까?"라고 궁금했다. 부자, 유명한 군인, 정치가, 심지어 큰 바위 얼굴을 찬양하는 시를 지은 시인에게서도 그 얼굴을 발견하지 못했기 때문에 소년은 실망했다. 세월이 흘러 나이가 든 어네스트는 그 시인을 마을 사람들에게 소개했다. 그때 시인은 모인 사람들에게 큰 바위 얼굴은 바로 어네스트라고 말했다. 그는 평생 마음에 품고 생각하던 바로 그 인물이 되었다.

만일 우리가 어떤 특별한 이야기가 우리의 삶에 스며드는 것을 허락한다면, 우리는 평생 자신의 삶에 귀를 기울일 수 있다. 미셸 코이스트(Michel Quoist)는 훌륭한 기도문 모음집인 『기도집』(Prayers)에서 삶에 귀를 기울이는 방법을 보여 주었다. 만일 우리가 하나님의 눈으로 삶을 바라보는 방법을 안다면, 만일 우리가 삶 속에서 하나님의 말을 듣는 방법을 안다면, 우리의 삶 전체가 기도가 될 것이다. 20불짜리 지폐, 포르노 잡지, 바다, 눈, 철조망, 마약에 중독된 청소년, 술 취해서 길 복판에 쓰러져 있는 사람, 병원 등 모든 것이 기도가 된다.

20세기의 퀘이커 지도자인 더글러스 스티어(Douglas v. Steere)는 많은 사람의 영성 생활을 지도한 교사요 지도자였다. 하버드 출신 박사요 옥스퍼드 대학 장학생이었던 그는 하나님을 알기 위해 탐구하면서 삶을 보냈다. 하버드 대학 재학 때는, 기도의 실체와 중심성을 발견했다. 그는 어디를 가든지 영성 생활에 관한 사람들의 지혜를 받아들였고, "각 사람의 마음속에 하나님의 생명을 강화시키는 일"[6]을 권장하면서 인생을 보냈다. 그의 저서들은 대부분 영성 생활에 관한 것들이다.[7]

더글러스 스티어는 『사람들의 말을 듣는 것에 관해서』(On Listening to Another)[8]에서 훌륭한 청취자의 네 가지 특성을 열거했다. 첫째 특성은 **취약성**, 혹은 **상처받기 쉽다**(vulnerability)는 것이다. 더글러스는 하와이 몰로카이섬에 사는 문둥병자들은 다미안 신부가 "우리 문둥이 형제들이여!"라는 말로 설교를 시작한 날부터 다미안 신부의 설교를 훨씬 감명깊게 들었다는 것을 상기시켜 준다. 다미안 신부는 문둥병에 걸린 후로는 문둥병자들의 말을 훨씬 잘 들어 주었다는 말을 나는 덧붙이고 싶다.

두 번째 특성은 **용납**(acceptance)이다. 더글러스의 말에 의하면, 이것은 무관심에서 비롯된 관용을 의미하는 것이 아니다. 용납은 신약 성서에서 표현된 아가페 사랑의 의미와 매우 흡사하다. 아가페 사랑은

---

6) Dauglas V. Steere, *On Beginning from Within* (New York: Harper & Brothers, 1943), vii.

7) E. Glenn Hinson, *Love at the Heart of Things: A Biography of Dauglas V. Steere* (Wallingford, Penn.: Pendle Hill Publications; Nashville, Tenn: Upper Room Books, 1998).

8) Douglas V. Steere, *On Listening to Another* (New York: Harper & Brothers, 1955), 20-24.

다른 사람을 나 자신의 틀에 맞추려고 노력하는 사랑이 아니다. 그것은 상대방을 있는 그대로 받아들이는 것이다.

세 번째 특성은 **기대**(expectancy)이다. 기대는 희망과 관계가 있다. 더글러스는 사람들에게 희망을 고취해 주었다. 많은 사람은 더글러스가 알츠하이머병에 걸리기 전에는 더글러스를 만나면 기운을 얻고 힘이 솟는 것 같았다고 말하곤 한다. 나는 그의 전기를 저술하면서, 그러한 경험의 배후에 있는 비밀을 발견하려고 많은 시간을 보냈는데, 두 가지 단서를 발견했다.

그중 하나는 그의 삶 전체에 스며있던 낙관주의이다. 그는 언제나 어두운 구름을 꿰뚫고 있는 빛을 볼 수 있었다. 그는 삶을 밝은 측면에서 보았다. 샤르뎅 역시 하나님, 즉 거룩한 사랑이 사물의 중심에 놓여 있다는 확신에 기초를 둔 낙관주의를 가지고 있었다. 그는 "우리는 죽음 안에서 하나님을 발견함으로써 죽음을 극복해야 한다"고 말했다. 그것은 옳은 말이다. 여기에 덧붙여, 나는 "우리는 삶 속에서 하나님을 발견함으로써 질병을 극복하고 슬픔을 극복하고 삶을 정복한다"고 말할 수 있다.

또 하나의 단서는 더글러스 스티어가 가지고 있었던 사명감이다. 그것은 그가 1951년에 하버드 대학의 퀘이커 집회에서 만난 마틴 부버(Martin Buber)에게서 배운 것이었다. 그 집회 때에 이 유명한 유대 철학자는, 사람이 다른 사람을 위해서 해줄 수 있는 가장 큰 일은 상대방에게서 가장 심오한 것을 확인하게 해 주는 것이라고 말했다. 이 사상은 더글러스의 연설이나 저술에 끊임없이 등장한다. 그러나 그보다 중요한 것은 그의 대인 관계에 그것이 스며들어 있다는 점이다. 그는 먼저 사람들의 내면 깊은 곳에 있는 것을 확인시켜 주는 것, 그들의 내면에 있는 희망을 일깨워 주기를 원했다.

네 번째 요소는 **지조**(constancy)이다. 이 단어는 다른 사람과 "함께 서다" 또는 "함께 지내다"라는 뜻을 지닌 라틴어에서 유래한 것이다. 더글러스는 "한없는 인내"라는 말을 한다. 사람들의 말을 경청하려면 인내심을 발휘해야 한다. 상대방이 의미하는 것이 무엇인지 모를 때에, 우리는 콧소리를 내거나 "혹시 …를 의미하는 것인가요?"라고 말해서는 안 되며, "만일 당신이 …와 같은 것을 말하려 한다면, 우리가 그 일을 진행할 수 있으며, 나는 다른 것을 시작할 수 있습니다"라고 말한다. 상대방의 말을 경청한다는 것은 상대방과 함께 머무는 것이다.

경청한다는 것은 단어를 듣거나 소리를 식별하는 것 이상의 행동이다. 사물을 보는 것과 그저 바라보는 것은 다르다. 더글러스 스티어는 18세기 퀘이커 교도인 존 울먼(John Woolman)의 이야기를 인용했다. 울먼은 미국 인디언 반란에 흥미를 가지고서, 수스퀘하나 강변 웨하로징에 사는 델라웨어 인디언들을 만나기 위해서 위험한 여행을 했다. 처음에, 그는 모라비아 선교사를 통해서 인디언들의 추장 파푸네항과의 의사소통을 시도했다. 그러나 그것이 여의치 않았기 때문에, 그는 통역자에게 자신이 기도할 테니 통역하지 말고 내버려 두라고 부탁했다. 그들의 만남이 끝나기 전, 그는 추장 파푸에항이 "나는 단어들이 어디에서 나오는지 느끼기를 좋아합니다"[9]라고 말했다는 말을 들었다. 목표는 단어와 생각을 초월하는 데 있다. 의사소통에는 여러 차원이 있는데, 우리는 그중 가장 깊은 차원에 이르기를 원한다.

의사소통에는 말하는 사람과 듣는 사람 외에 다른 분이 개입된다. 즉 영원하신 경청자(Eternal Listener), 키르케고르의 표현을 빌리자면 영원하신 방관자(Eterenal Spectator)가 있다. 즉 하나님이 계시다. 더글러스 스티어는 하나님이 피할 수 없이 가까이 계심을 노래한 시편 139편을 인용했다. 시편 기자는 처음 7절에서 하나님께서 사람을 얼마나 친밀하게 알고 계시는지를 이야기한다: "여호와여 내 혀의 말을 알지 못하시는 것이 하나도 없으시니이다"(4절). 그다음에 8절에서, 하나님에게서 피하기를 간절히 원한 이 사람은 하나님의 절대적인 현존을 다음과 같이 요약해서 표현했다: "내가 하늘에 올라갈지라도 거기 계시며." 물론 그곳은 하나님께서 계실 것이라고 기대하는 곳이다. 그러나 그 절의 후반부에서는 "음부에 내 자리를 펼지라도 거기 계시니이다"라고 말한다.

여기에서 우리는 두 가지 사실에 직면한다. 첫째, 시편 기자는 자신이 음부에 떨어지거나 여행한다고 표현한 것이 아니라 "내 자리를 펼지라도"라고 표현했다. 우리가 자신의 삶을 아무리 엉망으로 혼란스

---

9) John Woolman, *The Journal of John Woolman* (New York: Corinth Books, 1961), 151.

럽게 만들어도 하나님께서는 그곳에 계실 것이다. 둘째, 히브리 사상에서 음부(sheol)는 하나님께서 계시지 않는 곳이라고 생각된다. 그러나 시편 기자는 하나님이 계시지 않는 곳이 없다고 말한다.

> "내가 새벽 날개를 치며 바다 끝에 가서 거주할지라도 거기서도 주의 손이 나를 인도하시며 주의 오른손이 나를 붙드시리이다 내가 혹시 말하기를 흑암이 반드시 나를 덮고 나를 두른 빛은 밤이 되리라 할지라도 주에게서는 흑암이 숨기지 못하며 밤이 낮과 같이 비추이나니 주에게는 흑암과 빛이 같음이니이다"(시 139:9-12절).

우리는 경청하는 일과 보는 일을 어떻게 다루어야 하는가? 더글러스 스티어는, 만일 우리가 진정으로 경청한다면, 다른 사람의 말을 경청하여 영원하신 경청자의 임재를 의식하는 상태에 이를 수 있다고 주장한다. 만일 우리가 진정으로 경청한다면, 영원한 청취자를 의식할 수도 있을 것이다.

하나님의 음성을 경청하는 태도의 발전

우리는 이 시대의 문화 속에서 보는 일과 듣는 일을 그다지 잘 하지 못하고 있음을 우리는 인정해야 할 것이다. 우리는 보기는 하지만 감지하지는 못한다, 우리는 그저 듣기는 하지만 경청하지는 못한다.

우리의 문제점의 한 가지 측면은 바쁘다는 것이다. 우리는 행위 자체를 위해서 행위에 몰두한다. 우리는 미친 듯이 헐떡거리며 여러 가지 일을 한다. 많은 사람에게 있어서, 행동 자체가 아니라 행동의 질에 따라서 우리 자신에 대해 느끼는 감정이 결정된다. 성급하고 황폐한 삶을 사는 우리는 다른 사람들, 또는 우주 안에 계신 궁극적인 인격적 실재에 시간을 할애하지 않는다.

문제의 또 한 가지 측면은 마음이 산만하다는 것이다. 우리는 대단히 산만하며, 산만하게 만드는 환경에서 살고 있다. 우리 주위의 소음만 해도 우리를 혹사하기에 충분하다. 우리의 관심을 쏟아야 하는 볼거리와 욕구들이 무척 많은 것 외에, 앨빈 토플러가 말한바 "미래 충격"(future shock)이라는 것을 감행해 보아야 할 이유를 쉽게 알 수 있다. 미래 충격이란 최전방에서 싸우는 군인들이 경험하는 전쟁 피로와 흡사한 것이다. 우리는 주위에서 발생하는 것들을 처리하거나 그에 반응할 수 없는 지점에 도달한다.

혹시 우리가 바쁜 것과 산만함을 핑계로 우리 사회에서 일어나는 다른 일들, 폭력과 공격성의 증가 및 사람들을 돕지 못하는 것에 대해 그다지 책임을 지지 않는 것은 아닐까? 오늘날 키티 제노비스(Kitty Genovese)라는 이름을 기억하는 사람이 있는지 모르겠다. 키티는 뉴욕에서 대낮에 사십 명이 둘러보는 가운데 살해된 여인이다. 그녀는 세 번이나 가해자에게서 도망치면서 도와달라고 소리쳤지만 아무도 그녀를 도와주지 않았다. 그 사건이 발생했을 때, 많은 사람은 그 끔찍한 사건 그뿐만 아니라, 그 사건을 목격한 사람들의 방관적인 태도를 비난했다. 현재 우리는 연예 프로그램에서 그보다 훨씬 끔찍한 일을 목격하면서도, 그것들을 규범적인 일로 받아들이고 있다.

그러므로 "우리의 보고 듣고 느끼는 것을 어떻게 개선할 것인가?"가 중요한 질문이 된다. 기독교 역사에서는 두 가지 상반되는 것을 추천해왔다. 하나는 상처를 주는 사람들과 함께 시간을 보내는 것이다. 기독교 신비주의자로 널리 인정받는 학자인 에블린 언더힐(Evylyn Underhill)이 휘겔 남작(Baron von Hügel)을 자신의 영적 지도자로 모시려 했을 때, 휘겔은 그녀에게 먼저 한 주일에 두 번 오후에 빈민굴에 가서 지내십시오"고 말해 주었다. "그 일을 인내하면서 시행한다면, 그 일이 당신을 연단해 주고 정화해 주고 깊이 있게 해 주고 고요하게 해줄 것입니다. 말하자면, 그것은 현재 너무 많은 혈액이 머무는 당신의 두뇌로부터 혈액을 내보내 적절한 곳에 배분해 줄 것입니다"[10]라고 그는 설명했다.

그러나 우리는 계속해서 고통과 고난을 받으면 견딜 수 없다는 것을 인정해야 한다. 그것 역시 우리를 다른 사람들의 아픔에 대해 무감각하게 만들 수 있다. 예를 들면, 우리는 최근에 CNN에서 르완다나 세르비아에서 자행된 양민 대 학살, 에티오피아에서 수백만 명 이상이 굶어 죽는 것, 인종 청소나 민족 말살 등을 다룬 기사를 본다. 그런 기사를 대하는 첫째 주간에는 싫증을 느끼며, 무언가를 해야 하겠다는 결심을 한다. 그러나 두 번째 주간이 되면, 우리는 기진맥진하여 "안 돼! 다시는 그런 일이 있어서는 안 돼"라고 소리친다.

---

10) Cited by Margaret Cropper, *Life of Evelyn Underhill* (New York: Harper & Brothers, Publishers, 1958), 75.

그러므로 그와 반대되는 "고독하게 홀로 침묵 속에서 시간을 보내라"는 제안도 우리에게 주어진다. 홀로 고독하게 지내면(독거), 우리는 갈등과 스트레스에서 벗어나 자신의 분산되고 흩어진 자아를 통합할 수 있다. 이것이 바로 피정(retreat)의 목적이다. "re-treat"라는 단어는 "물러섬"(drawing back)이라는 의미이다. 우리를 바쁘게 만들고 산만하게 하는 문화 속에서, 날마다 오직 하나님만을 위해서 30분을 보내는 것, 한 달에 하루를 종일 피정하는 것, 그리고 매 년 최소한 36시간 내지 48시간을 피정하는 것이 좋다. 독거는 우리가 바쁘고 산만함에서 물러나 재창조(re-created)될 수 있는 시간이다.

침묵과 독거는 서로 잘 조화를 이룬다. 소음은 우리를 둔하게 만들고, 반대로 침묵은 예민하게 만든다. 초대 기독교인들은 침묵과 독거를 찾아 사막으로 들어가기도 했다. 바질 페닝턴(Basil Pennington)이 웨이크 포리스트 대학에 강의하러 왔을 때, 우리 부부는 혼잡한 쇼핑몰에 있는 유명한 식당에 그를 데리고 갔다. 식사를 마친 후에 우리는 주차장으로 갔다. 그런데 도중에 바질이 멈추어 서더니 손을 치켜들고는 "철써기 소리가 들리네요"라고 말했다. 그곳에 있던 다른 사람은 아무도 철써기 소리를 듣지 못했지만, 바실은 대부분 시간을 침으로 보내는 사람이었기 때문에 그 소리를 들을 수 있었다.

보는 것은 곧 듣는 것이다. 토머스 켈리(Thomas Kelly)는 『헌신의 약속』(*A Testament of Devotion*)에서 두 차원에서의 삶에 대해 저술했다. 하나는 활동의 차원이다. 사람 중에 오직 이러한 차원에서만 사는 사람들이 있다. 그들은 자신이 행하는 것에 대해 알려 주는 보다 심오한 것을 가지고 있지 못하다. 그러나 우리는 또 다른 차원의 삶을 살 수 있다. 그것은 내면생활—하나님과의 교제, 의사소통, 대화—의 차원이다. 우리가 하나님과의 관계를 진지하게 다루기 시작한 초기 단계에는, 이 두 차원의 삶 중에서 하나를 선택할 수 있을 것이다. 그러나 점차 그 관계가 성장하고 발달함에 따라, 우리는 두 차원의 삶을 동시에 살 수 있다. 지금은 활동의 삶을 살고 다음번에는 내면생활을 하는 것이 아니다. 우리는 활동을 하면서도 그 배후에서 고요히 은밀한 하나님과의 교제를 수행한다. 디트리히 본회퍼는 핀켄발데(Finkenwalde) 고백교회 신학교의 학생들에게 한 주일 동안 매일 아침 30분 동안 같은 성경 구절을 묵상하라고 요구했다. 그 나머지 시간에는 학생들은 일해야 했다. 그렇게 하는 중에 하나님의 종교를 발견할 것이라고 본회퍼는 설명했다. 다시 말해서 삶 전체가 기도가 된다.

제4장

책임지는 삶: 영성 일지 기록하기

진정으로 하나님과의 교제에 진지하게 헌신하려면, 자신에 대한 책임을 지는 몇 가지 방법이 필요하다. 하나님은 우리의 관심을 끌기 위해서 고함을 치거나 비명을 지르시는 것이 아니므로, 우리는 생생한 교제를 유지하기 위해 더 크게 책임 있는 행동을 해야 한다. 우리는 자신이 종교 지도자로서 "하나님의 일"에 종사하기 때문에 다른 사람들보다 영적인 문제가 적을 것으로 생각해서는 안 된다.

종교적 전문가들이 일반 성도들보다 더 큰 위험을 당할 수 있다. 그들은 너무 쉽게 종교적인 일에 휘말리기 때문에, 그것을 하나의 공연, 역할, 행동으로 바꾸기 시작하며, 하나님과의 개인적인 관계는 뒤로 밀쳐 놓는다. 예수께서 경고하신 것처럼(마 6:5-6), 그들은 위선자이며, 자신이 얼마나 헌신적인지, 그리고 무슨 일을 하는지를 사람들에게 확실히 보게 만들려 하는 "연극배우"들이다. 한편, 그러한 지도자들은 내면적으로 아주 메마르고, 세상을 영적으로 풍요하게 해 주지 못한다. 초대 시대의 어느 기독교인이 관찰한 것처럼, 그들은 경건의 모양은 있으나 경건의 능력은 없는 사람이다(딤후 3:5).

사람들마다 책임을 지는 방법이 다를 것이다. 대부분 수도회는 개인적인 영적 지도자를 요구해왔다. 이냐시오 로욜라는 그러한 지도자들을 영성 훈련을 행하는 사람들의 대리인이라고 생각했다.[1] 로마 가톨릭교회는 신자들마다 개인적인 영적 지도자가 있어야 한다고 요구하지 않았다. 그러나 중세 초기부터, 교회는 사제들에게 정규적으로 죄 고백(고백성사)을 할 것을 요구해왔다. 개신교 종교개혁자들은 수도적 모델과 구두로 행하는 죄고백의 관습을 거부하고서, 하나님과의 언약의 책임을 개인에게 두었다. 우리는 이것을 만인제사장설이라고 한다. 사람들은 자신과 하나님의 관계를 보살펴줄 사람이 필요없이 그들 스스로 그 문제를 다룰 수 있었다.

개신교의 접근 방법은 이론과는 달리 실천이 제대로 되지 않았다. 영적으로 볼 때, 개신교 신자들은 쉽게 버스를 잡아타고는 운전을 예수님에게 맡겼다고 말할 수 있다. 이 문제의 배경에는 은혜에 대한 부적절한 이해 즉, 하나님과 우리의 관계를 촉진하기 위해서 하나님께서 주시는 선물인 성령을 강조하지 않고 오히려 심판 때에 죄인을 무죄 방면해 주시는 것을 강조하는 것이었다. 존 칼빈은 신자들의 책임감을 강화하기 위한 수단으로 제네바 교회법을 제정하여 올바른

---

1) Ignatius Loyala, *The Spiritual Exercises and Selected Works*, edited by George E. Ganss, Classics of Western Spirituality (New York: Paulist Press, 1991). 한글 번역본으로 『영신 수련』이 있다.

경건 생활을 하지 못한 데 대한 형벌을 규정했다. 그는 청교도주의를 추종했고, 특히 주일성수를 강조했다. 그러나 뉴 잉글랜드에서의 청교도 운동을 통해서 교회가 신실함을 법제화할 수 없음이 증명되었다. 청교도주의는 제3 세대에 이르러서 교회의 출석 교인 수는 전체 인구의 6% 정도로 감소되었다.

1720년부터 1760년 사이에 일어난 대각성운동은 빈사 상태에 빠진 종교에 새 생명을 불어넣어 주었고, 종교에 대한 보다 경험적인 접근 방식을 고취했다. 미국 식민주들은 모라비아교도들을 통한 경건주의와 감리교 운동(Methodism)의 도래를 통해 유익을 얻었다. 경건주의와 감리교운동에서는 "경건의 학교"(school of piety) 혹은 "속회"(class meeting)를 통해 양성된 성결 혹은 성화를 강조했다. 사람들은 속회나 경건의 학교 등의 모임을 통해서 보다 친숙하게 교제하며 서로의 신앙에 대한 책임을 져줄 수 있었다. 1675년에 필립 야곱 스페너는 독일에 있는 루터 교회에 활력을 불어넣으려고 소규모 세포 집단에서의 순수한 성경공부를 우선 과제로 삼았다.[2] 존 웨슬리는 조지아 주로 선교하러 가는 동안 모라비아 교도들을 알게 되어 처음으로 모라비아 사회에 참여했었다. 그는 자신의 신앙부흥운동에서 소규모 세포 집단이라는 개념을 채택했다.

---

2) Philip Jacob Spener, *Pia Desideria*, trans. and ed. Theodore G. Tappert (Philadelphia: Fortres Press, 1964), 87-92. 한글 번역본으로 『경건한 소원』 (은성출판사, 엄성옥 역)이 있다.

하나님과 우리의 관계에 계속 주의를 기울이기 위한 또 다른 방법은 영성 일지를 쓰는 것이다. 영성 일지를 쓰는 것은 기독교의 유서 깊은 전통이다.

영성 일지를 쓰는 습관을 지녔던 칭송할 만한 여인들도 있었다. 믿음 때문에 사형을 당한 카르타고의 귀족 부인 퍼페투아(Perpetua)는 감옥에 갇혀 있는 동안 일기에 자기를 체포한 사람들과 자기 가족들과 자신에게 있었던 일, 꿈 등 매우 개인적인 것을 포함하여 여러 가지 경험을 기록했다.[3]

스페인의 수녀인 에게리아(Egeria)는 383년에 이집트와 성지를 순례한 일을 무척 상세히 기록했다.[4] 13세기부터 15세기에 이르기까지 많은 여인은 자신이 경험한 매우 개인적인 "계시들"을 기록했다.

16세기 종교개혁 이후로, 개신교인들과 가톨릭교도들은 하나님과 자신의 약속을 깊게 하기 위한 수단으로 일지를 기록했다. 존 번연[5]

---

[3] Perpetua's "Diary" composes the body of *Martyrdom of Saints Perpetua and Felicitas*. 현대에 믿을 만한 본문과 번역본은 *The Acts of the Christian Martyrs*, trans. Herbert Musurillo (Oxford: Calrendon Press, 1972)이다.

[4] See *Egeria's Travels*, trans. John Wilkinson (London: SPCK, 1971). 그녀의 이름은 에테리아(Ethria)라고도 한다.

[5] John Bunyan, *Grace Abounding to the Chief of Sinners*, 1. 「천로역정」은 *Grace Abounding*에 기록된 싸움을 부분적으로나마 상징적으로 제시한 것이다. (See *Doubleday Devotional Classics*, edited by E. Glenn Hinson. Garden City, NY: Doubleday & Co., Inc., 1978). 그 외에 청교도의 일지로는 Owen C. Watkins, *The Puritan Experience* (London: Routledge and Kegan Paul, 1972)를 보라.

과 같은 청교도는 자신의 삶에서 경험한 "은혜의 역사"를 기록했다.

미국의 데이비드 브레이너드(David Brainerd)는 대각성 운동이 절정에 달했던 기간에 미국 원주민들의 회심을 목격하면서 느낀 은혜의 역사에 대한 의식을 일기[6]에 상세하게 기록했다.

조나단 에드워즈(Jonathan Edwards)―브레이너드가 폐병에 걸려 죽어갈 때 에드워즈의 딸이 브레이너드를 보살펴 주었다―는 그 일기를 기독교 경건 고전으로 만들었다.

조지 폭스(George Fox)[7] 때부터, 퀘이커 교도들은 사람들에게 전도하는 일은 물론 자신의 경건을 탐지하기 위한 주요한 수단으로 일지를 사용했다.

존 울먼(John Woolman)은 노예 매매의 부당함과 학대를 극복하는 데 대한 자신의 사상을 사람들에게 전달하기 위해서 일지를 사용했다.[8]

존 웨슬리[9]는 옥스퍼드 대학의 "신성 클럽"(holy club) 시절부터 1735년에 미국의 식민주에서 선교하던 시기에 이르는 동안 자신의

---

6) *The Life and Diary oof David Brainerd*, ed. Jonathan Edwards (Chicago Moody Press, 1949).

7) *The Journal of George Fox*는 폭스 자신이 아니라 토마스 엘우드가 편찬한 것이다.

8) 울먼은 사회적인 행동, 특히 노예제도에 관한 사회적 행동의 모델로 자신을 제시하기 위해서 선택적인 방법으로 자신의 일지를 기록했다. See *The Journal and Major Essays of John Woolman*, ed. Phillips p. Moulton (New York: Oxford University Press, 1971).

9) John Wesley, *Journal*, edited by Nehemiah Curnock, 8 vols. (London Epworth Press, 1938).

영성 생활의 내용을 상세히 기록했다.

영성 일지란 무엇인가?

이 장의 나머지 부분에서는 영성 일지 쓰기에 초점을 둘 예정이므로, 먼저 일지가 무엇인지에 대해 보다 상세하게 정의를 내리려 한다. 어떤 일지에는 일기라는 명칭이 붙기도 하지만, 일지—최소한 영적 성장과 관련된 것—와 일기는 다르다. 일기에는 하루에 한 일에 대한 보고나 업무 일지 같은 것이 포함되기도 하지만, 영성 일지는 단순히 그런 기록이 아니다. 영성 일지는 표면적인 내용보다는 내면적인 일에 관심을 가진다. 아마 가장 심오한 의미에서, 영성 일지란 하나님과의 대화, 의사소통, 교제 등의 기록일 것이다. 이런 식으로 묘사된다면, 어거스틴의 『고백록』(*Confessions*)와 같은 불후의 고전은 영성 일지의 범주에 속한다고 볼 수 있다. 모튼 켈시(Morton Kelsey)는 다음과 같이 평했다: "영성 일지를 기록하는 목표는 단순히 나 자신의 잠재력을 성취하는 데 있는 것이 아니라 세계의 모든 종교들이 말하는 영적 실재의 중심과 나와의 관계를 깊게 하는 데 있다."[10]

---

10) Morton T. Kelsey, *Adventure Inward: Christian Growth through Personal Journal Writing* (Minneapolis, Minn.: Augsburg, 1980), 27.

영성 일지의 역할은 무엇인가?

유명한 현대인들의 일지를 읽어 보면, 일지를 기록하는 경건한 사람들은 다양한 목적을 가지고 그것을 사용하고 있음을 알 수 있다. 더글러스 스티어(Douglas Steere)는 1930년대부터 1980년대까지 퀘이커 사회에서 자신이 행한 세계적인 사역과 관련하여 기록한 일지를 보관하고 있다.[11] 그의 일지에는 그에게 "인간적인 지혜"를 제공한 사람들과의 만남에 대해 상세히 기록되어 있다. 그의 일지는 그가 경험한 것들을 해석해 준다. 그것은 American Friends Service Committee 혹은 Friends World Committee for Consultation에 보낸 보고서 및 이 단체가 퀘이커 교도들 및 전 세계의 다른 친구들에게 보낸 여행 서신들을 알 수 있는 직접적인 자료 역할을 했다. 제2차 세계 대전 직후 몇 년 동안 더글러스의 일지는 그 American Friends Service Committee가 전쟁으로 만신창이가 된 핀란드의 원조 계획을 지원하기 위한 논의를 시작하는 데 도움을 주었다.

문필가들의 일지가 대개 그렇듯이, 토마스 머튼(Thomas Merton)의 일지는 출판을 염두에 두고 기록되었다.[12] 1941년에 겟세마네 수도

---

[11] See E. Glenn Hinson, *Love at the Heart of Things: A Biography of Douglas V. Steere* (Wallingford, Pa.: Pendle Hill Publications; Nashville, Tenn: Upper Room Books, 1998).

[12] 머튼의 일지는 Harper San Francisco 출판사에서 일곱 권으로 출판했다: *Run to the Mountain: The Story of a Vocation*(1995); *Entering the Silence: Becoming a Monk and Writer* (1996); *A Search for Solitude: Pursuing the*

원에 들어가기 전, 머튼은 문장 기술을 연마하기 위해서 일지를 사용했다. 그러나 트라피스트 수도원에 들어가 진지하게 종교적 탐구를 시작한 후, 그는 하나님과 자신과의 약속을 우선적으로 염두에 두고 일지를 기록했다. 비록 초기에는 공식적인 기대 사항을 충족시키려는 초심자의 경향도 나타냈지만, 그는 자기 영혼에게서 가면을 벗겨 버리고 적나라한 상태로 하나님 앞에 서려고 노력했다. 그의 일지를 읽어보면, 그 내용이 점차 진보되고 있음을 알 수 있다. 머튼은 초기에는 수도원 안에 틀어박혀 세상을 등지고 살려고 노력하면서 자신의 치유와 회복에 초점을 두었다. 그는 말년에는 충분히 회복되었기 때문에, 하나님과 자신의 만남의 일부로서 세상에 참여하며 세상의 악에 대해 말하기도 했다.

더글러스 스티어나 토마스 머튼의 일지는 출판되었지만, 일반적으로 일지란 기록자 자신만을 위한 대단히 개인적인 문서이다. 우리는 세상 사람들이 보게 할 의도로 아주 개인적인 내용을 기록하지는 않는다. 우리는 일지에 다른 사람들에게 말할 수 없는 개인적이고 중요한 경험, 생각, 느낌, 사상, 꿈, 또는 기도를 일지에 기록할 수 있다. 상상력이나 지극히 심오한 감정을 마음껏 발휘할 수도 있다. 우리가 자신의 감정을 드러내며, 일종의 치료 도구로 일지를 사용할 수도 있

Monk's True Life (1997); *Turning toward the World: The Pivotal Years* (1996); *Dancing in the Water of Life: Seeking Peace in the Hermitage*(1997); *Learning to Love: Exploring Solitude and Freedom*(1997); *The Other Side of the Mountain: The End of the Journey*(1998)

을 것이다. 또 어려운 결정을 할 수도 있을 것이다. 이러한 내용을 기록함으로써 성찰의 과정이 더 깊어질 수도 있다.

일지는 영적 진보의 목록으로서 크게 유익을 줄 것이다. 육체의 성장이 그렇듯이, 영적 성장도 더디 이루어진다. 이따금 하나의 안정기에서 다른 안정기로 이동할 때에 감정이 분출하는 일을 경험하기도 하지만, 그런 일은 극히 드물다. 단기적 관점에서 보면, 우리의 성장은 조금씩 이루어지기 때문에 우리는 자신의 성장을 눈치채지 못할 수도 있을 것이다. 우리가 어떤 종류든지 기록을 하지 않는다면, 자신이 어느 정도 진보했는지 측정할 방법이 없을 것이다. 일지는 우리 자신의 인생관, 하나님과의 관계와 대인관계, 우리가 직면하는 좌절에 대한 반응과 태도, 자기 이해와 확신, 그리고 자신의 인간성 등에서의 개선을 식별할 수 있는 기다란 궤적을 돌이켜 볼 수 있게 해준다. 일지를 쓴다고 해서 반드시 하나님을 만나게 되는 것은 아니지만, 우리의 관계를 추적하고 개선하는 데 분명히 도움을 줄 수 있다. 일지를 씀으로써 우리는 내적 성장에 막대한 유익을 얻을 수 있다.

일지에 무엇을 기록할 것인가?

어떤 사람들은 소중히 간직하고 싶을 정도로 훌륭히 제작된 일기장을 사라고 충고하는데, 그보다 더 중요한 것이 있다. 일지는 영구적이어야 한다. 그것은 거룩한 기록이다. 일기장이 귀중할수록, 우리는 그만큼 더 일지 기록과 하나님과의 관계를 유지하려 할 것이다.

어떤 사람들은 일지의 심미적인 면에는 그다지 관심을 갖지 않는다. 더글러스 스티어는 간단히 연습장을 구입하여 사용했는데, 정확성에 특별한 관심을 가졌던 그는 종종 일지 첫머리에 목록을 작성했다. 그의 주된 관심사는 완전성의 확보에 있었다. 토마스 머튼은 바인더 용지에 일지를 기록하여, 세 권의 바인더로 보관했다. 머튼도 스티어처럼 이따금 내용을 고치거나 추가했다.

오늘날은 사이버 시대이므로, 많은 사람은 컴퓨터를 사용하여 일지를 작성한다. 나는 과거에 타이프라이터를 사용하여 일지를 작성했는데, 그 당시에는 컴퓨터를 사용하는 것에 대해서 회의적이었다. 컴퓨터를 사용해도 일지 기록에 동반되어야 하는 묵상(meditation)을 할 수 있을까? 그런데 타이프라이터 대신에 컴퓨터를 사용하면서 내 생각은 바뀌었다. 나는 컴퓨터로 일지를 쓰면서, 관상(contemplation)에 시간을 할애할 수 있고 내용을 고칠 수도 있다. 그런데 손으로 쓰거나 타이핑을 하면서 잘라 내고 편집하는 방법을 사용할 때는 거의 그런 일을 할 수 없다. 그러나 컴퓨터를 사용하면서는 실마리를 풀면서 잘라내고 편집할 수 있다.

궁극적으로, 우리가 일지에 대해 내리는 결정은 지극히 개인적이다. 우리는 자신의 프라이버시를 지켜줄 수 있는 일기장과 작성 방법을 선택해야 한다. 왜냐하면 일지는 자신의 내면의 심오한 감정과 경험을 기록하는 것이기 때문이다. 일지에 기록하거나 제외하는 모든 것에 대한 책임은 우리 자신에게 있다.

일지는 얼마나 자주 기록해야 하는가?

처음 일지를 쓰기 시작한 사람들은 날마다 일지를 써야 하느냐는 질문을 하기도 한다. 이에 대한 대답은 일지의 목적에 달려 있다. 하나님과의 관계를 자극하고 심화하려고 일지를 쓰는 사람들은 처음부터 날마다 하나님과 자기 자신에게 관심을 집중하고 일지에 성찰 내용을 기록하기 위한 시간을 따로 떼어 놓으려 할 것이다. 영적 순례를 처음 시작한 사람들은 시간을 초월하는 영원한 것을 바라보는 내면의 눈과 귀를 연마해야 하는데, 토마스 머튼이 관찰한 바에 의하면 이것은 우리 모두에게 적용된다. 날마다 마음이나 생각에 떠오른 것을 기록하는 훈련만큼 이 일에 도움이 되는 것은 없다.

일부 개신교인들, 특히 자유교회(Free Church) 진영의 사람들은 다음과 같이 항의할 수도 있을 것이다: "그런데 왜 일지를 기록해야 하는가? 그저 성령을 의지하기만 하면 되지 않는가? 그것은 내 삶에서 이루어지는 은혜의 역사를 손상하지 않겠는가?" 이러한 항의는 설교나 기도문을 기록하는 것을 반대하는 것과 비슷한 반응이다: "우리는 성령을 완전히 의지하는 것을 방해하는 일은 결코 해서는 안 된다." 최초의 침례교인 존 스미스(John Smith)는, 성령께서 완전히 감동하시면서 역사하게 하려고 강단에서 헬라어 본문과 히브리어 본문을 번역할 것을 강조했다. 내가 대부분 강단에서 관찰한 바에 의하면, 그러한 관습에 너무 집착하면 성경 읽기를 제거할 가능성이 있다. 반면에, 기록하는 습관은 성찰 과정을 깊게 해준다. 초등학교 교사는 학생들에게 수필을 읽으라고 권장한다. 왜냐하면, 수필을 읽으려면 말(speech)에 더 큰 관심을 기울여야 하기 때문이다. 마찬가지로, 설교, 기도, 사상과 감정을 선별하는 일 등은 일지를 기록할 때 더 깊은 차원에 도달하며, 하나님과 우리의 관계에 보다 강력한 영향을 미친다. 일지를 기록하는 일은 성령을 방해하기는커녕, 오히려 성령의 역사를 돕는 기회를 더 많이 준다.

내면생활을 계발하기 위해서 날마다 일지를 기록하는 훈련을 강조했지만, 나는 날마다 일지를 쓴 영적 대가를 한 사람도 알지 못한다. 심지어 존 웨슬리나 토마스 머튼처럼 방대한 일지를 남긴 사람들조차도 날마다 일지를 기록하지는 않았다. 날마다 중요한 일이 발생하지는 않을 것이며, 날마다 일지를 기록하지 않아도, 일지는 내적 성장의 훌륭한 목록이나 내적/외적 삶의 기록을 제공할 수 있다. 물론 날마다 무엇인가를 기록하지 않는다고 해서 매일의 행동과 생각 속에서 하나님께 주의를 집중하고 반응하는 성향이 활기를 잃는 것은 아니다. 중요한 것은 우리가 기록하는 내용의 질이다. 즉 하나님과의 관계에서 진지한 일이 진행되고 있는지를 반영하는 것이 중요하다.

영적 자서전을 쓰는 일부터 시작하라

일지를 쓰는 많은 사람은 영적 자서전을 쓰는 일에서부터 시작한다. 분명히 자서전에는 일지의 세목들이 포함되지 않겠지만, 유익한 관점, 전반적인 리스트를 제공해줄 수 있다. 목적은 우리의 삶에서 일어난 모든 것을 이야기하는 데 있는 것이 아니라, 우리가 현재의 영적 상태에 이르게 된 과정, 우리 자신과 다른 사람이 이해하는 데 도움이 될 경험을 강조하는 데 있다. 현재의 우리가 되는 데 있어서 중요한 순간, 사건, 인물, 혹은 경험은 어떤 것이 있는가? 우리의 영적 여행을 해석해 보자. 할 수 있다면, 하나의 주제를 설정해 보자.

나 자신의 영적 여행의 초기 단계에서 발생한 일에 대해 간단히 이야기하는 것이 이것을 이해하는 데 어느 정도 도움이 될 듯하다.

나는 그 이야기에 "은혜의 기적"이라는 제목을 붙이려 한다. 왜냐하면, 내 삶의 초기에는 오늘날의 나를 이해할 수 있는 근거를 제공하는 것이 그다지 없어 보이기 때문이다.

제1단계 은혜. 나는 문제가 많은 가정에서 태어났다. 내 아버지는 알코올 중독자였다. 내가 기억하는 어린 시절의 기억은 아버지와 어머니께서 말다툼을 하시거나 몸싸움을 하시던 모습이다. 그러므로 어렸을 때 나의 말투는 거친 선원들도 당황하게 할 정도였다.

종교적인 면에서 나의 인생의 전망은 그리 밝지 않았다. 교회에 대한 나의 첫 기억은 교령회(交靈會)에 참석했던 기억이다. 강신술사들은 죽은 사람의 영혼은 사후 3년 동안은 지구 근처를 배회한다고 믿는다. 그동안 세상에 남은 가족들은 영매를 통해서 죽은 사람의 영혼과 교통할 수 있다고 했다. 내 어머니는 침례교인이셨음에도 불구하고 결혼생활의 실패나 여러 가지 위기에 대한 해답을 강신술에서 찾으려 하셨다.

아버지는 술 취하지 않고 맑은 정신일 때는 무신론자이셨고, 술에 취해 있을 때는 근본주의자이셨다. 언젠가 아버지는 술에 취하셨을 때, 우리를 데리고 케이브 스프링 랜드마크 선교침례교회에서 개최하는 신앙부흥집회에 가셨다. 아버지의 음성은 멋진 바리톤이셨는데, 노래를 무척 좋아하셨다. 이따금 아버지는 술에 취해서 간신히 몸을 지탱하셨지만, 교회에서 정확하게 노래할 수 있는 사람은 아버지를 비롯하여 몇 사람밖에 없었다.

내가 지금까지 추구해온 종교적 탐색은 당혹감 외에는 별다른 약속을 해 주지 않았다. 동시에 몇 명의 평범한 성인들이 내 영혼의 흙 속을 이리저리 헤집고 있었다. 나의 삼촌 내외도 그런 사람들이다. 그분들은 믿음은 진취적이지는 않았지만, 믿음대로 생활하시는 분이셨다. 부모님께서 이혼하신 후, 삼촌께서는 형을 데려다 기르셨다. 얼마 후, 삼촌께서는 폐결핵에 걸리셔서 어머니가 요양소에서 4년 동안 지내게 된 조카 둘을 데려다 보살펴 주셨다.

내가 시골학교에서 8년 동안 공부하는 동안 나를 가르쳐 주신 버타 브라운(Berta Brown) 선생님도 좋은 사람이셨다. 부모님의 이혼 때문에 온 세상이 무너져 내리는 것 같았을 때, 선생님은 내 어깨에 손을 얹으시고 "글렌, 너는 이겨낼 수 있을 거야"라고 말씀해 주셨다. 선생님이 항상 그러셨기 때문에, 나는 그렇게 할 수 있다고 자신감을 갖게 되었다. 선생님은 매우 성실하셨다. 내가 그 학교에 다니는 동안 선생님이 수업하지 않은 것은 단 한 번, 반나절뿐이었다. 그날은 눈이 무척 많이 내린 데다가 기온이 영하 23도나 되는 추운 날이었다.

선생님은 눈길을 헤치고 정오에 학교에 도착하셨다. 선생님이 맡으신 학생들은 한 명도 학교에 오지 못했지만, 선생님은 다음 날 아침까지 난로를 끄지 않고 켜 놓으셨다. 만일 선생님께서 교실에 도착하지 않으셨다면, 난롯불은 완전히 꺼졌을 것이다.

우리 농장에서 5마일 떨어진 곳에서 잡화상을 하시던 부시(G. C. Busch) 씨는 내게 감화를 주신 네 번째 평범한 성인이시다. 우리가 먹을 양식이나 가축 사료를 주문하면, 부시씨의 아들이 트럭을 몰고 배달하러 왔는데, 그분은 언제나 어머니에게 "힌슨 부인, 지금 대금을 지불하지 않으셔도 괜찮습니다. 아버지는 돈에 개의치 않습니다"라고 말하곤 했다. 그 불황기에 과연 몇 사람이나 그분의 은혜를 갚을 수 있었는지 모르겠지만 어머니는 은혜에 보답하려고 노력하셨다.

우리는 한 달에 6불씩 지불하는 조건으로 농장에서 살았는데, 월세를 지불하지 못하게 되었기 때문에, 부시씨의 농장으로 이사하여 공짜로 살았다. 내가 볼 때 그분은 마태복음 25장 31-46절에 기록된 바 예수님이 가르쳐 주신 천국 비유에 등장하는 주인 같았다. 그분은 무척 선한 분이셨다.

제2단계 은혜. 나는 11살인가 12살 때, 미조리주 쿠바에 있는 삼촌의 농장 근처에 있는 농장에서 일했었다. 그 무렵 어느 여름에 나는 침례 교회에서 신앙고백을 했다. 그러나 집에 돌아온 후에는 신앙생활에 열심을 내지 못하다가, 세인트루이스로 이사하여 일하면서 워싱턴 대학에 다니게 되었다. 그 무렵 삼촌께서 쿠바를 떠나 세인트

루이스로 이사하셨기 때문에 나는 삼촌 댁에서 지내면서 교회에 출석하고 예배에 참석하는 것이 무척 필요한 일이라는 것을 깨달았다. 그러나 워싱턴 대학에 진학하게 되었을 때, 나는 자신의 믿음과 소명의 위기에 처했음을 발견했다.

소명의 위기는 내가 진로를 선택한 그릇된 이유와 관련된 것이었다. 나는 법학을 공부하기 위해서 워싱턴 대학에 입학했고 4학년 때에 법률학교(law school)에 입학하려 했었다. 내가 법학을 선택한 것은 법관이 되면 명예와 돈이 보장되리라고 생각했기 때문이었다. 미조리 주 오자크 산악 지대에서 가난하게 자란 나는 그 두 가지를 간절히 원했다. 그러나 법대의 교수들은 계속 "여러분이 받은 교육과 여러분의 인생으로 자신에게 유익을 주는 것 외에 무슨 일을 하렵니까?"라고 질문했다. 2학년을 마칠 무렵, 매 주 강의를 들으면서 35시간가량 일하다가 지친 나는 자신이 진로와 관련하여 심각한 위기에 처해 있음을 깨달았다.

그동안 나는 믿음의 위기에 빠졌다. 교수들은 "여러분들이 믿는 것을 어떻게 아는가? 그것을 어떻게 증명하는가?"라고 말씀하셨다. 불행히도 내가 다니던 교회의 목사님은 근본주의자셨다. 내가 질문을 하면, 목사님은 "그 말을 믿는다면, 곧바로 지옥에 떨어질 것이야"라고 말씀하셨다. 나는 이해할 수 있는 이유로 목사님께 많은 질문을 하지는 않았다. 의심이 나를 사로잡기 시작했다.

3학년 초에 나는 진로와 믿음 문제를 곰곰이 생각하면서 밤을 지새우기 시작했다. 어느 날 밤, 잠시 눈을 붙였다가 새벽 2시에 잠에서 깨어나 일어나 앉았는데, 요한복음 8장 32절의 말씀 "진리를 알지니 진리가 너희를 자유케 하리라"가 머릿속에서 맴돌았다. 갑자기 "만일 하나님이 진리라면, 만일 그리스도가 진리라면, 네가 질문이라는 합법적인 수단에 의해서 발견하는 그 무엇도 그 사실을 바꿀 수 없다. 중요한 진리를 개인적이며, 너는 단지 하나님과의 관계라는 유리한 위치에서 살아갈 것이냐 아니냐만 대답할 수 있다"는 생각이 떠올랐다. 나는 정말로 자유를 얻었다.

얼마 후, 진로 문제는 저절로 해결되었다. 어느 신앙부흥회 때에, 젊은 남아프리카 목사님이 선교 영화를 보여 주었다. 그 영화는 분명한 목소리로 나에게 "그대 자신을 섬기는 것 외에 네 인생을 걸고 할 수 있는 일이 있다. 너는 사람들을 섬김으로써 하나님을 섬길 수 있다"라고 말해 주었다.

그 후의 이야기를 하지 않아도, 이 정도의 이야기만으로도 여러분에게도 충분한 예가 될 것이다. 내 이야기의 주제는 "나 같은 죄인 살리신"이라는 유명한 찬송가에 잘 드러나 있다: "이제껏 내가 산 것도 주님의 은혜라 또 나를 장차 본향에 인도해 주시리."

영성 일지를 기록하는 과정

영성 일지를 기록하는 훈련을 하려면, 그것을 뒷받침해주는 설득력 있는 사례를 만들어야 할 것이다. 아마 내향적인 사람들이 외향적인 사람들보다 일지를 쓰기 쉬울 것이다. 만일 일지를 기록하는 일에 문제가 있다면, 자신이 획득하고자 하는 귀중한 것들을 적어 보자.
⑴ 내가 최근의 과거로 돌아갈 수 있다면, 그것은 나에 대한 정보를 줄 수 있을 것이다.
⑵ 특별히 중요한 경험을 회상하면 즐거울 것이다.
⑶ 그것은 내적 창조성을 자극할 것이다.
⑷ 그것은 나의 상상력을 계발해 줄 것이다.
⑸ 그것은 내가 갈등하는 문제를 해결하는 데 도움이 될 것이다.
⑹ 그것은 내가 사람들에게 말하지 못하는 감정을 털어놓게 해줄 것이다.
⑺ 나의 영성 생활에는 훈련이 필요하다.

일지를 쓰는 데 보내는 시간은 상황에 따라 다르겠지만, 처음에는 매일 일정한 시간에 일지를 기록하는 것이 좋다. 우리가 자신이 행하는 것에서 최고의 유익을 얻으려면 그 일을 되풀이하여 하나의 습관으로 만드는 것이 좋다. 하루 중 언제라도 좋지만, 능률이 오르지 않는 때 일지를 기록해서는 안 된다. 일지를 쓰는 시간은 우리의 삶에서 진행되고 있는 일과 관련하여 하나님께 주의를 기울이는 시간이라는 것을 명심해야 한다.

만일 우리가 완전히 주의를 집중하고 솔직할 수 있다면, 우리는 사람들이나 전화벨 소리나 소음 등의 방해를 받지 않는 고요한 장소를 발견하고 싶을 것이다. 일지를 쓰는 것은 하나의 작은 피정(mini-retreat)이다. 그것은 하루 동안 일어난 일에 대해서 하나님과 대화하기 위해서 스트레스와 갈등으로부터 물러나는 것이다. 그것은 세상으로부터의 도피가 아니라, 영적으로 기력을 회복하여 세상에 대처할 능력을 갖추고 돌아가기 위해서 잠시 세상을 떠나는 것이다.

영적으로 기력을 회복하려면 선입견이나 정신을 산만하게 하는 것에서 벗어나야 한다. 우리가 많은 짐—괴로운 생각, 대화, 해야 할 일, 써야 할 편지 등—을 진 채 이 고요한 시간에 임할 수도 있다. 우리 자신과 관련하여 하나님께 집중하기 위해서 얼마나 오랫동안 이런 것들을 우리의 정신과 마음에서 몰아내야 할까? 모튼 켈시(Morton Kelsey)는 일지 쓰는 일을 시작하기 전에, 머리 속에 맴도는 생각을 잊어버릴지도 모른다는 염려에서 벗어나기 위해서 그 생각들을 종이에 써서 상자에 넣는다. 그리고 일지 쓰는 일을 마친 후에 다시 그것들을 생각한다. 사람들은 긴장을 풀고 집중하기 위해서 묵상 훈련을 하기도 한다.

요가에서부터 선(禪)에 이르기까지 다양한 형태의 훈련은 긴장을 풀고 하나님과의 대화라는 중심적 관심사를 위해 준비하는 데 도움이 될 것이다. 여러 사람이 유익하다고 여기는 아주 간단한 방법은 오른쪽 엄지발가락에서부터 시작하여 정수리까지 몸의 각 부분을 차례로 거슬러 올라가면서 몇 초 동안 그 부분의 긴장을 푼다고 생각하는 것이다. 이 과정을 행하는 데는 대략 10분 정도가 소요되는데, 정신을 집중하면 실제로 긴장이 해소된다. 훈련은 간단할수록 좋다. 훈련의 목표는 우리가 기도의 행태로 하나님의 세미한 음성을 들을 수 있는 내적 고요이다.

여기에서 말하는 형태의 일지 기록은 기도의 형태이다. 이것은 글로 기록하는 하나님과의 대화, 교제, 의사소통을 의미한다. 우리는 입으로 소리내 기도할 때와 마찬가지로, 일지에 관심사를 표현하고 요청하고 호소하며 자신의 상황을 하나님께 알리는 데 어려움을 느끼지 않을 것이다. 그러나 우리는 문화적인 배경 때문에 특히 하나님에게 정직하고 솔직하게 기록하려면 갈등을 느낄 것이다. 여기에서 우리는 시편 기자들에게서 배워야 한다. 만일 우리가 하나님과의 관계를 깊이 있게 만들려 한다면, 우리는 가면을 벗고 철저히 자신을 개방해야 한다. 토마스 머튼이 말했듯이, 우리는 자신의 거짓된 자아를 완전히 벗어버리고 참된 자아로 내려가야 한다. 하나님은 허물과 흠이 있는 우리의 현재의 모습 그대로를 받아들이셔서 변화시키실 수 있다. 탕자를 아들로 받아들이시며, 동생이 돌아온 것을 기뻐하지 않고 부루퉁해 있는 맏아들을 격려해 주시는 하늘 아버지이신 하나님의 무한한 사랑을 받고 있다는 것을 기억하면, 우리는 아무것도 감추지 않는 솔직한 태도를 취할 수 있다(눅 15:11-32). 이렇게 사랑하시는 분 앞에서, 우리는 아주 솔직하게 모든 염려를 털어놓을 수 있다. 이런 것들을 기록함으로써 우리의 심오한 갈망이 분명해지고 성숙해질 수도 있다.

    그러나 하나님과의 대화에는 우리가 능숙하지 못한 측면, 즉 듣는 일도 포함된다. 아무리 경건한 사람이라도, 하나님의 음성을 듣는 권리를 주장하려면 항상 침묵해야 한다. 하나님께서 지시하신 것에 대한 우리의 해석이 정확하지 못할 수도 있음을 겸손하게 인정해야 한다. 동시에 제3장에서 지적한 것처럼 모든 시대의 성도들과 더불어 하나님께서는 자연, 역사, 우리의 삶, 때로는 꿈이나 환상을 통해서 더욱 직접적으로 말씀하신다는 것을 깨달을 수 있다. 일지를 기록할 때에, 우리는 자신이 듣는 것과 보는 것을 기록하고 되새겨 보는 치밀한 과정에 개입하게 된다.

저자 자신의 일지에서 발췌한 인용문들

예를 통하면 보다 쉽게 이해할 수 있으므로, 내가 1976년 봄에 이스라엘의 예루살렘 근처 탄투르에 있는 Ecumenical Institute for Advanced Studies에서 공부하는 동안 거의 매일 기록해둔 일지 중 몇 부분을 인용해 보겠다. 4월 4일에 나는 내가 인도한 주일 예배에 몇 명의 친구들이 참석하지 않는 데 대한 나의 반응을 기록했다.

"점심 식사를 함께한 몇 사람이 참석하지 않은 것은 납득이 가지 않고 괴로운 일이었다. …(나는 그들의 이름을 기록하고, 여러 사람이 참석하지 않은 이유를 나름대로 추측했다)."

지금 내 느낌은 이렇다. 기이하게도 그러한 일을 당할 때 사람의 자아는 무척 연약하다. 나는 자신의 자아의 힘이 그러한 감정을 회피하려 한다고 생각했다. 그러나 그것은 부질없는 일이다. 나는 사람들의 관심을 끌고 싶은 욕망은 없다. 그러나 내가 관심을 받을 때에 일이 제대로 되지 않으면, 좌절할 것이다. 내가 모든 사람을 진지하게 대한다는 점에서, 나의 감정이 긍정적으로 평가될 수 있

다고 생각한다. 정말 그럴까? 말하기 어렵다.[13]

다음은 4월 6일, 예루살렘에 있는 유대인 학살 기념관을 방문한 후의 일지이다.

나치는 많은 죽음의 수용소를 운영했다. 한 건물에는 희생자들의 많은 유골이 있다. 또 한 건물은 1933년에 히틀러가 권력을 장악한 것부터 1948년에 이스라엘 국가가 세워지기까지의 이야기를 해주는 박물관이다. 그곳에서 상영해 주는 영화를 보면 인간이 과연 얼마나 잔인할 수 있는지를 생각하게 된다. 믿을 수 없을 정도이다! 정말 믿을 수 없다. 생체 실험! 엄청나게 많은 사람의 굶주림. 고문. 노약자들의 처형. 많은 무덤. 쓰러져 죽을 때까지 혹사하여 일을 시킨 것. 사람의 피부로 만든 전등갓. 사람의 지방으로 만든 비누. 우스꽝스럽다.

도대체 어떤 비틀리고 귀신에게 사로잡힌 정신이 "유대인 문제"에 대한 그러한 해결책을 만들어 냈단 말인가? 어떻게 한 민족 전체가 그러한 "해결책"을 받아들일 수 있단 말인가? 1934년에 투표하여 독재자 히틀러에게 모든 권력을 부여하기로 한 것은 어찌 된 일인가? 그것은 그럴듯하게 표현한 커다란 거짓말에 불과하였던가? 아니면, 그것은 경제적으로 유리하면 어떤 해결책이든지 무조건 받아들이려는 실용주의였을까? 독재자여, 우리에게 가야 할 길을 보이시오. 그러면 우리는 개처럼 당신을 따라가겠소!

이러한 상황을 떠나서는, 인간의 감정, 본성적으로 우리가 지니

---

13) E. Glenn Hinson, *Unpublished Journal, Jerusalem, Israel*, spring 1976, 8-9.

고 있는 사랑이 얼마나 억제되었기에 이렇게 조직적인 인종 말살이 있을 수 있었는지 아무도 상상할 수 없다. 주님! 그런 일은 없었다고 말씀해 주십시오! 그러나 실제로 그런 일이 있었다는 증거가 도처에 있습니다.[14]

4월 11일 종려주일에 베다니에서부터 예루살렘으로 걸어가면서 쓴 일지는 다음과 같다.

이제 우리는 예수님의 발자취를 더듬어 베다니로 간다. 내가 에게리아의 글을 읽을 때와 비슷한 흥분을 느낄 수 있을지 모르겠다. 만일 내가 에게리아처럼 어렵게 이곳에 왔다면, 그녀와 비슷한 흥분을 느꼈을지도 모르겠다. 그러나 오늘날은 문명이 발달하여 여행이 무척 쉽기 때문에 여행지의 흥취를 제대로 음미하기 어렵다. 성지에서도 그렇다.[15]

4월 17일 새벽 1시 30분에는 몇 가지 불평을 기록했다.

탄투르 전시회의 형태를 나는 차츰 분명하게 깨달았다. 그것은 주로 루터교와 가톨릭교회의 일이다(나는 그것을 증명하기 위해서 그 학기에 행한 활동들을 검토했다).
에큐메니컬적인 관점에서 보면, 이곳에서 이 경험은 나에게는 부정적이었다. 일부 루터교인들은 루터교인이 아닌 사람들과는 성찬을 함께 하려 하지 않는다. 수도사들은 로마 가톨릭 교인이 아니면

---

14) Ibid., 10-11.
15) Ibid., 12-13.

함께 성찬을 나누려 하지 않는다. 물론 수도사들은 부활절 철야 기도 때 우리 모두에게 세례를 주고 나서 모든 사람에게 성찬을 베풀었다. 나는 모든 초대에 응했지만, 이번에는 응하지 않았다. 수도사들이 이번에 성찬을 베풀 수 있다면, 지금 우리가 제대로 세례를 받아 하나의 크고 참된 교회에 들어가지 않는다 해도, 달리 행하지 않을 이유가 없지 않은가? 덴마크는 썩었고, 탄투르도 썩었다.

이곳에서 나는 목소리 때문에 무척 고생했다. 아마 찬 바람이 원인인 듯하다. 그러나 나는 좌절감과 분노를 느낀다. 그러한 감정을 잘 다룰 수 있었으면 좋겠다. 나는 말을 할 때 소리가 나오게 하려고 잠시 예비 운동을 해야 한다. 오늘 아침에 기도하면서 실수를 했을 때 무척 창피했다. 그렇지만 어찌할 수가 없었다. 이제 노래도 부르지 말아야 할 것 같다. 그것은 도움이 되지 않는다.[16]

4월 24일 헤브론과 마므레를 여행하면서 쓴 일지이다.

헤브론은 여호수아와 갈렙을 비롯한 정탐꾼들이 커다란 포도송이를 발견했던 에스골 골짜기에 있다. 오늘날도 사람들은 정탐꾼들이 그곳에 도착했을 때 사방에 포도가 있었다고 상상할 것이다. 그러나 우리는 거인들은 하나도 보지 못했다.[17]

5월 3일에는 예루살렘에서 다음과 같이 일지를 썼다.

오늘 학교에서 아이들을 기다렸다. 현관 난간에 앉아 있는데, 어린

---

16) Ibid., 16, 18-19.
17) Ibid., 25-26.

소녀가 나에게로 왔다. 순간 다음과 같은 생각이 떠올랐다:
여섯 살 짜리 소녀의 장난기 어린 얼굴,
주근깨가 있는 들창코,
모든 것을 받아들이는구나.
아, 참으로 아름답고 순진한 나이로구나.[18]

일지에 꿈을 기록하는 것

많은 사람은 일지에 꿈을 기록한다. 칼 융의 주장으로는, 꿈은 육체적인 감각에 의존하지 않는 인간 정신의 커다란 부분인 무의식을 해결하는 열쇠이다. 인간은 무의식의 차원에 깊은 영향을 주는 강력한 경험을 소유한다. 제대로 해석하기만 하면, 꿈은 사람들이 자신을 이해하고 삶에 대한 중요한 결정을 내리도록 도와줄 수 있다.

나는 개인적인 안내를 얻기 위해서 꿈을 크게 의지해본 적이 없으며, 또 지나치게 꿈을 의지하면 사람들이 정도에서 벗어날 수도 있다고 생각하고 있다. 그러나 예로부터 성인들은 꿈을 사용해왔기 때문에 꿈을 무시할 수 없다. 히브리 선지자들, 바울, 순교자들, 그리고 성인들은 꿈을 통해서 하나님의 말씀을 받았다. 종종 삶을 형성해 주는 꿈의 기록이 일지에 등장한다. 예를 들면, 젊은 귀족 부인 퍼페투아는 일곱 살 때 병으로 죽은 남동생이 더 그 병으로 고생하지 않는다

---

18) Ibid., 30.

는 것, 그리고 자신이 원형경기장에서 당당하게 죽음을 맞을 능력을 갖게 되리라는 확신을 꿈속에서 발견했다고 기록했다.[19] 존 번연은 분명히 꿈에서 『천로역정』을 꿈꾸었다. 번연이 그 책을 옹호하는 글에서 그것이 "마치 석탄에서 불티가 날아오르듯이"[20] 자기에게 임했다고 했다. 그는 그것을 꿈의 형태로 제시했다. 존 울먼(John Woolman)은 자신이 노예제도, 전쟁, 그 밖의 여러 가지 불의를 대적하는 데 힘을 준 몇 가지 꿈을 일지에 기록했다. 그는 그 꿈을 크게 의지했다.[21] 도로시 스티어(Dorothy Steere)는 유명한 남편 더글러스로부터 독립된 한 인간으로 자신을 받아들이는 데 도움이 된 두 가지 꿈을 자신의 "회고록"에 기록했다.[22]

꿈을 다루는 데 있어서 일지를 기록하는 일이 얼마나 도움이 될까? 그것은 영적 성장을 진작할 때와 매우 흡사하다. 꿈을 기록함으로써, 우리는 언제라도 다시 접할 수 있는 꿈의 기록을 소유하게 된다. 꿈이나 환상의 의미는 즉시 분명히 드러나지 않기 때문에, 기록해 두는 일이 중요하다. 만일 처음에 꿈의 의미를 알려 했지만, 해석을 얻지 못한다면, 잠시 기다렸다가 다시 생각해볼 수 있다. 만일 꿈을 해

---

19) *The Martyrdom of Saints Perpetua and Felicita*, 3-4, 7-8, 10.
20) John Bunyan, *The Pilgrim's Progress*, ed., James Blanton Wharey, 2d ed. (Oxford: Clarendon Press, 1960, 1967).
21) See John Woolman, *Journal*, ed. Moulton, 161-62, 191-92.
22) Dorothy M. Steere, "Reminiscences."

석하는 데 있어서 어려움이 있다면, 그 꿈을 일지에 기록해 놓은 다음에 해몽을 잘하는 사람에게 가지고 가서 의논할 수 있다. 꿈은 대체로 상징적이기 때문에, 전문가에게 그 의미를 물어 보아야 할 수도 있다. 타당한 것처럼 보이는 해몽에 도달했다면, 그 해몽도 역시 일지에 기록할 수도 있다.

세상 한복판에서 하나님과의 약속을 깊게 하는 것

최종적으로, 일지를 쓰는 목표는 세상 한복판에서 하나님과 우리의 약속을 깊게 하는 것이다. 틸하드 샤르댕(Teilhard de Chardin)이 어느 기도문에서 지적한 것처럼, 만일 우리가 하나님의 역사에 결정적인 일에 기여하려는 생각이 조금이라도 없이는 손가락 하나도 움직이지 않는다면, 우리는 모든 생각과 감정, 사람, 장소, 심지어 사건까지도 자유로이 하나님과의 대화에 활용할 수 있다고 느끼게 될 것이다. 그것들에 대해 기록하기 위해 그것들을 보다 깊은 차원에서 성찰하면, 우리는 보다 개인적이고 깊은 곳에 이르게 될 것이다.

이 과정에는 몇 가지 위험이 따른다. 영적 자서전을 기록할 때와 마찬가지로, 일지를 기록하는 일도 우리가 전진하는 것을 방해하는 덮여 있던 고통스러운 기억을 들추어 내게 만들 수도 있다. 그러나 기꺼이 그에 상응하는 대가를 치르려는 사람들의 경우에, 그것은 해볼 만한 일이다.

제5장

시간을 최대한으로 활용하라

어떤 분야에서든지 효과적인 지도자가 되는 일은 시간을 활용하는 것과 밀접하게 연결되어 있다. 현대 문화에서 시간은 상반되는 측면에서 문제가 되는 듯하다. 어떤 사람들은 자신에게 있는 시간을 어떻게 사용해야 할지 알지 못한다. 그들은 시간이 너무나 많아서 따분하다. 일 분, 한 시간, 하루, 한 주가 흘러가는 것이 지루하다. 반면에, 어떤 사람에게는 시간이 부족하다. 그들은 많은 일을 하기 위해서 쉬지 않거나 잠을 자지 않고, 때로는 식사도 거른다. 그들은 빽빽하게 일정이 짜인 하루하루를 미친 듯이 질주한다.

시간이라는 수수께끼가 지닌 모순된 본질은, 문제가 시간 자체에 있는 것이 아니라, 우리가 시간을 활용하는 데 있다는 것을 보여 준다. 기독교적인 견해에서 보면, 시간은 귀중한 선물이다. 우리는 시간을 잘 관리하는 청지기가 되어야 한다. 신약 성서에서 "시간"이라고 번역된 헬라어는 *chronos*와 *kairos* 두 가지이다. *chronos*는 측량되는 시간, 즉 시계의 똑딱 소리, 메트로놈 소리, 달력 등을 언급하며, 영어의 chronometer, chronology 등은 여기에서 파생된 것이다. *kairos*는 목적이 있는 시간, 의미가 충만한 시간을 말한다. 오스카 쿨만(Oscar Cullmann)이 그의 고전적 저서 『그리스도와 시간』(*Christ and Time*)[1]에서 지적한 것처럼, 예수 그리스도 안에서 이루어지는 하나님의 도래는 시간을 새로운 차원으로 들어 올렸고, 시간이 새로운 의의를 취하게 했다. 누가의 관점에서 보면, 하나님께서는 시간을 대속하기 위해서 "시간의 한복판에"[2] 오셨고, 우리는 그 구속의 과정에 참여한다. 우리는 시간을 낭비하거나 악하고 파괴적인 목적에 사용해서는 안 된다. 우리는 *chronos*를 *kairos*로 변화시키려 해야 한다.

어떻게 해야 시간을 잘 활용할 수 있을까? 성경에서 제시하는 해결책은 시간 관리, 빽빽한 일정을 정리하고 또 정리하는 일, 혹은 여가를 보내는 방법에 대한 제안 등과 더불어 시작되지는 않는다. 만일 우리에게 있는 시간을 최대한도로 활용한다면, 분명히 그러한 변화가 이루어질 것이다. 그러나 하나의 일정표와 더불어 시작하는 것은 질병 자체가 아니라 병의 증세를 다루는 것에 불과하다. 정확한 지침은 예수께서 마태복음 6장 33절에서 제안하신 것인 듯하다: "너희는 먼저 그의 나라와 그의 의를 구하라 그리하면 이 모든 것을 너희에게

---

1) Oscar Cullmann, *Christ and Time: The Primitive Christian Conception of Time and History*, trans. Floyd V. Filson(Philadelphia: Westminster Press, 1950).

2) 이것은 Hans Conzelmann, *Die Mitte der Zeit: Studien zur Theologie des Lukas*(Tübingen: J. C. B. Mohn[Paul Siebeck], 1954)에 등장한다.

더하시리라."

증세

　시간을 어떻게 활용하느냐 하는 것은 기독교인들에게 있어서 새로운 문제가 아니다. 사도 바울은 골로새 교인들에게 시간에 대해서 경고하면서 "세월(*kairos*)을 아끼라"(골 4:5)고 촉구했다. 바울은 골로새 교인들이 안식일, 새 달, 절기, 금식일을 지키는 것, 혹은 "세상의 초등 학문"을 좇는 것을 염려했는데(2:8), 그것들은 그리스도 안에서 하나님이 임하심에 의해서 취소되거나 부정되었다. 초기의 기독교인들은 유대 관습과 이방 관습을 어떻게 취급해야 하는지와 관련하여 큰 어려움을 느꼈다. 그들은 종종 무익한 일을 하면서 시간을 허비했다.

　세속적인 시대에 사는 우리가 시간을 제대로 활용하지 않는 형태는 여러 가지가 있다. 첫째는 시간의 포기(nonuse)이다. 비록 이것이 서구 문화에서 흔한 문제이긴 하지만, 기독교 지도자에게 있어서, 이것은 의도적인 시간의 낭비를 의미하지는 않을 것이다. 시간을 포기하는 것은 실직 상태나 불완전한 고용 상태에 따른 결과로서 종종 발생한다.

　내가 이 장을 저술하기 시작했을 때, 미국 트럭 운전사 조합은 세계 최대의 화물 운송업체인 United Parcel Service를 상대로 데모를 벌이고 있었다. 그 회사의 최근에 고용된 직원들의 80% 이상이 임시 직원이었기 때문이다. 고용주 입장에서는 임시직으로 고용하면 비용이

절감되지만, 임시직으로 일하는 사람들은 최저 생활 유지에 필요한 소득 수준 이하로 떨어지며, 종종 건강 보험 등과 같은 혜택도 받지 못한다.

교회의 사역에 헌신한 사람들의 경우에, 교회의 직책에서 해고되거나 사직을 강요당하는 일이 자주 일어나는데, 이것은 교역자들에게 심각한 걱정거리이다. 다른 직장을 구하기 어려운 시대에 이런 식으로 해고하는 일이 종종 발생한다. 그리하여 큰 결실을 볼 잠재력이 있는 세월이 낭비된다.

시간이 상실되는 또 한 가지 형태는 시간의 오용이다. 기독교 지도와 관련하여 볼 때, 이것이 악한 목적이나 파괴적인 목적으로 시간을 사용하는 것이 아니기를 바란다. 그러나 안타깝게도 그런 일은 실제로 발생하고 있다. 최근에 발생한 사례에는 대형 사기 사건들, 교회의 기금 횡령, 목회자가 창녀와 놀아나는 것, 성적 학대 등 많은 범죄가 포함되어 있다. 그러나 여기서 내가 염려하는 것은 시간을 지혜롭게 사용하지 않는 것, 청지기 역할을 제대로 하지 못하는 것이다.

서구 문화는 시간을 활용하는 방법과 관련하여 우리를 설득하기 위해 심리학을 잘 사용한다. 항공회사에서는 "자기들의 친근한 여객기들"을 타도록 설득하기 위해서 맑고 푸른 하늘, 아름다운 해변, 잘 생기고 행복한 사람들, 호화로운 호텔 등의 사진을 이용한다.

이러한 호소는 실질적인 욕구에 대한 호소가 아니라, 토마스 머튼이 말하는 "인위적이고 부자연스러운 욕구"[3]에 대한 호소이다. NBA에서는 마이클 조던, 샤킬 오닐, 스카티 피핀 등의 수퍼 스타들을 동원하며, 경기가 재미없으면 입장료를 돌려준다고 증명하는 만화 등을 동원하여 경기를 홍보한다.

필립 모리스 사에서는 청소년들이 근사하게 보이려면 담배를 피워야 한다고 납득시키기 위해서 멋지게 생긴 모델을 등장시켜 광고하고 있다. 과거에 나는 "담배를 피우지 않으면 사나이다운 사람이 될 수 없다고 위협을 받았었다. 그런데 이 광고의 모델은 폐암으로 죽고 말았다. 이 이야기에는 유해하고 음울한 측면이 있다. 말보로 담배 광고의 모델은 말년에 3-4년 동안 자신이 그 회사의 제품 때문에 죽어가고 있으므로 자신을 모델로 사용하지 말라고 모리스 사에게 호소했다. 그러나 리치먼드 공항에서 도시로 들어가면서 보면, 이 모델이 등장하는 대형 광고판을 볼 수 있다. 필립 모리스사는 이 모델의 초상권을 소유하고 있으며, 그는 여전히 그 회사의 매우 효과적인 광고 모델이다.

그러한 문화에서는 누구나 시간을 잘 활용하는 훌륭한 청지기가 되려고 노력할 것이다. 나는 농구 경기 관람을 좋아한다. 농구 시즌이면, 나는 직접 경기장에 가거나 텔레비전 중계를 보거나, 신문이나 잡지에서 농구 선수나 농구와 관련된 기사를 읽으며, 사람들과 각 팀

---

3) Thomas Merton, *Faith and Violence: Christian Teaching and Christian Practice* (Notre Dame, Ind.: University of Notre Dames Press, 1968), 216.

의 순위에 관해서 토론한다. 중요한 경기가 있을 때 내가 텔레비전을 보는 모습을 보면 내가 얼마나 농구 경기를 좋아하는지 알 수 있을 것이다.

사람들은 자기가 몰두해 있는 스포츠와 관련하여 이러한 감정을 나타내면서 상대 팀 선수나 코치, 심판, 다른 팬들, 그리고 직원들에게 욕을 퍼붓기도 한다. 그리하여 스포츠 경기가 소동으로 끝나는 경우도 있다. 상대적으로 중요한 것이 궁극적인 것이 되는 것이다.

이것은 우리가 레크리에이션을 포기해야 한다는 의미가 아니다. 나는 레크리에이션의 원래 의미를 강조하려 한다. 우리에게는 정신을 가다듬고 현재의 자신을 회복할 수 있는 여가가 필요하다.[4] 하나님과 우리 자신을 위해서 시간을 보내야 할 필요가 있다.

내 아내는 화가이다. 아내는 특히 유화를 잘 그린다. 기름은 더디 마르기 때문에 유화를 그리려면 시간이 많이 소요된다. 따라서 아내는 종종 "아이들을 위해서 무슨 일을 해야 하는 것은 아닌가? 교회나 학교에서 자원봉사를 해야 하는 것은 아닌가?" 하는 죄책감을 느낀다. 나는 아내가 자신의 재창조를 위해서 그 일이 필요하다고, 부정적으로 표현하자면 만일 아내가 그림을 그리지 않는다면 우리는 그녀와 함께 살 수 없을 것이라고 설명해 주었다.

---

4) Douglas V. Steere는 "Collected and Uncollected Man"이라는 출판되지 않은 설교와 *On Being Present Where You Are*(1967)이라는 제목의 팜플릿에서 이 급박한 욕구를 지적했다.

시간의 참된 의미를 상실하게 하는 세 번째 형태는 시간의 과용이다. 아마 이것은 기독교 지도자에게 가장 심각한 문제일 수도 있다. 우리의 스케줄이 너무나 빽빽하고 바빠서 자신이 하는 일의 의미를 상실할 수도 있다. 바빠서 서두르다 보면 우리의 조언을 구하는 사람들을 제대로 상대해줄 수 없다. 질보다 양이 우선하게 된다.

웨인 오츠(Wayne E. Oates)는 『어느 일 중독자의 고백』(Confessions of a Workaholic)[5]이라는 제목의 책을 저술했다. 그 책에서 그는 아내와 아들들이 자기를 만날 약속하기 위해서 전화를 하기 시작했을 때, 비로소 자신이 일 중독자라는 것을 깨달았다고 고백했다. 어떤 사람들은 심장마비나 신경 쇠약에 걸리거나, 자녀들이 학교에서 문제아가 되거나 비행 소년이 되었을 때, 혹은 배우자가 이혼하자고 요구할 때에야 비로소 자신이 일에 중독되어 있음을 깨닫는다.

일 중독은 우리에게 몰래 가만히 다가온다고 오츠는 말했다. 일 중독이 되는 단계를 살펴보면 다음과 같다. 처음에는 일찍 출근해서 늦게 퇴근한다. 그다음에는 주위를 둘러보면서 자신이 하는 일의 양과 다른 사람들이 하는 양을 비교하며, 자신이 다른 사람들보다 더 많은 일을 하고 있다는 사실에 자부심을 느낀다. 마지막에는 일을 거절하지 못하는 지경에 이른다.

오츠 교수는 우리 사회에서 일 중독을 치료하기가 얼마나 어려운

---

[5] Wayne E. Oates, *Confessions of a Workaholic* (New York: World Publishing, 1971).

지를 지적했다. 알코올 중독이나 마약 중독보다 일 중독을 다루기가 더 어렵다. 왜냐하면 알코올이나 마약은 사회적으로 인정받지 못하지만, 일은 인정받고 있기 때문이다. 근면했던 청교도 조상들은 미국인의 무의식 속 깊이 노동 윤리를 주입해 넣었다. 우리는 어떤 사람으로부터 "그 사람은 정말로 활동적인 사람이야. 일주일 내내 하루에 24시간을 일하다니!"라는 말을 들을 수도 있을 것이다. 그것은 경멸하는 말이 아니라 칭찬하는 말이다. 그 사람은 자신을 죽이고 있는데, 우리는 그를 칭찬하는 것이다. 우리는 그런 사람을 존경한다. 이러한 태도는 하나님이나 인류를 향한 건전한 태도가 아니라고 생각된다.

문제의 근원

시간 활용의 포기, 오용, 과용 등은 모두 증세에 불과하다. 문제의 근원은 더욱 깊은 곳에 있다.

우리는 자신의 시간 활용과 관련하여 지니고 있는 문제에 대한 탓을 현대의 발달한 기술 문명에 돌릴른지도 모른다. 우리는 현대 문명의 많은 혼란스러운 측면 때문에 기술을 비판하며, 종종 그것이 합당하기도 하다. 그러나 솔직히 말해서, 이런 경우에 발달한 기술이 우리에게서 시간을 빼앗아 가지는 않았음을 인정해야 한다. 오히려 기술은 우리에게 시간을 제공해 주었다.

현대의 전기 기술 때문에, 우리는 일주일 내내 하루에 24시간 일할 수 있다. 과거 우리의 조상들은 새벽 동이 틀 때부터 해질 무렵까지만 일했다. 완전히 어두워진 후에는 등잔불이나 등불을 켜고서도 일하기 어려웠기 때문이다.

현대의 교통 기술의 발달 덕분에, 우리가 워싱턴에서 런던이나 파리까지 가는 데에는 과거 우리 조상들이 자신의 농장에서 가장 가까운 마을까지 6마일을 마차로 가는 데 걸리는 시간 정도밖에 소요되지 않는다.

현대의 컴퓨터 기술 덕분에, 과거 조상들이 종이와 연필을 가지고 풀면 몇 시간이 걸리던 복잡한 수학 문제를 몇 분이면 풀 수 있다. 몇 년 전에 소형 계산기를 선물로 받았는데, 그 덕분에 나는 우리 할아버지는 엄두도 내지 못했을 어려운 문제를 풀 수 있다.

우리는 기술을 죄인 취급할 필요가 없다. 알더스 헉슬리(Aldous Huxley)가 그의 저서 『멋진 신세계』(Brave New World)에서 경고한 것처럼, 우리 스스로가 기술의 노예가 되는 것을 허락하지 않는 한, 기술은 우리가 요구하는 일을 할 뿐이다.

토마스 머튼은 그의 저서 『떳떳하지 못한 방관자의 추측』(Conjectures of a Guilty Bystander)에서, 인간의 곤경은 한편으로는 "기계들 사이의 생물학적-물리적 연결 고리"나 "도구"가 되는 것, 다른 한편으로는 기술 세계의 산물이 무상하고 무의미한 즐거움의 감각만 남긴 채 통과

해 가는 입과 소화 기관과 항문"[6]이 되는 것이라고 혹평했다. 이 기이한 발달이 무엇을 강조하느냐고 물으려면, 우리의 자아가 활동을 통해 인정을 받는 것을 의존하고 있음을 살펴보아야 할 것이다.

나는 우리가 자기 자신에 대해서 어떻게 느끼는지와 관련하여 볼 때 일, 의미 있는 행동이 중요치 않다고 주장하는 것이 아니다. 우리가 자부심을 느끼는 데 있어서, 일은 대단히 중요한 역할을 한다. 장기간 실직 상태로 있거나 방금 실직한 사람들의 자부심은 지극히 저조하다. 우리는 거의 모든 미국의 도시에서 2대, 3대에 이르기까지 계속 실직 상태에 있어서 자부심을 느끼지 못하는 가정을 발견할 수 있다. 소명이 무엇이든지 간에, 의미 있는 행위의 결핍은 자아를 짓밟고 자부심을 파괴한다.

그러나 이제는 행위 자체가 아니라 행위의 양(量)이 사람들이 자신에 대해 느끼는 감정을 결정하게 되었다. 사람들에게 "기분이 어떻습니까?"라고 질문해 보라. 만일 그들의 대답이 형식적인 "괜찮습니다" 이상의 것이라면, 우리는 행동에 대한 장황한 이야기를 듣게 될 것이다. "아, 나는 무척 바쁘답니다. 나는 두 가지 일을 하고 있는데, 한 가지 일에는 일주일에 40시간을, 나머지 일에는 15시간을 소요합니다. 나는 공동체의 세 개의 조직에 관여하고 있는데, 그중 한 조직에서는 회장으로 일합니다. 그리고 교회에서는 일곱 개의 위원회에

---

[6] Thomas Merton, *Conjectures of a Guilty Bystander* (Garden City, N.Y.: Doubleday & Co., 1966), 64.

소속되어 일합니다." 이 사람이 열거하는 목록을 다 들을 쯤, 짜증이 날 것이다.

성직자들이 모여서 무슨 일을 하는지 눈여겨본 적이 있는가? 그들은 각기 일정이 기록된 수첩을 꺼내 들고서 서로 얼마나 바쁜지를 비교한다. 성직자들끼리 서로 앞서고 싶어 하는 게임이 진행되는 것이다. 내가 곁눈질로 왼편에 있는 동료 목회자의 일정표를 훑어보면서 이달에 그 목회자가 나보다 세 가지 일을 더 할 예정이라는 것을 알게 되면, 나는 기가 죽어 '사람들은 나보다 저 목회자를 더 필요하군'이라고 생각한다. 또 내가 오른편에 있는 동료의 수첩을 곁눈질해 보고서 나의 일정에는 그보다 두 가지가 더 있다는 것을 발견하면, 나는 어느 정도 자부심을 회복한다. 일의 양이 자부심을 좌우하는 것이다.

해결책

만일 문제의 근원이 우리의 외부에 있는 것이 아니라 우리의 자아 안에 있다면, 마태복음 6장 33절이 진정한 해결책을 제시해주지 않을까? 첫째, 무한히 사랑하시는 하나님을 찾아라. 그 사랑이 우리의 내적 자아를 형성하고 튼튼하게 하는 것을 허락하라. 그렇게 하면 다른 것들은 제 자리를 잡기 시작할 것이다.

"먼저 하나님의 신비로운 임재(하나님의 나라)를 구하라."

만일 우리가 자신이 지닌 시간 활용의 문제의 탓을 문화에 돌린다면, 우리는 삶에 필요한 것, 혹은 삶에 필요한 분으로 관심을 돌리게된다. 토마스 머튼이 말한 것처럼, 서구 문명에는 더 자신을 위한 지혜, 존재의 근저(Ground of Being)인 하나님을 찾을 여유가 없다.[7]

중세 시대의 수도사들은 활동적인 삶(active life)보다 관상 생활(contemplative life)을 크게 중시했지만, 우리 시대와 문화는 그와 정반대로 치우쳐서 활동 자체를 위해 활동을 성화하는 데까지 이르렀다.

마리아와 마르다의 이야기에서(눅 10:38-42 참조), 예수님은 마르다의 일, 그녀의 사역을 비난하신 것이 아니다. 예수님은 마르다가 바빠 일하는 중에 자신의 시간을 최대한도로 활용하지 못한 것을 꾸중하셨다. 그 기사에 의하면, 마리아는 "주의 발 아래 앉아" 그의 말씀을 들었다. 그러나 마르다는 많은 일(diakonia)로 분주했다. 마르다가 동생 때문에 화가 난 것을 우리는 쉽게 이해할 수 있고, 또 공감할 수 있을 것이다. 마르다는 일을 중단하고 예수님께 "주여 내 동생이 나 혼자 일하게 두는 것을 생각지 아니하시나이까 저를 명하사 나를 도와 주라 하소서"라고 말했다(눅 10:40).

우리는 일하고 있는데 다른 사람들은 앉아서 놀고 있다면 기분이 어떻겠는가! 또는 사람들이 봉사하기보다는 기도에만 몰두하겠다고 주장하는 것을 보는 많은 개신교인의 기분은 어떻겠는가!

---

7) Thomas Merton, *Faith and Violence*, 217.

틸덴 에드워즈(Tilden Edwards)는 워싱턴시의 어느 학교에서 수업을 시작하기 전에 10분간 학생들에게 침묵하게 하는 교사에 대해서 언급한 적이 있다. 그 10분은 학생들이 하루 중 아무 일도 하지 않아도 되는 유일한 시간이었다. 그런데 학생들의 부모는 그것에 반대했다. 부모들은 자기들이 그 시간에 대해서도 수업료를 냈기 때문에 자녀들이 "무슨 일이든" 하기를 원했다.

예수님의 반응은 마리아와 마르다, 그리고 우리에게 중요한 문제를 겨냥하신 것이다. "마르다야 마르다야 네가 많은 일로 염려하고 근심하나 그러나 몇 가지만 하든지 혹 한 가지만이라도 족하니라 마리아는 이 좋은 편을 택하였으니 빼앗기지 아니하리라."

여기에서 "한 가지"(one)로 번역된 헬라어는 중성(one thing)일 수도 있고 남성형(one person)일 수도 있다. 필요한 한 가지, 혹은 한 분이 그곳에 계셨다. 마리아는 그 은혜의 순간을 열심히 받아들이고 있었지만, 마르다는 바빠서 그 순간을 깨닫지 못했다.

미국의 저명한 철학자 헨리 넬슨 와이먼(Henry Nelson Weiman)은 "우리는 마치 영원히 매 순간에 집중되어 있는 듯이, 순간순간을 살아야 한다"[8]고 말했다. 우리가 등잔불의 심지를 높이 세우면 심지가 타 버릴는지도 모르지만, 우리는 쟝-피에르 드 코사드(Jean-Pierre de Caussade)가 말한 "지금 이 순간의 성례"(the sacrament of the present

---

8) 이것은 Weiman의 사위인 휴스톤 스미스에게서 인용한 것이다. 나는 세인트루이스에 있는 워싱톤 대학에서 스미스의 강의를 들었다.

moment)⁹⁾를 실천할 수 있다. 코사드는 언제 어디서나 항상 하나님의 임재에 대해 개방적인 태도를 취하는 것에 대해 말했다. 성례란 은혜, 인격적으로 임재하시는 하나님을 경험하는 통로로 정의할 수 있을 것이다. 물론 그것에 가장 큰 관심을 기울여야 할 사람은 기독교 지도자일 것이다.

역설적으로, 우리는 기술이 발달하여 정해진 시간 동안에 할 수 있는 일의 양이 증가한 시대에 살고 있는데, 바쁘기 때문에 우리에게 필요한 분을 찾는 일에 방해를 받기 때문에, 갈수록 삶이 의미를 상실한다. 우리는 점 더 일을 많이 하거나 더 많은 것을 획득하면 궁극적인 행복에 도달하리라 생각할는지도 모른다. 그러나 아무리 많이 행동하고 아무리 많은 것을 획득해도 어거스틴이 그의 『고백록』(*Confessions*)에서 말한바 인간 본성 안에 내재하는 불안한 면을 잠재우거나 보다 깊은 갈망을 충족시켜 주지는 못할 것이다.

하나님은 하나님 자신을 위해서 우리를 지으셨으며, 많은 활동은 오히려 더 많은 것을 얻으려는 욕망만 자극할 뿐 우리에게 공허감을 느끼게 만든다.

재주가 많거나 지극히 헌신적인 성직자들이 자신에게 필요한 하나님은 등한히 하면서 주위에 있는 모든 사람을 즐겁게 해 주고 모든 요구를 충족시켜 주려고 노력하면서 모든 영적 에너지를 소진하여 완

---

9) Jean-Pierre de Caussade, *The Sacrament of the Present Moment*, trans. Kitty Muggeridge (San Francisco: Harper & Row, 1989).

전히 기진맥진하는 것은 결코 놀라운 일이 아니다.

하나님께서 우리를 인정하심

예수님께서는 산상수훈에서 하나님께서 요구하시는 성품을 획득하려면 인간의 능력을 초월하는 것이 필요하다고 분명히 말씀하신다.

여기에서 마태복음의 본문을 풀어서 표현해 보겠다. 옛사람들은 "살인하지 말라"고 했지만, 예수님께서는 "노하지 말라"(마 5:21-26)고 하셨다. 옛사람들은 "눈에는 눈으로 이에는 이로 갚으라" 하였지만, 예수님께서는 "악한 자를 대적지 말며 누구든지 네 오른 편 뺨을 치거든 왼편도 돌려 대라"(5:38-42)고 하신다. 옛 사람들은 "네 이웃을 사랑하고 원수를 미워하라"고 했지만, 예수께서는 "네 원수를 미워하라 하였다는 것을 너희가 들었으나 나는 너희에게 이르노니 너희 원수를 사랑하며 너희를 박해하는 자를 위하여 기도하라 이같이 한즉 하늘에 계신 너희 아버지의 아들이 되리니 이는 하나님이 그 해를 악인과 선인에게 비추시며 비를 의로운 자와 불의한 자에게 내려주심이라"(마 5:43-45)고 말씀하신다.

그다음에 이러한 불가능한 일 중에서 가장 결정적인 것을 말씀하신다: "하늘에 계신 너희 아버지의 온전하심과 같이 너희도 온전하라."

"온전하라"는 것은 어떤 의미인가? 이 문맥에서 대답은 분명하다: "사랑 안에서 온전하라." 하나님은 우리가 하나님과 동일하게 무제

한적이고 무조적적인 사랑으로 사랑하기를 원하신다. 하나님의 무한한 사랑만이 우리 안에 그러한 변화를 이룰 수 있고, 동시에 우리가 어쩔 수 없이 완전함에 이르지 못할 때 우리를 받아들일 수 있다. 마태는 기독교 선교사들이 새로 개종한 사람들을 지도하는 데 사용할 지침서로 사용하려는 의도에서 이 예수님의 말씀을 기록한 듯하다.[10]

초대 기독교 선교사 중에 가장 유명한 인물인 사도 바울은 이 관점이 자신에게 적용되는 것으로 인정했을 것이다. 만일 그것을 깨닫지 못했다면, 그는 변덕스럽고 다투기 좋아하는 고린도 교인들로부터의 강력한 강요에 직면했을 것이다. 그에게는 베드로와 같은 사도로서의 자격이 부족했다. 그는 아볼로처럼 유창하게 설교하지 못했고, 잘생긴 것도 아니고, 종종 사람들은 그의 말을 제대로 이해하지 못했다. 그의 변론은 오직 하나님의 인정에 달려 있었다.

"우리가 그리스도로 말미암아 하나님을 향하여 이같은 확신이 있으니 우리가 무슨 일이든지 우리에게서 난 것 같이 스스로 만족할 것이 아니니 우리의 만족은 오직 하나님으로부터 나느니라 그가 또한 우리를 새 언약의 일꾼 되기에 만족하게 하셨으니 율법 조문으로 하지 아니하고 오직 영으로 함이니 율법 조문은 죽이는 것이요 영은 살리는 것이니라"(고후 3:4-6).

---

10) See Krister Stendahl, *The School of St. Matthew and Its Use of the Old Testament* (Uppsala: G. W. K. Gleerup, 1954), 24.

사역은 지극히 큰일이며 인간은 지극히 하찮은 존재라는 것을 바울만큼 인식하는 사람은 없었다.

바울은 자신의 과업에 대한 큰 꿈을 가지고 있었다. 그는 로마 제국 내의 모든 주요한 교역과 문화의 중심지에 복음을 심고, 그곳에 하나의 공동체가 생겨나 생존할 수 있을 정도의 기간 동안 그곳에 머물면서 자기의 일을 계승할 수 있는 지도자들을 훈련하기를 원했다.

그러나 그는 회심하는 순간부터 반대에 직면했다. 처음에는 그의 회심을 의심한 사람들로부터의 반대, 그다음에는 이방인들이 유대 사회의 모든 조건을 충족시키지 않는 한 유대인 사회에 들어오는 것을 허락하지 않으려는 사람들로부터의 반대에 직면했다. 종종 반대가 심해지기도 했다. 그는 고린도 교회에 보낸 격한 편지에서 "우리가 사방으로 우겨쌈을 당하여도 싸이지 아니하며 답답한 일을 당하여도 낙심하지 아니하며 박해를 받아도 버린 바 되지 아니하며 거꾸러뜨림을 당하여도 망하지 아니하고 우리가 항상 예수의 죽음을 몸에 짊어짐은 예수의 생명이 또한 우리 몸에 나타나게 하려 함이라"(고후 4:8-10)고 했다.

바울은 생명의 취약성을 잘 알고 있었다. 그는 자기 육체에 있는 가시에 대해서 말했는데, "이것이 내게서 떠나가게 하기 위하여 내가 세 번 주께 간구하였더니"라고 했다(고후 12:8). 바울의 육체에 있는 가시가 무엇이었는지는 아무도 분명히 말할 수 없다. 고린도 서신에 있는 어떤 증거는 그가 눈의 질환으로 인해 고통을 당했는데, 그 때문에 얼굴이 흉하게 되었음을 지적해준다. 또 그것이 간질이었으며, 하루 전에 간질 치료를 받았음을 암시해 주는 내용도 있다. 무엇이 문제였는지 확실히 알 수는 없지만, 바울이 그것을 제거하기를 간절히 원했다는 것만은 확실하다. 그는 "이것이 내게서 떠나기 위하여 내가 세 번 주께 간구하였더니"라고 기록했다. 히브리 관용어구에서 "세 번"은 "내가 세 번 기도하고 그만두었다"는 의미가 아니라 최대한의 노력을 했다는 의미이다.

바울은 자신이 원하는 대답을 얻지 못했지만, 그의 신학의 중심이 될 축을 공급해 주는 대답을 얻었다.

> "내 은혜가 네게 족하도다 이는 내 능력이 약한 데서 온전하여짐이라"(고후 12:9).

여기에서 은혜는 개신교의 일반적인 정의인 "공로 없이 주어지는 하나님의 은총" 이상의 것을 의미한다. 그것은 하나님 자신, 성령과 부활하신 그리스도 안에 있는 하나님의 현존을 의미한다. 기독교적인 삶은 그리스도 안에 있는 삶, 성령 안에 있는 삶이다. 기독교인들은 "그리스도 안에서" 삶이 초래하는 모든 일에 대처할 수 있다. 바울은 감옥에 갇혀 있으면서 빌립보 교인들에게 "내게 능력 주시는 자 안에서 내가 모든 것을 할 수 있느니라"(빌 4:13)고 상기시켜 주었다.

그 이유는 이 계시의 말 후반부, "이는 내 능력이 약한 데서 온전하여짐이라"에서 발견할 수 있다. 인간의 연약함 안에서 하나님의 힘, 사랑의 힘이 역사한다. 이것은 오늘 우리 시대의 사람들은 이해하기 어려운 관점이다.

우리는 능력(힘)에 대해서 많이 알고 있다. 어떤 사람들은 우리 문화가 힘(권력)에 의해 시달리고 있다고 말한다. 우리는 생활을 편하게 하는 것과 설비를 더 많이 소유하기 위해서 더 큰 발전기를 가동할 힘을 원하거나, 또는 보다 큰 핵탄두를 우주에 발사함으로써 원수들이 감히 우리를 위협하지 못하게 하기 위하여 사용할 보다 큰 힘을 원한다.

그러나 바울이 지적했듯이 우리의 힘의 논리는 하나님의 힘의 논리와는 다르다. 우리의 힘의 논리는 "약자들은 약하고, 강자들은 강하다. 약한 것 안에 연약함이 있고, 강한 것 안에 힘이 있다"이다. 그러나 하나님의 힘의 논리는 "너희는 자신의 인간적인 연약함 안에서 내 능력을 발견할 것이다"이다. 그것이 고난 받으시는 하나님의 논리로서, 우리는 역사를 통해서 그것을 발견한다. 그것인 십자가의 논리, 바울 신학의 핵심이다. 바울은 "구원을 주시는 하나님의 능력"이기 때문에 복음을 부끄러워하지 않았다(롬 1:16).

마지막으로 바울은 기독교의 사역, 기독교적인 삶이란, 수영하는 사람이 물속으로 들어감으로써 부력을 알게 되는 것과 같이, 실제로 깨달은 바를 믿는다는 것이라고 했다. 수 세기를 내려오는 동안 성도들은 이 진리를 거듭 발견해왔다. 그들의 말에 의하면, 우리는 사랑의 바다에서 살고 있다. 우리는 사랑에 둘러싸여 있다. 우리가 모든 것의 중심에 있는 사랑을 발견하기 위해서 자신을 낮춘다면, 우리는 두려운 미지의 것에 직면할 수 있다. 그것이 수 세기 전에 시편 기자가 알고 있었던 것이 아닐까?

"내가 사망의 음침한 골짜기로 다닐지라도 해를 두려워하지 않을 것은 주께서 나와 함께 하심이라 주의 지팡이와 막대기가 나를 안위하시나이다"(시 23:4).

바울은 자신의 경험을 통해서 하나님의 기이한 논리를 분별해 냈다.

"우리가 이 보배(복음)를 질그릇에 가졌으니 이는 심히 큰 능력은 하나님께 있고 우리에게 있지 아니함을 알게 하려 함이라"(고후 4:7).

전형적인 인간의 논리는 우리가 강한 것을 선택하게 할 것이다. 우리는 세계 선교를 위해서 아브라함을 따른 잡다한 유목 민족들보다는 이집트인, 바벨론인들, 앗수르인들, 페르시아인들을 선택하려 했을 것이다. 우리는 강한 사람들이 자신의 목적을 성취할 것이라고 기대한다. 역사적으로 기독교인들은 쉽게 권력과 제휴했다. 바울은 "그러나 하나님께서 세상의 미련한 것들을 택하사 지혜 있는 자들을 부끄럽게 하려 하시고 세상의 약한 것들을 택하사 강한 것들을 부끄럽게 하려 하시며 하나님께서 세상의 천한 것들과 멸시 받는 것들과 없는 것들을 택하사 있는 것들을 폐하려 하시나니 이는 아무 육체도 하나님 앞에서 자랑하지 못하게 하려 하심이라"(고전 1:27-29)고 했다.

세상에서 평범하고 흔한 것들을 택하여 하나님의 일을 하게 하시는 하나님의 논리는 대체 무엇인가? 인간은 결코 그것을 이해하지 못하겠지만, 바울은 이해하려고 노력했다. 하나님께서 바울 시대의 가정에서 발견할 수 있는 금이나 은이나 훌륭하게 장식된 유리 제품을 선택하지 않고 평범한 질그릇을 선택하신 것은 결코 잘못된 일이 아니었다. 우리는 자신의 연약함 안에서 역사하는 초월적인 능력을 소유하고 있지 못하다.

하나님을 찬양하라! 그러므로 지혜로운 자들은 사역을 시작할 때에 먼저 하나님을 구하고, 약한 데서 완전해지는 힘을 받아야 한다.

그렇게 하면 다른 일들도 제대로 될 것이다

그러므로, 토마스 켈리(Thomas Kelly)는 우선순위를 결정하기 위해서는 "영원의 숨과 정적이 우리에게 임해 있는"[11] 중심에서부터 시작해야 한다. 그렇게 하면 그 중심을 중점으로 하여 우리가 먼저 해야 할 일들이 적절한 순서로 나타나기 시작한다. 이것은 그곳에서부터 시작하면 시간에 관한 모든 문제가 마술처럼 사라질 것이라는 말이 아니다. 우리는 항상 참으로 중요한 것들을 분별하기 위해서 노력해야 하겠지만(빌 1:10), 하나님의 사랑에 대한 이해와 속사람 안에 있는 모든 감수성의 성장은 우리에게 시간 활용을 평가하고 재고할 동기와 능력을 부여해 줄 것이다. 사람마다 처한 상황이 다르기 때문에, 나름의 우선순위를 생각하는 것이 좋다.

우리가 먼저 하나님과의 교제나 의사소통이나 대화에 중심을 두기 위한 시간을 선택해야 한다. 이상적이 되려면, 우리는 자신이 행하는

---

11) Thomas R. Kelly, *A Testament of Devotion* (New York: Harper Brothers, 1941), 74.

모든 일에서 하나님의 음성에 귀를 기울이려 해야 한다. 즉 쉬지 않고 기도하기를 원해야 한다. 그러나 실질적으로 우리는 끊임없이 관심을 기울여야 하는 환경에서 생활하고 있으므로, 의도적으로 하나님을 위한 시간을 배정하는 일, 앞에서 설명한 바와 같은 작은 피정(mini-retreat)을 배정해야 할 필요가 있다.

이 점과 관련하여, 기독교에서 지도적 위치에 있는 사람들은 "하나님도 아시겠지만, 저는 하나님의 일을 하고 있기 때문에, 그 일을 멈추고 하나님에게 말을 하거나 하나님의 말을 들을 시간이 없습니다"라고 핑계를 대기가 쉽다. 이것은 실제로는 "나에게는 자신을 보살필 시간이 없습니다"라는 말과 같다.

많은 성직자는 "내가 그 일에 시간을 할애할 수 있을까?"라고 질문하는 데 이것은 잘못된 것이다. 그보다는 "내가 시간을 할애하지 않을 수 있을까?"라고 질문해야 한다.

하나님께 초점을 두는 "안식의 시간"이 없는 사역은 사역을 위한 우리의 개인적인 에너지를 완전히 고갈시킬 것이다. 이와 같은 자기 돌봄이 우리가 가장 먼저 해야 할 일이 되어야 한다.

그다음으로 중요한 것은 사람들(persons)이다. 그중에서도 우리와 가까운 사람들―배우자, 자녀들, 그 밖의 가족들―이 우선해야 한다. 디모데전서 3장에 기록된바 성직자들을 위한 법의 저자는 이에 대해서 건전한 질문을 제기한다: "사람이 자기 집을 다스릴 줄 알지 못하면 어찌 하나님의 교회를 돌아보리요?"

성직자들은 일에 몰두하여 가족들을 등한히 하며 핑계를 대기가 쉽

다: "너희들도 알고 있듯이, 나는 주님의 일을 하느라고 바쁘다." 그러나 배우자와 자녀들은 그것을 이해하지 못한다. 성직자들의 이혼율은 일반인들의 이혼율과 비슷하다. 그리고 오래전부터 "목회자 자녀들"의 특별한 문제들이 인식되어 왔는데, 그것들은 대부분 그들을 등한히 하는 것이나 성직자들의 직위에서 비롯되는 부당한 기대와 관련이 있다.

좀 더 폭을 넓히면, 동료 목회자들, 친구들, 교인들, 먼 친척들이 해당될 될 것이다. 이렇게 사람들을 강조하는 이유는 무엇인가? 그것은 대부분 성직자의 경우에, 일 때문에 다른 모든 것이 짓밟히기 쉽기 때문이다. 사무엘 블리자드(Samuel W. Blizzard)가 행한 조사에 의하면, 성직자들은 행정적인 일이나 조직과 관련된 일에 자기들의 시간의 절반 이상을 보내는데, 이것은 종교적으로 조직적인 역할에 더 적합한 유형의 사람들이 있는 이유를 설명해 준다. 개신교 성직자들이 시간을 보내는 방법에 대해서는 여러 가지 견해가 있지만, 그들은 설교자와 사제로서의 역할에 18%, 교사로서의 역할에 5%, 목사로서의 역할에 26%, 그리고 관리자나 조직적인 인물로서의 역할에 51%를 배정했다.[12]

---

12) Samuel W. Blizzard, *The Protestant Parish Minister: A Behavioral Science Interpretation, Society of the Scientific Study of Religion Monograph Series*, 5 (Srorrs, Conn.: Society for the Scientific Study of Religion, 1985), 100. See "Parish Minister's Self-Image of His Mater Role," *Pastoral Psychology* 9 (December 1958): 25-32; and "Parish Minister's Self-Image and Variability in Community Culture," *Pastoral Psychology* 10 (October 1959): 27-36.

우선순위를 이렇게 배열하는 것—하나님을 위한 시간을 따로 배정해 두며 주위 사람들을 우위에 두는 것—은 배정된 시간의 양(하나님과의 교제에 가장 많은 시간을 배정하고, 다음에는 사람들에게 할애하고, 일에는 가장 적게 배정하는 것)에 의존하지 않는다. 비록 일 자체보다 하나님과 사람들이 우선해야 하지만, 시간 배정에서는 일도 나름의 위치를 차지한다. 우선순위를 정함에 있어서, 우리는 일 때문에 하나님이나 가까운 사람들을 위한 시간을 배제하는 일이 없게 하겠다고 주장한다. 우리는 자신이 행하는 모든 일이 하나님과 우리의 관계와 연관되기를 원한다. 바울은 골로새 교인들에게 "또 무엇을 하든지 말에나 일에나 다 주 예수의 이름으로 하고 그를 힘입어 하나님 아버지께 감사하라"(골 3:17)고 촉구했다.

지금 이 순간의 성례에 대해 개방적인 태도를 취하며, 우리에게 권리를 주장하시는 하나님의 우선순위를 주장하려면, 조지 허버트처럼 기도해야 한다.

> 나의 하나님, 나의 왕이시여
> 만물 안에서 당신을 보는 법을 가르쳐 주소서.
> 무슨 일을 하든지 당신을 위해 하게 하소서.[13]

---

13) George Herbert, verse from "The Elixir" in *The Temple from The Works of George Herbert in Prose and verse* Vol. II (London: Bell and Daldy, 1859), 212.

제6장

균형잡힌 영성

건전한 영성을 유지하려면 네 가지 차원 즉, 경험적 차원, 지적 차원, 사회적 차원, 제도적 차원에서의 균형이 필요하다.[1] 이것들은 책상을 지탱해 주는 네 개의 다리와 같다. 네 개의 다리 중 하나를 제거하면 책상은 흔들리고, 두 개 이상이 없어지면 책상은 쓰러진다. 서구 사람들은 하나의 다리로 섬으로써 하나님과의 관계를 유지하려 하거나, 혹은 하나의 기다란 다리와 각기 길이가 다른 세 개의 다리를 가진 영적인 책상을 만들려 하는 경우가 많다. 실제로 여러 종교 집단들은 여러 가지 중요한 것 중에서 하나만을 강조함으로써 불균형을 상쇄하려는 목적을 가지고 존재해왔다.

어떤 사람들은 경험적 차원만 강조하고 나머지 세 개의 차원은 배제한다. 교회사를 보면, 이 측면에서의 균형을 이루기 위해서 은사

---

[1] 이 중 셋—경험적 차원, 지적 차원, 제도적 차원—은 프리드리히 폰 휘겔에게서 인용한 것이다. 그러나 휘겔도 사회적 차원을 강조했다.

중심의 집단들이 출현하곤 했다. 2세기의 몬타누스파, 16세기의 신령파(spiritualists), 20세기의 오순절파와 은사 운동 등이 그 예이다. 이들은 사도 시대와 마찬가지로 살아 계신 하나님이 오늘날도 인간 생활 속에 임재하여 활동하고 계심을 상기시켜 주었다. 경험이 없는 믿음은 죽은 믿음이다.

감정과 신비를 두려워하는 사람들은 경험적 차원, 사회적 차원, 혹은 제도적인 차원에는 그다지 관심을 갖지 않고 지적인 차원만을 강조한다. 중세 시대의 대학에 의해서 만들어진 스콜라주의 사상 체계가 지적 차원을 강조한 본보기인데, 거기서는 마음보다 두뇌를 중시했다.

17세기 이래, 종교적 갈등과 전쟁에 시달린 사람들이 계시 종교 대신에 이성적 종교를 받아들임에 따라, 계몽주의가 이 과정에 박차를 가했다. 소위 대각성(Great Awakening)이라는 종교적 체험의 정당성에 관한 논의로 인한 분열로 많은 종교 집단들이 생겨났다. 회중파 내에서의 논쟁으로 인해 이성을 강조하는 유니테리어니즘(Unitarianism)이 생겨났다.

유니테리언 교도들은 이성에 의해 증명이 가능한 것만 믿겠다고 주장했다. 그들은 성경의 계시는 합리적이지 않다고, 그리고 자기들은 계시가 아니라 경험적인 과학을 의지하겠노라고 주장했다. 이상하게도 이러한 이성주의를 반격하는 근본주의는 동일한 접근 방법을 역으로 채택했다. 즉 성경에서 경험적으로 신빙성이 있다고 발견한 것들만 받아들이겠다고 주장한다.

최근에 남침례교 총회장을 지낸 베일리 스미스(Bailey Smith)는 "성경이 그렇게 말하고 있고, 나는 그렇게 믿는다"라고 설명했다. 과학적으로든 역사적으로든, 혹은 철학적으로든 성경의 내용과 어긋나는 것이 있을 때, 근본주의자들은 경험적 자료들을 거부할 것이다. 근본주의자들의 강연이나 설교, 그리고 성경의 내용을 언급하는 진술은 흔히 "그것은 사실입니다"라는 말로 끝난다.

또 어떤 사람들은 다른 세 가지 차원을 실질적으로 제외하고 사회적 차원만 강조한다. 사람들에 따라서 "사회적"이라는 단어의 의미가 다를 수 있다. 어떤 사람들이 볼 때 믿음이란 교제, 가정에 속하는 것이지만, 또 다른 사람들의 경우에 그것은 봉사와 행동, 사랑으로 역사하는 믿음을 의미한다.

만일 우리가 다른 사람들과 함께 지내거나 다른 사람들을 위해 무슨 일을 하고 있다면, 우리는 진정한 영성을 소유한다고 말할 수 있다. 2차 대전이 발발하기 전 토마스 켈리는 사회적 의식에 있어서 다른 기독교 집단보다 우월했던 퀘이커 교도들이 사회적인 관심 때문에 영원한 현재에 대한 관심이 부족한 것을 책망하면서, 그 때문에 사회적 관심이 고갈되고 잘못된 방향으로 흐르게 될 것이라고 경고했다. 그는 많은 퀘이커 교도들이 이 세상, 시간, 그리고 세상의 질서를 중시해왔고 유한한 시간으로 영원의 심판자로 삼았다고 개탄했다. 그는 "의존의 참 질서가 뒤집어졌음을 보았다. 시간이 영원의 심판자가 아니다. 영원한 것이 시간을 시험하고 심판한다"[2]라고 했다.

또 많은 종교 지도자들을 포함한 사람들은 다른 차원들에 대해서는 그다지 고려하지 않은 채 제도적 차원에서만 자신의 종교적 헌신과 의무를 행하려 한다. 영성 생활이란 주로 특별한 회중에 속하는 것, 교회학교에 참석하는 것, 집회에 참석하는 것, 사회적인 일에 기부하고 동참하는 것 등과 관련되는 것으로 생각된다. 편안한 자리를 찾아 편안하게 앉아서 긴장을 풀고 즐기라!

원만한 영성에는 네 가지 차원 모두가 필요하다. 하나님과의 건강한 관계는 경험적이고 지적이고 사회적이고 제도적이다. 관건은 균형에 있다는 것을 인정하고 기억해야 한다. 종교적인 고지를 추구하면서 지적 차원, 사회적 차원, 혹은 제도적 차원이 없이 경험적 차원을 강조하면 기력의 소진, 영적 에너지를 소진하게 될 것이다.

대각성(Great Awakening)에 이후, 뉴욕주의 어느 지역에는 대각성의 종교적 열정으로 인해 영적인 무기력 상태가 팽배했기 때문에 "기력이 소진한 지역"이라는 별명이 붙었다.

80년대 초에 내가 웨이크 포리스트 대학(Wake Forest University)에서 강의할 때, 은사 운동에 열광하던 많은 학생이 "힌슨 박사님, 나는 완전히 기진맥진했습니다"라고 고백했다. 그들은 매주 더 높은 것을 찾아 은사파 교회에 가곤 했다. 얼마 후, 더는 자신이 구하는 것을 경험

---

2) Thomas R. Kelly, *A Testament of Devotion* (New York: Harper Brothers, 1941), 91.

하지 못하게 된 학생들은 박탈감과 실망을 느꼈다. 나는 그들로 하여금 건전한 영성을 이루는 다른 차원을 지향하도록 처방해 주었다.

경험적, 사회적, 제도적 요소를 배제한 채 지적인 차원에만 치중하면 힘이나 감성이 없는 영성이 형성될 것이다. 믿음의 열심이 식는 데 대한 개신교 신학생들의 불평의 근원은 대학 분위기의 완고함에 있다. 교수들은 학생들이 부모나 교회학교에서 물려받은 믿음보다 성숙한 믿음이 필요하다는 것, 그들의 마음이 두뇌와 보조를 맞추어야 한다는 것을 대충 얼버무리기에 십상이다. 그러나 안타깝게도 많은 신학생은 그 때문에 두뇌와 마음을 통합하는 길을 발견하지 못하게 된다.

경험적, 지적, 제도적 측면이 없이 사회적 측면을 강조하면, 사회 봉사와 활동을 위한 동기와 지시를 공급해 주는 소켓에서 플러그를 뽑는 결과를 초래할 것이다. 1960년대에, 미국의 많은 진취적인 교회들은 하나님의 나라가 존재하는 장소로서의 세속 도시의 욕구를 충족시키려는 열정에 사로잡혔다. 물론 그들이 행한 많은 일들은 칭찬할 만하지만, 그들은 자신의 "세상적인 거룩" 안에서 기도, 예배, 배교에 대한 가르침 등 "교회만 중시하는 행동들을 허락했으며, 그렇게 하면서 그들의 사회적 에너지 역시 저하되었다. 회중 중 다수는 곧 자기들이 약한 사람들인데도 불구하고 책임자의 일을 수행하려고 애쓰고 있다는 사실을 발견했다.

경험적, 지적, 사회적 차원을 무시한 채 제도적 차원을 강조하면 생명력이나 지혜, 혹은 사람들에 대한 감수성이 없는 형태의 영성에 빠져들 것이다. 19세기 말과 20세기 초의 사회복음 운동, 그리고 1960년대의 세속신학 운동은 신자들이 "독선적인 성소"에 틀어박혀 지내면서 대부분의 사람이 사는 세상을 등한히 하는 것을 책망했는데, 그것은 올바른 지적이었다. 이러한 운동은 세상에서 물러나 하나님께로 가기보다는 세상을 통해서 하나님께 가라고 촉구했다. 많은 다른 운동들이 그렇듯이, 몇 가지 측면에서는 건전치 못하게 극단적인 것을 제공했지만, 존 로빈슨(John A. T. Robinson) 주교가 『하나님께 정직히』(Honest to God)에서 제시한 사례는 균형과 설득력이 있다.

"예배의 목적은 세속에서 종교적인 것의 분야로 물러나는 데 있는 것이 아니며, 물론 "이 세상"에서 "저 세상"으로 도피하는 데 있는 것도 아니다. 예배의 목적은 그리스도와의 만남에 대해 자신을 개방하는 것, 피상적인 것들을 꿰뚫고 들어가며, 그것을 소외됨으로부터 구속해내는 능력을 가진 것에 자신을 개방하는 데 있다."[3]

여기에서의 요점은 균형이다. 휘겔(Baron von Hügel)은 자신의 조카인 겐돌린 그린, 에블린 언더힐, 혹은 다른 사람들에게 무엇을 지시할 때면, 언제나 균형을 강조했다. 혹시 그들이 지나치게 경험을 추구하는 것 같으면, 그는 그들에게 책을 보내 주면서 이해력 개발을 위해 독서를 많이 하라고 촉구했다. 혹시 그들이 영성이 학문적인 추

---

3) John A. T. Robinson, *Honest to God* (London: SCM Press: Philadelphia Westminster Press, 1963), 87.

구로 치중하는 듯하면(에블린 언더힐이 그렇다고 생각했다), 그는 그들을 "게토"로 보냈는데, 그들은 그곳에서 사람들이 고통당하는 모습을 볼 수 있었다. 혹시 그들이 지나치게 사회적인 일에 몰두하는 듯하면, 그들의 제도적인 의무를 상기시켜 주었다. 그는 근대주의자들의 영적 지도자 역할을 했고 그들이 개진한 로마 가톨릭교회의 비평 방법을 받아들였지만, 제도 자체에 대한 믿음을 잃지는 않았다.

물론 영성 생활에서 균형을 발견하고 유지하는 일은 쉽지 않으며, 일반 성도들보다는 직업적인 종교인들의 경우에 더 어려울 것이다. 균형을 유지하는 방법을 이해하려면, 네 가지 차원을 더욱 세밀하게 살펴보아야 한다.

경험적인 차원

믿음은 지식이 아니라 경외심에서 시작된다. 에이브러엄 헤셸(Abraham Heschel)은 "믿음은 탄생한다. 그러나 먼저 우리 마음이 애모의 전율을 느껴야 한다"[4)]고 말했다. 그는 매우 시적으로 "믿음은 하나님의 현존 안에서 얼굴을 붉힘"[5)]이라고 표현한다. 모든 성도가 이 견해를 지지할 것이다.

---

4) Abraham Joshua Heschel, *Man Is Not Alone: A Philosophy of Religion* (New York: Farrar, Straus & Giroux, 1951), 74.
5) Ibid., 91.

고대 히브리인들은 하나님을 "증명"하려 하지 않았다. 그들은 단순하게 하나님이 존재하신다고 가정했다. 시편 기자는 "어리석은 자는 그 마음에 이르기를 하나님이 없다 하고"(시 14:1)라고 말한다.

기독교의 위대한 신학자인 어거스틴은 『고백록』 서두에서 "당신께서는 인간을 들어 올려 당신을 찬양하는 데서 기쁨을 느끼게 하셨습니다. 당신께서 당신 자신을 위해 우리를 지으셨으며, 우리 마음은 당신 안에서 안식을 얻기 전까지는 항상 불안합니다"[6]라고 했다.

클레르보의 버나드는 요한일서 4장 19절의 "우리가 사랑함은 그가 먼저 우리를 사랑하셨음이라"를 토대로 하여 믿음의 첫 움직임은 하나님에게서 온다고 판단했다. 버나드는 "하나님을 찾는 모든 영혼은 그 일이 하나님께서 기대하신 것이며, 그가 하나님을 찾기 시작하기 전에 먼저 하나님께서 그를 찾으셨다는 것을 알아야 한다"[7]라고 상기시킴으로써 진지한 구도자들을 안심시켜 주었다.

17세기의 유명한 수학자요 철학자인 블레이즈 파스칼은 "마음은 그 나름의 판단력을 가지고 있으며, 이성은 그것에 대해 전혀 알지 못한다. 우리는 많은 일에서 그것을 느낀다"고 말했다.[8]

---

6) Augustine Confessions 1.1.1, in *The Confessions of St. Augustine*, trans. John K. Ryan (Garden City, N.Y: Image Books, 1960), 43.

7) Bernard of Clairvaux, Sermon 84 on the *Song of Songs* 2; Library of Christian Classics, XIII:74-75.

8) Blaise Pascal, Pensées, ed. Louis Lafuma, trans. John Warrington (London: J. M. Dent & Sons; New York: E. P. Dutton, 1960), 224.

하나님은, 하나님이 어떤 분이신지, 혹은 존재하시는지에 대한 우리의 이해를 초월하신다. 우리의 이성으로는 결정하지 못하므로, 내기하는 편이 더 낫다. 만일 하나님이 계신다고 내기를 걸었는데 하나님이 계시지 않는 것으로 판명된다면, 우리가 잃은 것은 아무것도 없다. 만일 하나님이 계시지 않는다고 내기를 걸었는데 하나님이 계시는 것으로 드러난다면, 우리는 모든 것을 잃은 셈이 된다.[9]

초기 퀘이커 교도인 이삭 페닝턴은 "여러분 가까이에 여러분을 인도해줄 것이 있습니다. 오! 그것을 기다리시며, 그것에서 벗어나지 마십시오"[10]라고 촉구했다.

유명한 퀘이커 철학자인 루퍼스 존스(Rufus M. Jones)는 "이중 탐색"에 대해 말했다. 우리 인간은 하나님을 찾으며, 마찬가지로 확실하게 하나님도 우리를 찾으신다.[11]

칼 바르트나 라인홀드 니버(Reinhold Niebuhr)와 같은 몇몇 유명한 개신교 신학자들은 소위 신비 체험이라고 부르는 것을 의심의 눈초리로 바라보며 경건주의를 심하게 공격했다. 더글러스 스티어는 1933년에 마리아 라치(Maria Laach)라는 유명한 베네딕트 수도원에서 바르

---

9) Ibid., 343.

10) Isaac Pennington, Letter to the Women Friends at Armscot, 1678, in *Quaker Spirituality*, ed. Douglas V. Steere, *Classics of Western Spirituality* (New York: Paulist Press, 1984), 155.

11) Rufus M. Jones, *The Double Search: Studies in Atonement and Prayer* (Philadelphia: J. C. Winston, 1906).

트를 만났는데, 그는 이 위대한 스위스인 신학자가 "기도의 지나친 주관성에 대해 대단히 비판적"임을 발견했다. 그는 바르트가 계속 수도원을 찾아다니는 이유를 물었는데, 바르트는 "수도원들을 반박하기 위해서"라고 대답했다.[12]

개신교 비평가들도 마틴 루터와 마찬가지로, 종교의 경험적 차원은 이따금 이상한 현상을 만들어냈고, 기독교 사회에 지위의 구분을 만들어 내고, 중요한 사회적 의무를 등한히 해왔다고 비난했다. 그러한 생각 때문에 많은 신자, 특히 개신교인들은 신비적인 요소를 완전히 봉쇄해 버리고, 다른 차원 중 하나를 신뢰하게 되었다.

그러나 어느 세대에나 성도들은 모든 참믿음에는 신비적 요소가 있다는 사실에 직면하게 될 것이다.[13] 물론 모든 사람이 클레르보의 버나드, 노리지의 줄리안, 시에나의 캐더린, 블레이즈 파스칼, 닥 함마

---

12) Dougals V. Steere, "Autobiography," 158.
13) 신비주의, 혹은 신비체험에 대한 정의에 대해서는 지금도 논의되고 있다. 어떤 학자들은 특별한 종교체험을 하나의 조건으로 강조했다. 그러나 버나드 맥긴(Bernard McGinn)은 5권으로 된 저서 *The Presence of God: A History of Western Christian Mysticism*에서 다음과 같이 주장했다: "신비주의란 어떤 독특하거나 독립된 종교의 형태로 보기보다는 유형적인 종교 공동체와 전통 안에 있는 하니의 요소로 보는 것이 좋다. …신비적 요소들이 표현되는 다양한 형태; 그것이 종교 생활의 제도적, 지적, 사회적 형태와 상호작용해온 여러 가지 방법들; 심지어 그럴듯하게 공식화된 정도—다시 말해서 하나의 전통으로서의 신비주의를 구성하는 모든 것—이 현대 신비주의 신학에 필요한 것으로 여겨 참작해야 한다." *The Growth of Mysticism: From Gregory the Great Through the 12th Century* (New York: Crossroad Herder, 1996), x.

슐드 등이 경험한 것과 같은 심오한 신비 체험을 하는 것은 아닐 것이다. 생생한 비유로 표현되어 전해진 이러한 사람들의 생생한 경험은 우리가 더글러스 스티어가 말한바 우리가 이따금 경험하는 "거룩한 자극들"을 구분하는 데 도움이 될 것이다.

클레르보의 버나드는 빈번한 말씀의 "오심"에 대해서 말했다. 여기에서 말씀이란 그리스도를 의미한다. 버나드는 말씀이 언제 어떻게 오시고 떠나는지 알지 못했지만, 그 임재를 "느꼈다." 그는 어느 생생한 구절에 다음과 같이 기록했다.

> "그때 비록 어리석은 말이었지만, 나는 말씀이 나를 방문하시곤 했다고, 아주 자주 찾아오시곤 했다고 고백했다. 그분은 자주 내 영혼 안에 들어오셨는데, 나는 한 번도 그분이 오신 정확한 순간을 의식하지 못했다. 나는 그분이 이미 임재해 계시다는 것을 느꼈다. 나중에는 그분이 나와 함께 계셨다는 것을 기억한다. 이따금 그분이 오실 것이라는 예감을 느끼기도 했다. 그러나 한 번도 그분이 오시는 것이나 떠나는 것을 느낀 적은 없었다. 그분이 언제 내 영혼 안에 들어오셨는지, 내 영혼을 떠나 어디로 가셨는지, 어떤 방법으로 들어오시거나 떠나시는지 등은 지금도 알지 못한다."[14]

시에나의 캐너린(Catherine of Siena)는 일련의 대화를 통해서 우리가

---

14) Bernard of Clairvaux *Sermon 74 on the Song of Songs* 5-6, in *Varieties of Mystic Experience* by Elmer O'Brien, S.J. (New York: Mentor-Omega Book, 1964), 105.

하나님을 필요로 하는 만큼 하나님께서도 우리를 필요로 하신다는 마이스터 엑하르트의 심오한 통찰을 확인하게 되었다. 그것을 어떻게 설명해야 할까? 시에나의 캐더린이 발견할 수 있었던 유일한 이유는 바로 호세아가 고멜에게서 발견했던 것, 즉 미친 연인(Mad Lover)이 자신이 지으신 것을 연애하게" 되었다는 것이었다. 캐더린이 도망을 쳐도, 하나님은 그녀를 찾아다니셨다. "당신께서는 스스로 우리의 인성을 옷 입으셨고, 더 이상 가까울 수 없을 정도로 가까이 계십니다."[15]

블레이즈 파스칼은 1654년에 경험한 특별한 경험을 "불"이라는 한 단어로 요약했다. 과학이 싹트기 시작하던 시대에 성장한 천재 파스칼은 자신의 삶에 하나의 위기를 초래한 일련의 비극을 경험했는데, 그 때문에 그는 진지하게 하나님을 찾게 되었다. 그의 누이가 포트 로얄 수녀원에 들어가는 문제로 그의 가족들은 말다툼했다. 그리고 파스칼의 아버지가 돌아가셨다. 그 후에 파스칼은 병에 걸렸고, 그 때문에 39세에 세상을 떠나게 되었다. 그는 자신이 알고 있는 수학적 확실성과 유사한 하나님의 확실성을 찾으려 했지만, 그것을 얻지 못했다. 그 확실성은 그가 "Memorial"라는 제목을 붙여 종잇조각에 기록해 놓은 심오한 신비 체험 속에서 그에게 임했는데, 그는 그 메모를 죽으면서 코트 안 감에 꿰매 놓았었다. 그 메모의 주요 부분은 다

---

15) Catherine of Siena, *The Dialogue*, trans. Suzanne Noffke, O.P., *Classics of Western Spirituality* (New York: paulist Press, 1980), 325.

음과 같다.

> 1654년 은혜의 해
> 교황이요 순교자이신 성 클레멘트 및 순교록에 등록된 다른 순교자들의 축일인 11월 23일 월요일
> 순교자 크리소고노스 및 다른 사람들의 축일 전날 밤
> 밤 10시 30분경부터 12시 30분경까지,
> 불
> 철학자들의 하나님이나 학자들의 하나님이 아니라
> 아브라함의 하나님, 이삭의 하나님, 야곱의 하나님,
> 확신, 확신; 느낌, 기쁨, 평화.
> 예수 그리스도의 하나님
> "나의 하나님과 당신의 하나님"
> 당신의 하나님이 나의 하나님이 되시리로다.
> 세상은 하나님을 제외한 모든 것을 망각했다.
> 우리는 오직 복음의 가르침을 통해서 그분을 붙들었다.[16]

그의 사후에 그의 침대 곁에 있는 책상에서 발견되었고, 유엔 사무총장이었던 닥 함마슐드가 Markings이라는 제목으로 출판한 노트에는 하나님께 순종하는 것의 행복이 반영되어 있다.

> 택한 자의 행복은 택함을 받은 자와의 일치에 있다.

---

16) Blaise Pascal, *Pensées*, trans. H. F. Stewart(New York: Morton Library, n.c.), 363.

그것은 자장(磁場)의 힘에 복종하는 쇠로 만든 파일철의 평화와 같
다―
자아를 완전히 비우고 안식의 조화 안에 있는
영혼은 평온하다―
이 행복은 영원한 순간 안에,
지금 여기에 있다.
그 행복은 그대의 것이 아니라 그대 안에 있는 것이다.[17]

그 밖에도 많은 기사를 인용할 수 있다. 이러한 인용문은 경험이 건전한 영성의 기본적이고 필수적인 요소임을 상기시켜 준다. 생생하고 심오한 경험을 소유한 사람들의 경우에, 믿음은 인간 노력의 결과가 아니라 하나님의 주도에 따른 결과이다. 하나님은 항상 우리의 깊은 곳에 들어오시며 우리 안에서 하나님 임재의 의식을 일깨우려 하신다. 무엇보다도 영성이란 무한하신 사랑으로 우리를 사랑하시는 무한하신 하나님에 대한 경모의 반응이다. 그것은 어떤 분(Someone)께 대한 우리의 동의이다.

지적인 차원

그러나 믿음은 중요한 것이며, 성장을 원한다면 경험에만 만족

---

17) Dag Hammarskjöld, *Markings*, trans. Leif Sjöberg and W. H. Auden (London: Faber and Faber, 1964), 51.

해 있어서는 안 될 것이다. 믿음은 이해를 추구할 것이다(*fides quaerens intellectum*). 믿음은 하나님을 알고 싶어 "배고파하고 목말라 할" 것이다.

만일 하나님과의 관계가 자체적으로 양분을 공급하지 않는다면, 그것을 먼저 일으켜준 경험의 의미를 분명히 해명하려고 노력하면서 시간을 보내지 않는다면, 그 관계는 성숙하지 못할 것이다. 인간의 이해를 초월하는 분과 우리의 관계를 알기 위해서, 우선 성경 공부를 하고 그다음에는 하나님과 인간의 만남에 관한 성인들의 기록을 공부하여야 한다.

누르시아의 베네딕트는 중요하고 영향력이 있는 『규율』(*Rule*)에 거룩한 독서(*lectio divina*)를 위한 규정, 성경 및 덕을 키우는 데 유익한 책을 읽는 규정을 두었다. 쟝 레크레크(Jean Leclercq)처럼 하나님을 향한 갈망을 소유한 수도사들은 학문에 대한 사랑을 훌륭하게 나타냈다.[18] 왜냐하면 내면생활의 성장은 하나님을 아는 것에 의존하는데, 하나님을 알려면 정신을 그 목적에 적용해야 하기 때문이다.

우리는 중세 시대에 성인들이 설정한 기도의 차원에 이 점이 확인되어 있음을 알 수 있다. 파리 외곽에 있는 성 빅토르 수도원의 휴고(Hugo)는 하나님에 대한 지식의 삼 단계—명상(cogitation), 묵상

---

18) Jean Leclercq, O.S.B., *The Love of Learning and the Desire for God: a Study of Monastic Culture*, trans. Catherine Misrahi (New York: Fordham University Press, 1961).

(meditation), 관상(contemplation)—를 이야기했다.[19]

14세기에 월터 힐튼(Walter Hilton)은 이 세 단계에 대한 유익한 설명을 제시했다. 첫 단계는 "이성, 인간의 가르침, 그리고 성경 공부 등을 통한" 신지식(神知識)으로 이루어진다. 그것은 학자들이 취하는 단계로서 "영적 풍미"와 "하나님 안에 있는 내적인 감미"가 결여되어 있다.[20] 두 번째 단계는 "헌신으로 불타는 사랑"(Love on fire with devotion)인데, 이 단계에서는 "주로 영적인 것에 대한 이해를 위한 빛이 없이, 깊은 사랑 안에 존재한다." 이것은 "사랑과 영적 감미에 대한 열정"(fervor of love and sweetness)[21]을 경험하는 일반 성도들이 취하는 단계이다. 세 번째 단계는 "관상으로 불타는 사랑"(love on fire with contemplation)으로서, 명상과 깊은 사랑이 수반된다. 이 단계에서 우리는 "육체적인 감각이 박탈되어" "부드럽고 달콤하게 타오르는 사랑"을 경험한다. 우리는 현세에서 이 단계를 경험하기 시작하지만, 그것의 완성은 천국의 지복을 위해 유보된다.[22]

많은 사람은 하나님을 아는 데 있어서 자기 인식의 가치를 강조함에 있어서 플라톤과 어거스틴의 뒤를 따랐다. 어거스틴은 회심한 직

---

19) Hugo of St. Victor, *Nineteen Sermons of Ecclesiastes*; LCC, XIII:90-91.
20) Walter Hilton, *The Stairway of Perfection*, trans. M. L. Del Mastro (Garden City, NY: Image Books, 1979), 66-67.
21) Ibid., 67-68.
22) Ibid., 70-71.

후에 저술한 책, 자신과 자기의 이성과의 대화집인 『독백』(Soliloquies)에서, 자신이 오로지 "하나님과 영혼"만 알기를 간절히 원했다고 말한다. "그것이 내가 알기를 원했던 것이다"[23]라고 맹세했다. 하나님은 우리를 "하나님의 형상으로" 지으셨다(창 1:27). 우리가 진실로 자신의 "자아"(self)를 알게 된다면, 동시에 "참 자아"(Self)도 발견하게 될 것인데, 중세 신비가들의 생각에 의하면 그분은 경계선은 어디에도 없고 중심은 사방에 두고 계신 분이시다.

그러나 하나님에 대한 참지식은 명상이 아니라 사랑에서 나온다. 그렇기 때문에 성인들은 아가서에 나오는 결혼의 비유를 사용하곤 한다. 우리가 원하는 것은 하나님과의 사랑에 흠뻑 빠지는 것, "마음을 다하고 목숨을 다하고 뜻을 다하고 힘을 다하여 하나님을 사랑하는 것(막 12:30)이다. 부부 관계에서와 마찬가지로, 우리와 하나님과의 관계가 성장하려면 하나님을 한층 더 친밀하게 알아야 한다. 처음 볼 때 심취하는 일도 있지만, 깊고 영속적이고 비바람을 견뎌낸 관계에서는 상대방의 비밀을 파악하기 위해 많은 탐색을 한다.

여기에서 우리는 정직하게 자신의 한계를 인정해야 한다. 우리가 아무리 총명하고, 아무리 사랑이 많고, 아무리 정력적이라고 해도, 이스라엘과 나사렛 예수를 통해서, 그리고 우리의 경험을 통해서 하나님 자신을 전해 주시려는 하나님의 노력에도 불구하고, 우리는 결

---

[23] Augustine, *Soliloquies* 1.7; NPNF, Series 1, VII:539.

코 하나님을 완전히 알지 못할 것이다. 그럼에도 불구하고, 우리는 소중히 여기는 배우자나 친구들과의 관계를 돈독히 하기 위해서 행할 때처럼, 동원할 수 있는 모든 에너지를 동원하여 그 일을 해야 한다.

이 시점에서, 나는 하나님에 대한 일련의 전제를 인정하고 공부하면서 "이해를 추구하는 믿음"을 이해하지 못하고 있음을 인정해야 한다. 우리가 원하는 것은 단순히 하나님에 대해서 아는 것이 아니다. 우리는 하나님, 살아 계신 하나님, 우주의 창조자, 아브라함과 이삭과 야곱과 예수 그리스도의 하나님을 알기를 원한다.

믿음이란 일련의 전제들을 믿는 것이 아니다. 성경을 믿는 것이 아니다. 성경의 무오류성을 믿는 것도 아니다. 믿음은 살아 계신 하나님을 믿는 것이다. 그것은 하나님께서 성령을 통해서 우리 안에 일깨워 주시는 것이며, 믿음은 하나님께서 우리 마음에 부어 주시는 사랑을 통해서 성장한다.

성경은 하나님의 자기 계시에 대한 증거를 수록한 주요한 기록이지만, 그 기록 안에 자신을 드러내신 살아 계신 하나님을 아는 것 대신에 성경을 공부하는 일이나 무오류성을 주장하는 일을 중시하는 것은 슬픈 일이 아닐 수 없다. 또 살아계신 하나님의 수중에 들어간 데 따른 겸손하고 삶의 변화시키는 결과의 흔적이 사람들의 삶에 거의 나타나지 않는 것 역시 안타까운 일이다.

사회적인 차원

건전한 영성은 결코 외로운 방랑자의 지성에 기초를 두지 않는다. 모든 인류와 모든 피조세계의 하나님과 관계를 맺으려면, 사람들 및 하나님이 지으신 세상과 관계를 맺어야 한다. 더욱이 예수 그리스도의 아버지이신 하나님과 관계를 맺는 것은 그리스도의 몸—하나님께서 그리스도 안에서 새롭게 하시는 인류, 새 언약 아래 있는 하나님의 백성들—과 관계를 맺는 것이다. 그것은 하나님의 눈을 통해서 세상을 바라보며, 하나님의 종의 역할을 받아들이며, 어디서나 볼 수 있는 모든 인간의 욕구를 충족시켜 주는 것이다.

그러나 세상에 대한 책임을 받아들이려면 성숙함(maturity)과 온전함(wholeness)이 필요하다. 하나님의 자녀들 모두가 다른 사람들의 짐을 대신 져주며, 세상의 고민에 깊이 관여할 준비가 되어 있는 것은 아니다. 또한, 많은 권면이나 경고나 호소로도 그 사람이 다른 결과를 만들어낼 일을 행하라고 설득할 수 없을 것이다.

토마스 머튼의 삶이 이 점을 보여주는 좋은 본보기가 된다. 오늘날 사람들은 머튼을 영적 여행에 대한 글을 쓴 저술가, 혹은 미국에서 가장 예리한 사회적 예언자 중 한 사람으로 알고 있을지도 모른다. 그러나 그가 항상 그런 생활을 한 것은 아니었다.

머튼은 1941년에 겟세마네 수도원에 들어가면서 세상에 대해 그다지 공손하지 못한 저주를 하고는 다시는 육백만 명의 목숨을 앗아갈 전쟁에 시달리고 많은 고통을 가한 세상에 돌아가지 않겠다고 선언했다. 머튼은 수도원에서 자기를 형성하면서, 자신이 그처럼 피하려 했던 "세상"이 자기와 함께 그곳에 있음을 발견했다. 그것은 그의 "거짓된 자아"와 함께 들어와 있었다. 『칠층산』(*The Seven Storey Mountain*)의 출판으로 유명해지면서, 그는 외부 세상에 대해 여러 가지 느낌이 들기 시작했다.

1948년 8월 13일에 루이빌(Louisville)을 방문한 그는 그 도시가 "아주 사악하지는 않다"는 느낌을 받았다. 머튼은 "아마 내가 세상을 떠나 수도원에 들어오면서 세상에 대해 분개했던 일들은 내가 세상에 투영했던 나 자신의 결점들이었을 것이다"[24]라고 생각했다.

1949년 2월, 책을 저술하는 것이 불가능해졌을 때, 그는 "내가 글로써 분노하는 대상인 세상은 내 상상의 산물이 아닐까"[25]라는 생각을 했다. 그는 여러 가지를 재평가하면서 자신이 "세상에서의 내 자리를 발견하기 위해서" 수도원에 들어왔으며, "만일 세상에서 이 자리를 발견하지 못한다면, 수도원에서 시간을 허비하게 될 것이다"[26]라는 사실을 깨달았다.

1949년부터 1950년에 이르는 동안, 머튼은 영적, 육체적, 정서적으로 거의 완전한 몰락을 겪었는데, 그는 그것을 "바다 밑의 지진"이

---

24) Thomas Merton, *The Sign of Jonas* (New York: Harcourt, Brace & Giroux, 1979), 91.
25) Ibid., 162.
26) Ibid., 322.

라고 했다. 또한 그는 "세상"에 대한 "재생"(rebirth)를 경험했다.

1951년 6월 13일 일지에, 그는 "나는 과거의 나와는 완전히 다른 사람이 되었다. …이제 나는 새로운 생존의 문턱에 서 있다. …이제 나는 장성한 수도사이며, 중요하지 않은 것에 허비할 시간이 없다"[27] 라고 썼다.

그의 다음으로 중요한 저술 『사람은 섬이 아니다』(*No Man is an Island*)는 아주 긍정적인 저술로서, 제목 자체도 그의 태도의 변화를 보여준다. 이 일련의 논문에서 그는 "참된 독거"와 "거짓된 독거"를 구분했다.

> 두 가지 독거(solitude) 모두 사람을 군중들로부터 분리하려 한다. 참된 독거는 그 일에 성공하지만, 거짓 독거는 실패한다. 참된 독거는 한 사람이 자신이 소유한 선한 것을 자유로이 발달시키며 다른 모든 사람을 위한 봉사에 투신함으로써 자신의 참된 운명을 성취하도록 하기 위해서 그 사람을 다른 사람들로부터 분리한다. 거짓 독거는 한 사람을 그의 형제들로부터 분리하여, 그가 그들에게 아무것도 효과적으로 주지 못 하게 하며 그들로부터 아무것도 받을 수 없게 만든다.[28]

이 책을 출판하고 나서 2년 뒤, 머튼은 자신이 루이빌을 여행할 때

---

27) Ibid., 329-30.
28) Thomas Merton, *No Man is an Island* (New York: Harcourt, Brace, and Jovanovich, 1955), 248.

의 그럴듯한 자기-고립의 시기에 겪은 "각성"의 경험을 일지에 기록했다.

　　루이빌의 상업 지구의 중심가에서, 갑자기 내가 그곳에 있는 모든 사람을 사랑한다는 것을 깨달았다. 그들은 내 사람이고 나는 그들의 사람이라는 것, 비록 우리는 완전히 낯선 사람들이지만 서로에 대해 소외될 수 없다는 것을 깨달았다. 마치 하나의 특별한 세상, 거룩하다고 가정된 세상에서의 그럴듯한 자기-고립, 분리, 포기의 꿈에서 깨어나는 것 같았다. 고립된 거룩한 생존이라는 것은 완전히 망상이었다. 그렇다고 해서 내가 자신의 소명이나 수도 생활의 실체에 대해서 의심을 품은 것은 아니다. 그러나 수도원 안에서 우리가 소유하는바 "세상으로부터의 분리"라는 개념은 자체를 하나의 완전한 망상으로 제시하기 쉽다. 즉 우리가 서원함으로써 특별한 인종, 천사 같은 사람, 신령한 사람, 내면생활의 사람이 된다는 망상을 제시한다.
　이처럼 망상에서 해방되었다는 의식이 큰 기쁨과 안도감을 주었기 때문에, 나는 큰 소리를 내어 웃었다. …내가 16년, 혹은 17년 동안 우리 수도사들의 생각 속에 암암리에 들어 있는 이 망상을 심각하게 받아들여 오고 있었음을 생각해 보라.
　비록 인류가 많은 어리석은 일에 몰두하고 무서운 잘못을 범하기도 하지만, 인류가 하나가 된다는 것은 영광스러운 운명이다. 그러나 하나님께서는 우리와 같이 인간이 되심으로써 자신을 영화롭게 하셨다. 한 인간이 되신 것이다! 갑자기 이 평범한 깨달음은 우

주적 경마에서 승리의 마권을 가지고 있다는 소식처럼 들렸다.[29]

머튼은 마침내 하나님께서 지으신 세상을 결점이 있는 그대로 받아들일 수 있을 만큼 성숙하고 성장했다.[30]

기독교인이 도달하는 성숙 차원의 가장 훌륭한 지표는 사회적 책임감일 것이다. 수백 년 동안, 성도들은 마태복음 25장 31-46절에 기록된바 예수님의 의로운 나라 비유를 주된 지침으로 의지해왔다. 마태의 주된 주제는 의로운 나라, 겉으로 드러난 성품에 의해 증명되는 내적인 선(좋은 나무는 좋은 열매를 맺는다는 것—마 7:17-20); 입으로만 "주여, 주여"(마 7:21-23) 하는 것이 아니라 하나님의 뜻을 행하는 사람들; 그리고 비유에서 배고픈 사람들에게 먹을 것을 주고 목마른 사람에게 마실 것을 주고 벗은 자에게 옷을 입히고 병자와 갇힌 자를 찾아가 위로해 주며 나그네를 영접하는 선한 사람들이다. 성숙한 믿음을 가진 사람들은 본질상 그런 사람이기 때문에 자아를 의식하지 않고 옳은 일을 행할 것이다. 그들이 왕을 위해서 이러한 일을 행했기 때문에 왕은 그들을 초대했는데, 그들은 "우리가 어느 때에 주의 주리신 것을 보고 공궤하였으며 목 마르신 것을 보고 마시게 하셨

---

29) Thomas Merton, *Conjectures of a Guilty Bystander* (Garden City, N.Y.: Image Books, 1968), 156-57.

30) See E. Glenn Hinson, "Contemptus Mundi-Amor Mundi: Merton's Progression from World Denial to World Affirmation," *Cistercian Studies* 26 (1991):339-49.

나이까?"라고 말씀드렸다. 왕은 그들에게 "진실로 너희에게 이르노니 너희가 여기 내 형제 중에 지극히 작은 자 하나에게 한 것이 곧 내게 한 것이니라"(마 25:40)라고 말씀하셨다. 영적으로 성숙한 사람들이 볼 때는 모든 사람이 다 그리스도이다!

자연을 잔인하게 손상하며 낭비한 결과 세계 온난화 현상이 일어난 것처럼, 지구에 돌이킬 수 없는 피해를 주거나 피할 수도 있는 희생을 감수해야 하는 문화와 기술 문명 시대에 사는 우리 현대 기독교인이 해야 할 중요한 일은 하나님의 세상에 대해 책임감을 느끼는 일이다. 오늘날 많은 사람은 그런 사람을 지독하게 순진하거나 단순한 사람이라고 생각할 것이다.

그러나 아씨시의 프란시스는 올바른 방향을 지적했다. 그는 자연을 바라보면서 "형제 태양", "자매 달", "어머니 지구", 공기, 바람, 물 등 우리 왕이신 하나님의 피조물로 인해 하나님을 찬양했다.

18세기에 활동한 미국의 퀘이커교도 존 울먼(John Woolman)은 우리가 보이지 않는 하나님을 사랑한다고 하면서 동시에 하나님의 생명이나 하나님으로부터 유래된 생명에 의해 기동하는 하찮은 피조물을 무자비하게 대하는 것은 모순이라는 "원리"를 발견했다.[31]

테이야르 데 샤르뎅은 프란시스와 같은 뜻을 가졌지만 보다 현학적인 방법으로 "창조와 성육신 덕분에, 이 세상에 있는 것을 보는 방

---

31) John Woolman, *The Journal of John Woolman* (New York: Corinth Books, 1961), 8.

법을 아는 사람들이 볼 때는 더럽혀진 것이 하나도 없다"[32]고 주장했다.

영적 성숙은 모든 사물과 모든 사람 안에 있는 하나님의 현존에 대해 예민하고 민감하고 성실하게 되는 것과 관련되어야 한다. 여기에는 표면적인 것을 초월한 영원한 시간을 바라보는 법을 배우는 것이 포함된다. 몰트비 뱁콕(Maltbie D. Babcock)은 이러한 하나님 현존의 자극을 받아 다음과 같은 글을 썼다.

이 세상은 내 아버지의 세상입니다.
내 귀에는 모든 자연이 노래하는 소리가 들려옵니다.
내 주위에는 하늘의 음악 소리가 감돕니다.

제도적인 차원

많은 사람, 특히 베이비 붐 세대와 X세대는 영성의 건강이 제도적 헌신이나 관여에 달려 있느냐고 묻는다. 베이비 붐 세대는 교회로부터의 "종교적 혹사"(religious abuse)에 대해 불평을 하며, 앞에서 지적한 것처럼 영성과 공동체에 대한 강한 관심을 나타내면서도 "종교"(religion), 즉 믿음의 제도적인 표현에 대해서는 강한 혐오감을 가

---

[32] Teilhard de Chardin, *Le Milieu Divin: An Essay On the Interior Life* (London: Fountain Books, 1962), 66.

지고 있다.

많은 신학생은 지방 교회에서 목회 사역을 꺼린다. 이러한 세대의 다수가 지금까지 참석해온 교회들은 제도적으로 볼 때 하나님께서 교회에 행하라고 하신 일, 즉 하나님 사랑과 이웃 사랑을 증대할 준비를 제대로 하고 있지 못한 듯하다. 제도들이 없으면, 크리스천들은 더욱 신령하며, 하나님에 대한 헌신의 삶을 살 수 없지 않을까?

이것은 새로운 질문이 아니다. 기독교 역사에서 이 질문은 1960년대 이후처럼 급박하게 제기되지는 않았지만 되풀이해서 제기되어온 질문이다. 그렇다면, 로마 가톨릭교회가 자기의 모던주의 친구들을 공격하는 것을 본 가톨릭 신자 휘겔이 제도적인 것의 중요성을 그처럼 강조하려 한 이유는 무엇이었을까? 교회는 휘겔과 막역한 사이였던 조지 티렐(George Tyrell)을 가톨릭교회 공동묘지에 매장하는 것조차도 금지했다. 그리하여 티렐은 성공회 교회 묘지에 묻혔다.[33] 그렇다면, 월남 전쟁 때에 평화에 대한 토마스 머튼의 저술을 출판하는 일을 가톨릭 주교 협의회가 금지했는데도, 토마스 머튼이 가톨릭교회 안에 머물러 있으려 한 이유는 무엇이었을까? 겟세마네 수도원의 원장 제임스 팍스(James Fox)가 머튼에게 분명히 부당하다고 생각되는 제한을 가했을 때, 머튼이 복종한 이유는 무엇이었을까?[34]

---

33) David G. Schultenover, S.J., *George Tyrrell in Search of Catholiticism* (Shepherdstown: Patmos Press, 1981), 356.

34) See Thomas Merton, *A Vow of Conversation: Journals* 1964-1965 (New

이러한 질문에 대한 대답은 상당히 복합적이지만, 이 논의에 적절한 두 가지 요인이 두드러지게 나타난다. 첫째, 휘겔과 토마스 머튼은 영성 생활의 닻을 견고한 전통에 내리는 일의 중요성을 알고 있었다. 종교에 있어서 최신 유행을 따르는 일만큼 믿음을 약하게 만드는 일은 없으며, 전통에 의해서 표식이 잘 되어 있는 길을 따라가는 것만큼 믿음을 튼튼하게 해주는 것도 없다. 휘겔과 머튼은 "비인습적인 전통주의자"라고 할 수 있다. 머튼이 정의한 것처럼, 전통(tradition)은 핵심이요, 인습(convention)은 표면적인 것이다. 전통은 알맹이요, 인습은 껍질이다. 인습은 무시할 수 있지만, 전통에는 충실해야 한다.[35]

비국교파 교회(Free Church) 전통의 유명한 대표자인 더글러스 스티어도 역시 전통을 강조하였다. 다른 비국교파 교회 집단들과 마찬가지로, 퀘이커 교도들은 스스로를 관상적 전통 속에 내린 뿌리로부터 단절하는 경향을 가지고 있다. 『프리드리히 폰 휘겔 남작의 종교 철학 내의 비판적 현실주의』에 관해 박사 학위 논문을 저술하였고, 『영적 권고와 휘겔 남작의 편지들』을 출판한 더글러스 스티어는 퀘이커 교도들이 기독교적 흐름과 연관되어 있음을 상기시켜 주려고 노력했다. 그는 예수님에 대한 퀘이커 교도들의 관계에 대해서 어느 스웨덴

York: Farrar, Straus and Giroux, 1988), 147-48.
35) 머튼이 강조한 것에 대해서는, E. Glenn Hinson, "The Catholicizing of Contemplation: Thomas Merton's Place in the Church's Prayer Life," *Perspectives in Religious Studies* 1 (Spring 1974): 66-84를 보라.

친구에게 편지하면서, 그들에게 문제가 있음을 인정하였고, 계속해서 다음과 같이 말했다.

> 내가 보건대, 프렌드 교회(Society of Friends)는 기독교적 흐름 안에 있으며, 또 그 안에 머물러 있어야 한다. 이것은 퀘이커 교도들은 끊임없이 성경, 특히 복음서를 읽어야 하며 자신의 내적 체험과 교차해야 한다는 뜻이다. 도로시와 나는 매일 아침 성경을 읽으려고 노력한다. 아프리카인이 그의 선교 지도자에게 "선생님, 내가 성경을 읽고 있는 것이 아니라 성경이 나를 읽고 있습니다!"라고 말했듯이, 그것은 좋은 일이다.[36]

전통의 중요성 외에 이 사람들은 모두 공동체에는 제도가 필요하다고 인정했다. 물론 휘겔과 머튼은 가톨릭 신자로서 미사를 소중히 여겼고, 퀘이커 교도인 스티어는 그렇지 못했다. 머튼은 가톨릭교회의 미사를 선호했다. 그러나 더글러스 스티어는 집회를 강조했다. 우리에게는 예배를 위한 모임으로 가장 심오하게 표현되는 공동체가 필요하다.

더글러스 스티어는 『침묵으로부터 말하기』(*Speaking out of the Silence*)라는 제목의 작은 책에서 케이커 교도들은 "항상 그들이 부분적으로만 의미를 파악하는 어떤 일이 진행되고 있으며, 그것에 보다 깊이 접촉하기를 원하기 때문에" 침묵으로 모임에 참석한다고 설명했다.

---

36) Douglas V. Steere, *Letter to Steven Ryberg*, April 2, 1973; in E. Glenn Hinson, *Love at the Heart of Things*, 258.

그들은 "자신이 처한 상황에 적합한 행동에 의해서 질문된 것을 식별하는 데 이 커뮤니케이션이 도움이 될 것인지를 의심하기 때문에, 그리고 이 일을 수행하기 위한 능력이 강화되어야 하기 때문에"[37] 모임에 참석한다. 기대되는 결과는 복종과 충성이다. 그는 퀘이커 교도들이 "하나님, 어느 범위까지 당신의 뜻대로 행하도록 가르쳐 주십시오"라고 기도하는 것을 책망했다. 하나님에 대해 개방된 삶은 순종―"소명 의식, 결단력 있는 삶, 원리에 복종함, 거룩한 복종이나 헌신, 하나님 임재 안에서 실천하는 삶"[38]―을 낳아야 한다.

기독교 역사상 모든 시대의 성도들은 교회 제도들의 심각한 결점과 약점을 인식해 왔다. 오늘날 우리는 그런 것을 제도적인 악이요 악마적인 구조라고 말한다. 동시에 기독교는 세상의 모든 종교가 최고의 제도라는 것, 그리고 우리에게는 삶에 질서와 의미를 부여해 주며 우리가 믿음이 요구하는 것을 성취할 수 있게 해주는 구조가 필요하다는 것을 인식해야 한다. "무감각한 부동성"(dead immobilism: 사람들이 코를 벌이지 못하게 하고 날개를 움직이지 못하게 짓누르는 막중하고 비인간적인 힘의 압박)[39]을 가장 크게 비난한 사람은 토마스 머튼이다. 그는 종교 생활을 하는 동안 내내 "스스로 부과한 편견

---

37) Douglas V. Steere, *On Speaking Out of the Silence*, Pendle Hill Pamphlet 182 (Wallingford, Pa.: Pendle Hill Publications, 1972), 6.

38) Douglas V. Steere, *The Open Life* (Philadelphia: Book Committee of the Religious Society of Friends, 1937), 4.

39) Thomas Merton, *Conjectures of a Guilty Bystander*, 228.

이 없이 보고 들을 자유"[40]를 위해 싸웠다. 그러나 토마스 머튼은 자신의 종교적 발달 안에 구조들이 필요하다는 것도 깨달았다. 그렇기 때문에 머튼이 죽었을 때, 제임스 폭스 수도원장은 머튼은 자신이 데리고 있었던 중에 "가장 말썽꾸러기" 수도사인 동시에 "가장 순종하는" 수도사였다고 말할 수 있었다.[41]

머튼은 죽기 얼마 전에 루이빌의 병원에서 지내는 동안 어느 간호사와 사랑에 빠졌다. 그는 친구들의 도움을 받아, 비밀리에 그녀를 만났다. 그는 연애편지와 시를 썼고, 전화로 그녀와 이야기를 했다. 겟세마네 수도원에서는 그 사실을 한동안 알지 못했다. 그런데 어느 날 새벽 2시쯤, 어느 수도사가 전화 교환대에 불이 들어와 있는 것을 보고서 수화기를 들었다가 머튼이 친구와 나누는 통화 내용을 엿듣게 되었다. 순종의 서원을 한 그였기에, 그는 수도원장에게 이 사실을 보고했다. 수도원장은 즉시 머튼에게 그 일을 중지하라고 명령했고, 머튼은 그 명령에 순종했다.

이것을 우리가 때로는 예언적 입장을 취하여 조직과 힘에 맞서야 한다는 사실을 간과한 것으로 해석해서는 안 된다. 예언자들은 고대 이스라엘의 타락한 의식과 예식을 공격했다. 예수님은 그 시대의 중

---

40) So James Forest, "The Gift of Merton," *Commonweal*, January 10, 1969, 465.

41) Quoted by Charles Dumont, "A Contemplative at the Heart of the World: Thomas Merton," *Lumen* 24(1969):634.

요한 조직인 성전과 율법을 위협했기 때문에 십자가 처형을 당하셨다. 제자들은 예수님의 저항을 더 진전시켰다.

평화로운 시대의 수도사들은 사막으로 들어가서 교회의 타락을 증거했다. 교회사를 통해서 보면, 여기저기서 개혁자들이 항의를 제기하곤 했다. 세상에는 항상 하나님의 말씀을 위한 자유, 사람이 아니라 하나님께 순종해야 한다는 긴박한 문제가 존재한다(행 4:19). 이것은 우리를 이 장의 중심 주제, 즉 영성에서의 균형의 중요성으로 돌아가게 해준다. 한두 개의 다리로 서지 말고 네 다리로 서서 영성 생활을 유지하라. 건전한 영성에는 경험적 차원, 지적 차원, 사회적 차원, 제도적 차원이 모두 중요하다.

제7장

영성(靈性)과 성(性)

성(性)은 영성을 위한 중요한 문제를 제기한다. 과거에는 영성과 관련하여 성을 부정적인 시각으로 바라보곤 했다. 성 때문에 사람이 하나님에 대한 헌신에서 벗어날 수도 있다. 그러나 오늘날 우리는 자신이 성적인 존재라는 것, 그리고 우리의 성은 하나님과 사람들과 주위 세상과의 관계에서 중요한 의미가 있다는 것을 깨달아야 한다. 이 장에서는 기독교 지도자가 영적 준비를 하는 일과 관련하여 성과 영성에 관한 세 가지 질문을 언급하려 한다. 성은 우리와 하나님과의 관계에 어떻게 영향을 미치는가? 성은 우리와 사람들의 관계에 어떻게 영향을 미치는가? 성은 영성에 어떻게 기여하는가?

성, 그리고 우리와 하나님의 관계

하나님과 우리의 관계에 성이 어떻게 영향을 미치는지에 관한 질문에 대한 대답은 매우 다양하다.

하나님과의 친밀성을 방해하는 장애물로 간주되는 성

제롬(420년 사망)과 힙포의 어거스틴(354-430) 시대 이후로 강력하게 지지를 받아온 전통적인 견해는, 성은 하나님에 대한 헌신에 방해가 되며 참된 헌신을 하려면 독신생활이 필요하다는 것이었다.

일찍부터 기독교 지도자들은 성을 더러운 것 또는 하나님과의 언약을 새롭게 하거나 강화하는 사람들의 관심을 빗나가게 하는 것으로 간주했기 때문에, 성찬 전에는 성관계를 금했다. 이것은 역시 성찬을 받지 못하는 이유였던 월경에 관한 전통과 병행했다.

2세기 말부터, 기독교인들은 성은 단지 생식을 위해서만 사용되어야 한다는 견해를 개진했다. 로마 사회에 널리 퍼져 있던 상대를 가리지 않고 행하는 난잡한 성행위가 이 견해 형성에 영향을 주었다.

초기 기독교 이원론자들은 무절제한 방탕이나 독신생활 중 한 가지 방향에서 육체를 부정적으로 다루었는데, 이 둘 다 육체에 대한 멸시를 나타내는 것이었다. 오직 생식만을 위한 성이라는 사상을 처음으로 개진한 인물인 알렉산드리아의 클레멘트(ca. 160-211/16)[1]는 다른 영지주의자들의 과격한 이원론을 지지하지는 않았지만, 그들과의 교분을 유지했다.

그의 제자인 오리겐도 그러했다. 오리겐은 "천국을 위하여 고자"(마 19:12)가 되기 위해서 스스로를 거세했다. 오직 생식의 목적을 위한 성

---

1) Clement of Alexandria, *The Instructor* 3.10.

이라는 사상은 로마 가톨릭교회의 공식적인 가르침이 되었고, 계속 그렇게 유지되어 왔다.

처음 몇 세기 동안 교회 사상가들은 동정(童貞)의 지위를 들어 올렸다. 카르타고의 터툴리안(ca. 160-225)은 덕목의 순서를 다음과 같이 열거했다: 날 때부터의 동정, 새로운 탄생 때부터의 동정, 결혼 생활에서의 절제, 결혼생활에서의 충실.[2]

3세기 말 이후 금욕주의가 더욱 깊이 뿌리를 내리면서, 수도사들이 기독교적 삶의 탁월한 모범이 되었다. 기독교 지도자들은 동정을 헌신의 필수적인 요소로 강조했다.

401년에 교황 이노센트 1세는 동정을 수도사들은 물론 성직자들도 지켜야 할 "명백한 규칙"으로 선포했다.[3] 한편, 제롬과 어거스틴은 참된 헌신, 특히 기독교 지도자들의 헌신은 성을 부인하는 데 달려 있다는 확신을 뒷받침하기 위한 글을 썼다.

제롬은 그 문제를 하나의 운동(crusade)으로 전환했다. 로마에 있는 펠라기우스 친구들의 지원을 받은 조비니안(Jovinian)이라는 수도사가 독신생활이 충실한 결혼생활보다 우월한 것이 아니라는 주장을 폈다. 조비니안이 그러한 주장에 의해서 동정을 비방하려 한다고 생각한 제롬은, 『조비니안을 반박하여』(*Against Jovinian*)라는 제목의 신랄한 반박문을 통해서 반대의 견해를 개진했다.

---

2) Tertullian, *Exhortation to Chastity* 1.1.

3) Innocent I, *Epistle 2*.

거의 동시에 제롬은 성모 마리아는 영구적으로 동정녀였던 것이 아니며, 예수 외에 다른 자녀들을 낳았다고 주장한 헬비디우스를 강력하게 반박했다. 제롬은 성경에 예수의 "형제들"로 언급된 사람들은 실제로는 사촌들이었다고 기록했다.[4] 현대 학계에서는 헬비디우스를 지지하려 하겠지만, 제롬은 서방 역사상 가장 영향력 있는 사상가 힙포의 어거스틴의 지지를 받고 있었다.

어거스틴은 초년에는 성적 충동을 억제하려고 애를 썼다. 그는 18세 때 어느 여인과 성관계를 했는데, 그의 저술 어디에서도 그 여인의 이름을 언급하지 않았다. 그 여인은 아들을 낳았고, 어거스틴은 아들의 이름을 아데오다투스(Adeodatus), 즉 "하나님이 주신 자"라고 불렀다. 당시 어거스틴은 부분적으로는 악에 대한 마니교의 설명이 이 문제에 대한 그의 예민한 양심을 달래 주었기 때문에 이원론자인 마니교에 합류했다. 마니교도들은 악을 하나의 유형적인 실체, 인간 본성에 추가된 부가물이라고 생각했다. 그들의 설명에 따르면, 그가 성적 충동을 억제하지 못한 것은 바로 그 부가물 때문이었다. 그들의 추론에 따르면, 어거스틴은 억제할 수 없기 때문에 그런 식으로 행동했다. 어거스틴의 회심에는 정욕으로부터의 해방이 포함되었다.

그는 『고백록』에서 밀란 외곽에 있는 별장인 카시키아쿰에 함께 간 몇 명의 동료들과의 교제를 통해서 얻은 좋은 결과들을 생생하게 묘

---

[4] Jerome, *Against Helvidius* 11-19.

사했다. 어거스틴은 폰티키아누스(Ponticianus)로부터 이집트의 안토니가 예수님께서 부자 청년에게 가르쳐주신 대로 예수님을 따르기 위해 모든 소유를 포기했다는 이야기를 듣고서 약혼녀를 버리고 은수사의 삶을 택한 로마의 두 젊은 귀족의 이야기를 들었다. 이 이야기를 들으면서 어거스틴은 위기를 느꼈다. 그는 이렇게 고백했다.

> "주님, 내가 보고 싶지 않아서 숨어 있던 나 자신을 당신께서는 끌어내시어 내 면전에 세워 주심으로써, 나 자신이 얼마나 악하고, 얼마나 비틀리고 사악하며, 허물이 많고 타락했는지를 보게 해 주셨습니다. 자신의 모습을 보면서 나는 크게 무서웠습니다. 나 자신에게서 도망칠 곳이 없었습니다."[5]

그가 도망칠 길을 찾으려고 노력할 때마다, 폰티키아누스는 계속 그 이야기를 해 주었다. 기진맥진한 어거스틴은 동산의 다른 곳으로 가서, 성경을 읽으려 했다. 그렇지만 마음의 동요는 더욱 심해졌다. 그는 성경책을 내던져 버리고 더 한적한 곳으로 가려 했다. 마침 그곳에서 아이들이 놀이를 하면서 "들고 읽어라. 들고 읽어라"고 말하는 소리가 들려왔다. 어거스틴은 이것을 하나님의 음성이라고 이해하고서, 서둘러 성경책을 던져 버린 곳으로 놀아갔다. 성경책은 로마서 13장 13-14절이 펼쳐져 있었다.

---

[5] Augustine, *Confessions* 8.7.16, in *The Confessions of St, Augustine*, ed. John Gibb and William Montgomery, Cambridge Patristic Texts (New York and London: Garland Publishing, 1980), 219.

"낮에와 같이 단정히 행하고 방탕하거나 술 취하지 말며 음란하거나 호색하지 말며 다투거나 시기하지 말고 오직 주 예수 그리스도로 옷 입고 정욕을 위하여 육신의 일을 도모하지 말라"(롬 13:13-14).

"음란"이라는 단어가 어거스틴의 마음 깊은 곳을 찔렀다. 그 순간 이후로, 어거스틴, 그리고 기독교적 삶에서 그의 지도를 따른 세대들은 거룩한 순종, 특히 성직자들의 순종과 성의 기피를 밀접하게 연결 지었다. 이 장 뒷부분에서 독신생활을 한 수도사들의 하나님 체험을 해석하기 위해서 아가서를 이용한 아이러니를 살펴볼 작정이다.

이웃 사랑을 통한 하나님 사랑

그러나 이 시점에서 우리는 앞에서 제시한 것보다 건전한 대안이 있는지 질문해 보아야 한다. 성이 헌신의 도구를 표현하거나 그러한 도구로 사용될 수 있을까? 우리가 다른 사람을 사랑함을 통해서 하나님을 사랑할 수 있을까? 아니면 하나님께 헌신하려면 사람들과의 친밀한 교제를 버려야 하는가?

만일 우리가 성을 주로 육체적인 결합 행위로만 생각한다면, 이러한 질문에 대해 부정적인 면에 설 가능성이 있다. 종류를 불문하고 이기적인 탐닉은 하나님과의 관계에 방해가 된다. 그러나 만일 사람들을 우정 안에 결합해 주는 사랑의 맥락 안에서 그것을 바라본다면, 수도원에서 아가서를 사용한 것을 어느 정도 이해할 수 있을 것이다. 12세기 시토회 수도사인 리보의 아엘레드(Aelred of Rievaulx)는 『영적 우정」(spiritual Friendship)이라는 훌륭한 책을 저술했는데, 그 책이 여기에 제시한 경우에 도움이 될 것이다. 아엘레드는 성에 초점을 두지는 않았지만, 우정을 하나님의 선물로 간주했다. 하나님은 사랑이시며, 따라서 사람들이 서로에게 끌리는 모든 형태로 자신을 계시하시지만, 특히 영적 우정의 형태로 계시하신다. 평등, 상호성, 개방성 등은 모두 그러한 우정의 표식이다. 대부분의 수도사는 결혼이 신비 체험에 방해가 된다고 생각했지만, 아엘레드의 견해에 의하면 "영적 우정은 가장 직접적인 하나님 체험의 본보기요 그 목표를 획득하는 방법이었다."[6]

논리적인 다음 단계는 우리가 사람들을 사랑함을 통해서 하나님을 사랑할 수 있다는 사실을 깨닫는 것이다. 만일 우리의 목표가 행하는 모든 일 안에서 하나님을 사랑하는 데 있다면, 이기심이 없이 순수하고 깊이 있게 사람을 사랑하는 것은 우리가 현세에서 소유할 수 있는 하나님 체험에 근접한 것이 될 것이다. 그러므로 친밀한 하나님 체험을 해석하는 데 도움을 받기 위해서 아가서를 의지한 것은 그리 놀라운 일이 아니다.

우상이 아닌 성

그러나 "이기심이 없이" "순수하게" "깊이 있게" 등의 부사를 강

---

[6] Bernard McGinn, *The Growth of Mysticism* (New York: Crossroad Publishing, 1996), 318.

조할 필요는 없다. 우리는 이기주의, 방종, 자기중심 등을 장려하는 문화 속에 살고 있다. 이 문화는 그 제품들을 판매하고 우선권을 확보하기 위해서 성을 사용한다. 그것은 성을 인간이 다른 사람을 위해 소유하는 최고 형태의 사랑의 표현으로 보기보다는 성 자체를 목적으로 장려함으로써 성을 왜곡시키고 품위를 격하시킨다.

이 때문에 다른 일들—음식, 의복, 마실 것, 혹은 여러 종류의 쾌락—에 있어서와 마찬가지로, 성과 관련해서도 훈련이 필요하다. 성이 우상이 되어서는 안 된다. 우리는 하나님 대신에 성을 섬기지 않는다. 우리가 친밀한 우정으로부터 아무리 큰 즐거움을 끌어낸다 해도, 그것은 사랑이신 하나님 안에서, 하나님에 유지되고 그에 의해서 거룩하게 된 우정의 즐거움만큼 클 수는 없다.

영성과 인간 관계의 성적 측면

영성은 우리의 대인관계의 성적인 측면에 긍정적인 영향을 줄 수 있으며, 또 그래야 한다. 건전한 영성 생활은 우리를 예민하고 민감하게 하여 성의 남용을 피하며, 옳지 않은 행동과 태도를 줄이고 성적 순결을 보존하게 해 주어야 한다. 영성의 중심에 있는 것은 영성 훈련이나 영적인 방법이 아니라, 속사람을 개방하여 "지식과 모든 총명"(빌 1:9) 안에서 하나님의 사랑을 증가하게 하는 것이다. 하나님의 사랑은 인간의 노력하는 분량에 따라 역사하는 것이 아니다.

영성과 성적 학대의 문제

오늘날 미국 사회 전반에서 그렇듯이, 성적 학대와 괴롭힘은 기독교 지도자들에게서도 문제가 되고 있다. 로마 가톨릭교회는 널리 알려진 몇 가지 사례로 인해 큰 대가를 치렀다.

매사추세츠 주에서는 전에 가톨릭교회 사제였던 사람이 30년 전에 수십 명의 어린이를 성적으로 능욕한 죄가 인정되었다.[7] 뉴 멕시코 주의 가톨릭교회 조정 센터는 역시 과거에 사제였던 사람에게 성적 학대를 받았다고 주장한 25명에게 수백만 불을 지불하기로 타협했다.[8]

달라스 주의 가톨릭 주교 관구는 한 사제의 성적 학대를 덮어두려 한 일로 인해 1,196백만 불의 소송에서 패배했다.[9]

이와 같은 추문들이 널리 알려지게 된 것은 독신제도와 관련한 전통적인 교훈에 대한 반응 때문이다. 개신교 목회자들도 마찬가지로 추잡한 소문에 연루되어 있는데, 거기에는 텔레비전에 출연하는 순회 복음전도자들이나 감리교 감독들도 포함되어 있다.

어떤 사람들은 오늘날 성적 학대에 대한 소문이 흔해졌기 때문에,

---

7) "Ex-Priest Pleads Guilty," *The Washington Post*, November 6, 1993.
8) "Settlement for Ex-Priest's Accusers," *The Washington Post*, November, 12, 1993.
9) "Priest Enters Guilty Plea in 3 Sex-Abuse Charges," *The Richmond Times-Dispatch*, March 25, 1998.

성적인 학대가 전보다 더 공공연하게 발생되는 새로운 문제가 되었다고 가정한다. 그러나 실상은 그렇지 않다. 현대의 어떤 태도 때문에 성적 학대의 길이 열렸는지 모르지만, 지난 반세기 동안의 개방성 때문에 학대받은 사람들은 과거에는 말할 수 없었던 일들에 대해 말할 수 있는 용기를 얻었다.

한편, 성적 학대가 증가함에 따라 입법자들은 어린이들과 여인들을 보호하기 위한 법을 통과시켰다. 판사들은 성적 범죄에 대해서 더욱 가혹하고 엄격한 선고를 내린다. 다른 상담자들은 물론이요, 성직자들도 가상의 성직자인 엘머 갠트리(Elmer Gantry)가 처벌에 대한 두려움이 없이 거듭 악습, 괴롭힘, 성적 학대 등의 죄를 범했다는 비난을 받고 있음을 발견한다.

그러나 이 문제의 해결은 더욱 엄격한 법을 제정하거나 가혹하게 시행하는 데 있는 것이 아니라, 사람들을 변화시켜 다른 사람들을 성적으로 학대하거나 괴롭히지 않게 만드는 데 있다.

영성, 그리고 사람들에게 대한 동정

영성 형성(spiritual formation)이 도움이 될 수 있다. 영성 형성을 실천하면, 다른 사람 하나하나에 더욱 예민해진다.

사도 바울은 데살로니가전서 4장 3-8절에서 남편들에게 아내를 성적 만족의 대상이 아니라 인격체로 대하라고 교훈하면서 서방의 사회사에 새로운 장을 열었다. 여기에서 바울의 요지는 남편은 아내를 창녀처럼 대해서는 안 된다는 것이다.

영어 성경 RSV와 NRSV는 바울의 의도를 제대로 전달하지 못하고 있다. 청교도들의 정숙함 때문에 두 번역본에 문제가 생긴 것이다. 문제는 "자신을 위해 아내를 취하는 법"도 아니고 "자기 몸을 통제하는 법"도 아니다. 정확하게 표현하자면 "하나님의 뜻은 너희의 순결, 즉 성적인 방탕을 피하는 것이다. 남편들은 하나님을 알지 못하는 이 방인들처럼 무절제한 정욕으로 아내를 대해서는 안 된다는 것을 알고 있다. 또한 앞에서 증거한 것처럼 분수를 넘어서 형제의 아내를 탐해서는 안 된다는 것도 알고 있다. 하나님께서는 우리를 부정함이 아니라 정결하라고 부르셨다"이다.

기독교 역사가 2천 년에 이른 오늘 이 시대에는 이것이 분명한 주장으로 보이지만, 바울 시대 사람들의 입장에서 보면 이러한 평등은 분명하지 못했다. 유대교나 그레코-로마 세계에서는 여자들은 인격체로 취급되지 않았다. 유대교에서는, 아내는 남편의 재산이었다. 남편은 어떤 이유든 아내와 이혼할 수 있었지만, 아내는 어떤 이유에서든 남편과 이혼할 수 없었다.[10]

유명한 그리스 철학자 아리스토텔레스는 여자는 선천적으로 남자보다 열등하다고 선언했다.[11] 로마의 상류 사회의 여자들은 재산 소

---

10) Mishnah. *Yebamot* 5.1-6.

11) Aristotle, *History of Animals* 9.1. 그는 *Politics*에서 노예보다 우월한 자유인의 권위, 그리고 여자나 어린이들보다 우선하는 남자들의 권위를 주장했다: "노예는 전혀 사려 깊은 기능을 가지고 있지 못하다. 여인은 그러한 기능은 있지만 권위를 소유하지 못하며, 어린이들은 그것을 소유하고 있지

유권과 같은 권리는 소유했지만, 하류층의 여인들은 그러한 권리를 갖지 못했다.[12] 여기에서 바울은 아내를 정당하게 대하는 것을 기독교적 행동 유형의 꼭대기―"하나님의 뜻"―에 두었다. 남편은 간음해서는 안 되며, "각각 거룩함과 존귀함으로 자기의 아내 취할 줄을 알고 하나님을 모르는 이방인과 같이 색욕을 좇지 말라"(살전 4:3-5). 바울은 하나님의 심판에 대한 무서운 경고를 덧붙인다.

"하나님이 우리를 부르심은 부정하게 하심이 아니요 거룩하게 하심이니 그러므로 저버리는 자는 사람을 저버림이 아니요 너희에게 그의 성령을 주신 하나님을 저버림이니라"(살전 4:7-8).

베드로전서 3장 1-7절에서는 아내를 대하는 남편의 태도와 영성의 관계를 흥미롭게 다루었다. 현대인의 입장에서 보면, 그 본문의 내용은 그리 달갑지 않겠지만, 그 문화의 맥락과 우리 문화의 맥락에서 요지를 취할 수 있다.

남편들은 은혜로운 생명의 공동 상속자로서 아내를 귀히 여겨야 한다. 이는 "너희 기도가 막히지 아니하게 하려 함이라"(벧전 3:7). 아내를 정중하게 대하지 않는 남편은 사랑과 은혜의 하나님과 깊은 관계가 의미하는 것을 그다지 나타내지 못한다.

만 아직 미숙하다."

12) See Jerome Carcopino, *Daily Life in Ancient Rome*, ed. Henry T. Rowell, Trans. E. O. Lorimer (New York, Conn.: Yale University Press, 1940), 76-100.

셀윈(E. G. Selwyn)은 그의 주석에서 "인간 관계 중 가장 고귀하고 미묘한 관계에 대한 이해의 부족 때문에 마음의 완악해질 때, 기도로 표현되는 하나님과의 관계는 심각한 장애에 봉착한다"[13]고 평했다.

지금 언급하는 정중함은 성욕에만 적용되는 것이 아니라 전인(全人)에 적용된다. 현대 심리학 연구에 의해 증명된 것처럼, 성욕은 인간으로서의 우리의 본성에 속하는 것이며, 다른 사람들의 관계에서 그것을 무시할 수 없다.

성적 정체성을 무시하는 것은 곧 사람들을 학대하거나 학대받을 위험에 자신을 노출하는 것이다. 우리는 자신 생각과는 상관없이, 성적인 존재인 사람들과 관계를 갖는다.

영성과 성적인 정결

영성은 우리가 다른 사람들과 맺는 계약에 충실하는 것 및 성적인 정결에 대한 관심으로 표현된다. 포스트모던 시대는 성적 정결에 대한 전통적인 인식—오직 결혼한 남녀 간의 성—에 강력한 도전을 초래했다. 거의 완전한 효과가 있는 피임약이 그들을 대담하게 만들었다. 에이즈의 위협도 이러한 경향을 정지시키지 못했고, 오히려 "안전한 성"에 대한 관심을 증가시켰을 뿐이다.

더욱 논란이 되는 것은 동성 관계, 특히 그러한 관계가 사역에 적합

---

13) E. G. E G Selwyn, *The First Epistle of St. Peter* (London: McMillan, 1949), 188.

한가의 여부이다. 남침례교 총회와 같은 보수적인 교파에서는 동성애 부부들에게도 정상적인 부부와 동일한 작업 혜택을 부여한 디즈니 회사를 정죄하고 거부했다. 남침례교인들은 동성연애자들을 성직에 임명한다는 일은 생각지도 않는다. 보다 진보적인 교파에서는 그 문제가 그다지 간단하지 않고 불화를 야기한다는 것을 깨달았다.

개신교의 대표적인 교파들 중에서 United Church of Christ만이 공공연하게 동성연애자들을 사역에 받아들이고 있다. 감독교회,[14] 감리교회,[15] 장로교회[16] 등은 이 문제를 뜨겁게 논의하고 있지만 완벽하게 해결하지는 못했다. 일부 교파에서는 동성연애자라도 독신으로

---

[14] 감독교회는 동성연애자들의 안수 문제로 논의가 이루어져 왔다. 목회 후보자들은 동성애 행위나 혼외정사를 정죄하는 교회의 규칙을 따라야 한다는 기대에도 불구하고, 감독교회에서는 동성연애자들의 안수를 금하지 않았고, 일부 감독들은 그들에게 안수해주었다. "Washington Bishop Ordains lesbian as Priest," *Courier-Journal*, Lousville, Kentucky; June 6, 1991을 보라.

[15] 연합감리교회에서는 적극적인 동성연애자들에게 안수를 주지 않기를 결정했고, 교회는 25년 동안 그 문제로 싸움을 벌여오고 있다. 어느 감리교 목사는 두 여인이 서로 반지를 교환하고 서로에게 사랑을 서약하는 의식을 주도했는데, 연합감리교회의 질서와 규율에 불순종했다는 비난을 면치 못했다. (*Christian Century*, April 1, 1998, 335-37).

[16] 최근에 미국 장로교 총회에서는 동성연애사들의 안수 문제에 큰 관심을 기울였다. 1978년 이래로, 교회에서는 "스스로 동성연애자임을 인정하는 사람"에게는 안수를 하지 않는 정책을 추진해오고 있지만, 많은 장로 교인들은 과연 그 정책이 얼마나 구속력이 있을지 의심을 표하고 있다. John P. Burgess, "Sexuality, Mortality and the Presbyterian Debate" *Christian Century*, March 5, 1997, 246-49, and "Presbyterians Keep Gay Ministers Ban," *Richmond Times-Dispatch*, March 19, 1998.

생활하기로 동의하는 사람에게는 안수를 해주지만, 적극적인 성생활을 하는 사람들에게는 안수를 주지 않으려 한다.

여기에서는 이 곤란한 문제를 해결하려는 시도는 할 수 없지만, 영성은 이러한 갈등을 해소하는 데 필요한 몇 가지 관점을 제공해준다.

영성은 무엇보다도 하나님은 성적인 기호나 행위와 상관없이 모든 사람을 사랑하신다고 주장한다(하나님께서 사랑하신 다윗을 생각해 보라!). 우리는 신약성서에서 동성연애자보다 부자들이 더 자주, 더 무겁게 비난받은 것을 발견할 수 있다. 윤리적 목록에서 적극적인 동성연애에 적용된다고 생각할 수 있는 단어는 두 단어뿐이며(고전 6:9과 딤전 1:10의 "남색하는 자"), 그 의미에 대해서도 논란이 있다. 물론 하나님의 사랑의 용납을 모방하는 것보다 더 중요한 것은 없다. 만일 성적 기호가 학습된 것이 아니라 선천적인 것이라면, 전통적인 태도와 관습을 재고해야 할 것이다. 그런 경우에 동성연애자를 공격하는 것은 용납할 수 없다.

또한 영성은 겸손을 영성 생활의 출발점으로 삼는다. 우리와 하나님과의 관계에서 교만이나 독선보다 더 방해가 되는 것은 없다. 반면에, "하나님이여 불쌍히 여기소서 나는 죄인이로소이다"(눅 18:13)라고 탄원하는 것보다 더 하나님께 가까이 가는 길을 열어 주는 것도 없다.

누르시아의 베네딕트(Benedict of Nurcia)[17]와 클레르보의 버나드(Bernard of Clairvaux)[18]는 "겸손의 사다리"를 오르는 것이 하나님 사랑에 필요한 서곡이라고 보았다. 성경에서는 하나님 사랑과 이웃 사랑을 두 가지 위대한 계명으로 밝히고 있는데도, 어떤 사람들은 이상하게도 성을 절대적인 것으로 만들고 있다.

성을 향상해 주는 영성

여기에서 한 가지 사실을 덧붙여야 한다. 영적 성장과 발달은 사람들을 더 매력적으로 만들어주며, 정중함을 증가시켜줌으로써 이 지극히 친밀한 인간관계를 강화해준다. 이것을 이해하려면, 사람들의 매력을 감소시키는 것이 무엇인지를 물어야 한다. 물론 외모가 거기에 해당될 것이다. 머리 모양을 새롭게 하거나, 얼굴의 주름을 펴는 수술을 하거나, 새 옷을 입는 것이 자부심을 갖는 데 크게 도움이 될 수 있다.

인격도 나름의 역할을 한다. 부정적인 성품은 크게 상처입은 사람들로부터의 반응을 초래할 것이다. 부정적인 반응이 장기간 지속되

---

17) Benedict of Nursia, *Rule*: "그 사다리는 이 세상에서의 우리의 삶을 나타낸다. 우리 마음이 겸손해지면 우리 주님이 하늘을 향해 그 사다리를 세우신다."

18) Bernard of Clairvaux, The Steps of Humility and Pride 1.1: "방법은 겸손이고, 목표는 진리(Truth)이다. 전자는 노동이요, 후자는 상급이다." 버나드는 그 책 뒷부분(2.3)에서 "열심히 노력하여 정상에 이른 사람에게 진리가 주기로 약속한 상쾌함은 어떤 것일까? 아마 사랑이 아닐까?"라고 말한다.

면 자부심이 땅에 떨어질 수 있다. 그러나 최종적으로 자아상이 저급하면 타고난 매력이 흐려진다. 이것이 사실일진대, 우리 안에 있는 하나님 사랑의 성장은 우리를 그와 반대 방향으로 나아가게 하며 성을 포함하여 우리 존재의 모든 측면을 강화해줄 수 있을 것이다.

영성에 도움이 되는 성

 영성이 성에 도움을 주듯이, 성도 영성 생활을 이해하는 데 도움이 되어왔으며, 지금도 도움이 되고 있다. 이 말이 놀랍게 들릴지도 모르지만, 하나님과의 친밀함을 해석하기 위해서 결혼생활의 친밀함이라는 유비를 사용한 것, 그리고 하나님께 이야기하기 위해서 여성적인 표현과 심상을 사용한 것을 생각해 보라. 이 항목에서는 이것에 대해 말하려 한다. 나는 기본적인 성과 상관없이 이러한 유비들을 고려할 수 있다고는 생각하지 않는다.

결혼 신비주의(Braumystik) 전통
 기독교 신비주의의 두 가지 주된 전통 중 하나인 결혼 신비주의(Bridal Mysticism)에서는 하나님과 신자의 친밀한 관계를 해석하는 데 도움을 주기 위해서 신혼부부의 사랑의 밀회를 사용한다. 신랑과 신부의 사랑 만들기를 묘사하는 시인 아가서는 오리겐 시대(185-154)부터 이 이유를 뒷받침해주는 성경적 보증 역할을 해왔다. 표현과 비유가 충격적일 정도로 관능적이지만, 왜 이 유비가 심오한 종교적 체험을 한 사람들에게 호소력이 있는지, 또는 왜 그들이 그것을 "영화"(spiritualized)했는지 이해하기는 어렵지 않다. 연인들의 결합은 순수한 육체적 행위일 수는 없다. 절대 그렇지 않다. 그것은 인간의 가장 영적인 경험 중 하나이다.

워싱턴에 있는 웨슬리 신학교의 종교예술 센터의 예술 담당 과장이요 섬유예술가인 캐더린 캐피키안(Catherine Kapiian)은 유대인의 결혼식에서 사용하는 덮개에 사용하기 위해 도안한 섬유 문양에 이 점을 훌륭하게 표현했다.[19] 그녀는 그림 밑부분에는 아가서의 내용을 직역하여 묘사하고, 윗부분에서는 영적으로 해석하여 묘사했다. 남녀의 친밀함은 육적인 것이 동시에 영적이다. 거기에는 전인이 관여된다. 마음과 정신과 혼과 힘을 다하여 하나님을 사랑하는 것도 마찬가지이다.

오리겐은 『아가서 주석』(*Commentary on the Song of Songs*)에서 연인이 사랑하는 자에게 한 말을 두 가지 방법—그리스도께서 교회에 말씀하시는 것, 또는 각 영혼에 말씀하시는 것—으로 적용했다. 이런 점에서 대 그레고리(590~604년까지의 교황), 클레르보의 버나드, 세인트 티에리의 윌리엄(William of Saint-Tierry), 리처드 롤(Richard Rolle), 십자가의 요한 등은 오리겐을 따랐다. 그러나 그들은 개인적인 적용을

---

19) Kapikian의 작업에 대해서 알려면, Linda-Marie Delloff, "A Seminary" Artist in Residence: Cathy Kapikian's Faric of Faith," *Christian Century*, March 18-25, 1987, 267-71을 보라.

한층 강조했다. 그들의 표현은 때로는 마치 고대 연애소설처럼 들린다. 그러나 이 연애소설에서 그들은 하나님과 인간에 대해서 말하고 있다. 신부에게 구애하여 사랑을 얻는 연인은 하나님, 그리스도, 성령이시다. 신부는 사랑으로 불타고 있으며, 신랑과의 결합을 간절히 기다리고 있다.

버나드의 아름다운 찬송 "구주를 생각만 해도"는 영혼의 갈망 일부를 표현하고 있다.

> 구주를 생각만 해도 내 맘이 좋거든
> 주 얼굴 뵈올 때에야 얼마나 좋으랴
> 만민의 구주 예수여 귀하신 이름은
> 천지에 온갖 이름 중 비할 데 없도다
> 참 회개하는 자에게 소망이 되시고
> 구하고 찾는 자에게 기쁨이 되신다
> 예수의 넓은 사랑을 어찌 다 말하랴
> 그 사랑 받은 사람만 그 사랑 알도다.

14세기 영국의 신비가요 시인인 리처드 롤은 그 감정을 크게 강조했기 때문에, 월터 힐튼(Walter Hilton)은 『완전의 단계』(*Scale of Perfection*)에서 롤의 영향력에 직면한다고 느끼지 않을 수 없었다. 롤은 하나님에 대한 자신의 동경을 표현하기 위해서 관능적인 비유와 음악적 비유를 결합했다.

> 오, 내 사랑! 오, 나의 꿀! 오, 나의 하프!

당신은 종일 내 시편이 되며 사랑의 노래가 되십니다!
어느 때에 나의 슬픔을 고쳐 주시렵니까!
오, 내 마음의 뿌리시여,
어느 때에 오셔서
당신을 고대하는 내 영을 일으켜 주시렵니까?
당신의 반짝이는 아름다움 때문에
내가 상처를 입었습니다.
내가 느끼는 권태는 나를 놓아 주지 않습니다.
오히려 그것은 점점 더 커지며,
나에게 형벌을 가하고 싸움을 걸어옵니다.
나는 위로를 바랄 수 있으며 바야흐로 눈에 보일 것 같은
치료의 유일한 근원이신 당신에게 서둘러 갑니다.[20]

롤의 연애시들은 어떻게 보면 개신교에서 즐겨 부르는 찬송가 같기도 하다.

예수, 예수, 예수여,
나는 오랫동안 당신을 갈망합니다;
당신은 나의 삶이요 나의 생명이십니다.
내 사랑하는 예수여
당신은 나의 유일한 노래이십니다.
니는 기쁨으로 당신을 노래합니다;
나의 기쁨, 나의 노래가 되는 예수여,

---

20) Richard Rolle, *The Fire of Love and the Mending of Life*, trans. M. L. del Mastro (garden City, N.Y.: Image Books, 1981), 224.

나의 왕이시여,
언제나 내게 오시렵니까?[21]

유대교와 기독교에서 하나님을 말할 때 지배적으로 사용되는 남성형 표현과 비유를 대할 때, 모든 사람이 편안하게 생각하는 것은 아니다. 이스라엘 역사를 공부해 보면, 성경적 관점의 일부를 이해하는 데 도움이 된다. 고대 히브리인들은 가나안 종교의 여성 신들을 반박하기 위해 야웨의 남성다움을 강조했다. 가나안 종교의 주된 관심사는 다산(fertility)이었다. 히브리 성경이나 기독교 성경에서 하나님의 여성적 측면에 대해서 표현한 것은 극히 드물다.[22]

기독교 역사를 통해 내려오면서 하나님에게 여성형 비유를 적용하지 않는 현상은 크게 감소하지는 않았지만, 하나님과 그리스도를 어머니(Mother)로 언급하게 된 것은 괄목할 만한 현상이다. 초기 기독교 영지주의자들과 몬타누스주의자들은 자기들의 여성 지도자들을 포함하여 여성에 예리한 관심을 가졌다. 따라서 알렉산드리아의 클레멘트가 예수를 "우리 어머니"(Our Mother)[23]라고 부른 것은 그리 놀라운 일이 아니다. 이레내우스, 클레멘트의 후계자인 오리겐, 요한 크

---

21) Selected *Writings of Richard Rolle*, trans. John G. Harrell (London: SPCK, 1963), 38.
22) See Phyllis Trible, *God and the Rhetoric of Sexuality* (Philadelphia: Fortress Press, 1978).
23) Clement of Alexandrea, *The Instructor* 1.6.

리소스톰, 암브로스, 그리고 어거스틴도 예수를 그렇게 불렀다.[24] 그러나 12세기에 클레르보의 버나드가 시토회 수도사들 사이에서 그 호칭을 대중화시키면서 그 호칭은 더 완전하게 사용되었다.[25]

하나님 이해에 한층 더 중요한 인물은 14세기 말부터 15세기 초에 활동한 노리지의 줄리안(Julian of Norwich)이다. 줄리안(1343-1416 이후)은 "하나님은 진실로 우리의 아버지이신 것처럼, 또한 진실로 우리의 어머니이시다"[26]라고 강조했다. 하나님의 아버지 됨/어머니됨으로부터 줄리안이 추출한 것은 하나님의 무한히 긍휼하신 본성이었다.

줄리안이 1373년에 경험한 16개의 환상은 100년 전쟁, 페스트의 창궐, 교황청의 아비뇽 유수 등 낙관할 근거가 희박한 시대에 활발한 낙관주의를 창출해냈다. 줄리안은 "죄는 필요하다. 그러나 모든 것이 괜찮을 것이고, 모든 종류의 사물이 괜찮을 것이다"[27]라고 결론지었다.

이러한 주장의 배후에는 어떤 논리가 놓여 있었을까? 줄리안은 여러 해 동안 자기가 본 그리스도에 대한 환상을 숙고한 끝에 "그분의

---

24) See Caroline Walker Bynum, *Jesus as Mother: Studies in the Spirituality of the High Middle Ages* (Berkeley: University of California Press, 1981), 127.

25) Ibid., 111-13.

26) Julian of Norwich, *Showings*, trans, Edmund College, O.S.A, and James Walsh, S.J., Classics of Western Spirituality (New York: Paulist Press, 1978), 295. 한글 역본으로 『하나님의 사랑의 계시』(은성출판사, 엄성옥 역)을 참조하라.

27) ibid., 225.

의미는 사랑이었다"[28]라는 결론에 도달했다.

그리스도의 손에 들고 있는 "개암 열매만 한" 작은 것이 낙관할 근거를 보여 주었다. 줄리안은 "나는 이 작은 열매 안에서 세 가지 특성을 발견했다. 첫째는 그것을 하나님께서 만드셨다는 것, 둘째는 하나님께서 그것을 사랑하신다는 것, 셋째는 하나님께서 그것을 보존하신다는 것이다. 그것이 나에게 지니는 의미는 무엇인가? 그것은 하나님은 창조주시며 사랑하시는 분이시며 보호하시는 분이라는 것이다."[29]고 설명했다.

수백 년을 거쳐 오는 동안 형성된 습관 때문에 자기의 언어와 비유적 표현을 수정하는 데 어려움을 느끼는 사람들도 있지만, 어떤 사람들의 경우에 그것은 믿음을 구하는 데 도움이 된다. 하나님은 인간에게 적용되는 의미에서 남성도 아니고 여성도 아니시다. 여기에서 중요한 것은 우리가 천국의 부모이신 하나님께 접근할 방법을 아는 데 도움이 될 분별력과 자유를 발휘하는 것이다. 이것이 바로 수백 년을 내려오면서 기독교적 탐구를 추진해온 힘이다.

---

28) Ibid., 342.
29) Ibid., 131.

제8장

영성 생활을 유지 하기-1:
영적 읽기, 듣기, 보기

우리가 사는 바 요구하는 것이 많고 모든 것이 빨리 진행되는 문화에서 하나님과의 친밀한 관계를 유지하는 일은 쉬운 일이 아니다. 우리는 항상 더 효과적으로 기능을 발휘할 수 없을 정도로 기진맥진하여 영적 에너지를 모두 소진하게 될 위협에 직면해 있다.

우리는 자기-돌봄(self-care)에 충분한 관심을 기울이지 않음으로 말미암아, 자신의 헌신에 따라 스스로 부과한 상처의 희생자가 될 수도 있다. 우리가 어떤 일에 헌신하면 할수록, 영적 나태함이 우리를 더욱 크게 사로잡아 마침내 세상이 필요로 하면서도 소유하고 있지 못한 것을 제공하지 못할 지경에 이르게 될 것이다.

우리의 삶에서 은혜의 역사와 접촉을 유지하는 것이 영성 생활 유지에 가장 좋은 방법인 듯하다. 개신교인들이 정의하는 것처럼, 은혜는 "공로가 없지만, 하나님께서 주시는 은총" 이상의 것이다.

탁월한 은혜의 신학자인 어거스틴은 그것을 본성에 추가된 선물이라고 말했다. 은혜는 하나님이 주시는 선물로서 하나님 자신, 하나님의 임재, 성령이다. 바울이 고린도후서 12장 9절에서 "육체의 가시"를 제거해 달라고 했을 때 "내 은혜가 네게 족하도다"라는 응답을 받은 것이 바로 그것이다. 전 세계적으로 사랑받는 존 뉴튼(John Newton)의 찬송 "나 같은 죄인 살리신"(Amazing Grace)에는 모든 기독교인의 영성 생활의 주제가 될 수 있는 구절이 있다: "이제껏 내가 산 것도 주님의 은혜라. 또 나를 장차 본향에 인도해 주시리."

이 책의 8~10장에서는 영성 생활을 유지하기 위한 몇 가지 실천 방법에 중점을 두려 한다. 그 내용은 건전한 영성을 유지하려면 경험적 차원, 지적 차원, 사회적, 차원, 제도적 차원의 균형 및 다양한 수단이 필요하다는 확신에 기초를 둔다. 이 장에서는 영적 읽기, 듣기, 보기 등을 살펴보려 한다. 제9장에서는 영성 생활을 유지하면서 독거와 침묵의 시간의 필요성을 강조할 것이다. 그리고 제10장에서는 영적 친교의 중요성을 강조할 것이다.

하나님에 대한 주의집중

영성 생활의 경험적 차원을 유지하는 데 대한 고찰은 하나님께 주의를 집중하는 것이 중요하다는 사실을 상기함으로써 시작하는 것이 적절할 것이다. 가족들과 함께 시간을 보내거나, 공부하거나, 설교 준비를 하거나, 글을 쓰거나, 병원의 환자를 심방하거나, 공동체 활동을 조직하거나 불의에 대한 항의 데모를 하거나, 그밖에 책임 있는 지도자가 개입해야 하는 많은 일을 시행하는 등 우리가 행하는 모든 일에 있어서 목표는 하나님에 대한 주의집중이다.

주의집중의 차원을 향상하기 위해서 어느 기간 동안 집중적으로 노력하지 않으면 주의를 집중시킬 능력이 없을 수도 없다. 비록 하나님을 위해서이기는 하지만 우리가 오직 활동 자체를 목적으로 활동하다가 분주함에 휩싸여 길을 잃을 수도 있다. 그러므로 『그리스도를 본받아』의 저자가 권면한 것처럼, 우리는 신중하게 "하나님을 위한 시간을 남겨 두어야" 한다.[1] 혹은 하나님과 우리 자신을 위해서 얼마의 시간을 "낭비"하라고도 말할 수 있을 것이다.

전문적인 종교 지도자들이 직면하는 위험은 무슨 일이든지 직업적인 이유에서 행하며 하나님과의 개인적인 관계를 등한히 하는 데 있다. 우리는 설교 준비를 위해서나 성경공부반을 지도하기 위해서 성경을 공부한다. 우리는 훌륭한 설교 예화를 찾기 위해서 책을 읽거나 영화를 감상한다. 또 여러 가지 기술을 발달시키기 위해서 회의에 참석하거나 강의를 듣는다. 그러면서 하나님과의 개인적인 약속은 감당하지 않는다.

하나님께 주의를 집중함에 있어서, 우리는 하나님께서 온갖 종류의 매체를 사용하여 우리에게 나타나신다는 것을 잊어서는 안 된다. 매체의 범위는 무제한이다.

---

1) *Imitation of Christ* 1.20.

토마스 머튼은 자신의 삶에 대해 "서적, 사상, 시, 이야기, 그림, 음악, 건물, 도시, 장소, 철학 등 모두가 은혜가 작용할 자료가 되어야 한다"[2]라고 말했다. 이것의 의미는, 코사드(Caussade)가 "이 순간의 성례"(Sacrament of the Present Moment)라고 부른 것에 민감해야 한다는 것이다.

우리는 "필요한 분"을 놓치고 싶어 하지 않는다. 동시에 기독교인들은 항상 정경의 책들이 다른 것들보다 더 기본적이고 의지할 수 있는 은혜의 수단이라고 인정해왔다. 성경은 다른 어떤 저술보다도 우리에게 더 가까이 다가와서 우리가 하나님의 말씀인 계시를 들을 수 있는 말을 제공해준다. 그러나 성경을 읽을 때도 우리는 삶에서 이루어지는 은혜의 역사에 주의를 기울여야 한다.

성경을 통하여 은혜를 경험함

우리가 은혜를 대면하리라고 기대하는 첫 번째 장소는 성경이다. 수 세기 동안, 가장 기본적인 기도의 형태에는 성경 묵상이 포함되어 왔다. 개신교 개혁자들과 그 후손들은 자기들이 성경의 용도를 재발견했다고 생각했지만, 실제로 그들이 행한 일은 수도사들과 성직자들이 성경을 독점하여 사용하는 일에 종지부를 찍고 성경을 개신교

---

[2] Thomas Merton, *The Seven Storey Mountain* (New York: Hasrcourt, Brace, Javnovich, 1948; 1976), 178.

경건의 중심에 둔 것이다. 개혁자들은 자신을 "한 권의 책에 속한 사람들"(people of on Book)이라고 말했다. 안타깝게도 최초의 개신교 지도자들은 잘 음미 되고 검증된 많은 묵상 방법을 내던져버림으로써 후손들의 영성 생활을 메마르게 만드는 결과를 초래했다. 그리하여 청교도들과 경건주의자들은 이러한 관습 중 많은 것을 되찾는 일을 도와야 했다.

이 시점에서 기독교 지도자들의 개인적인 훈련의 중요성을 강조하고 싶다. 베네딕트 수도회의 성무일과(*Opus Dei*)에 의하면, 수도사들은 대략 여덟 차례에 걸쳐 네 시간 동안 모여 시편을 찬양한다. 베네딕트 수도사들은 또 네 시간을 독서(*lectio*)에 보내는데, 여기에는 주로 성경 묵상이 포함된다.

마틴 루터는 하루에 세 시간씩 기도했다. 존 번연은 우울증과 싸우면서 성경을 열심히 읽었다. 그는 『풍성한 은혜』(*Grace Abounding*)에서 "그 당시 나는 성경 읽기나 묵상에 의해서 성경에서 벗어나 있었던 것이 아니라, 진리, 그리고 천국과 영광에 이르는 길을 알기 위해서 하나님께 소리치고 있었다"[3]고 기록했다.

디트리히 본회퍼는 감옥에 있는 동안 "종교 없는 기독교"(*Religionless Christianity*)에 대해 묵상하면서, 오랜 시간을 기도했고, 그것의 중요성

---

3) John Bunyan, *Grace Abounding to the Chief Sinners*, In Doubleday Devotional Classics, ed. by E. Glenn Hinson (Garden City, N.Y.: Doubleday & Co., Inc., 1978), 1. 230.

을 중시했다. 그는 자기 동서인 에베르하르트 베트케(Eberhard Bethge)에게 "내가 아는 사람들이나 모르는 사람이나 나를 위해 기도해 주는 사람들 덕분에 안전하게 지내고 있다고 생각합니다"라고 말했다.[4]

물론 오늘날 그만큼 위험한 상황에 처하지 않는 분주한 지도자들은 성경 묵상에 그만한 시간을 투입하려 하지 않겠지만, 최소한 하루에 30분 정도는 성경을 묵상해야 할 것이다.

본회퍼는 1935년에 고백 교회의 성직자들을 배출하기 위해 개교한 핀켄발데(Finkenwalde) 신학교의 학생들에게 한 주일 동안 매일 아침 30분 동안 같은 성구를 묵상하라고 요구했다. 그는 한 구절에서 축복을 얻을 때까지 그 구절과 씨름해야 한다고 설명했다. 그 시간을 제외한 나머지 시간은 자기들의 일을 해야 했다. 그는 일의 "그것"(it) 배후에서 "당신"(Thou, 하나님)을 발견하는 것이 바울이 "쉬지 말고 기도하라"고 한 말의 의미라고 했다.[5]

성경 외의 경건서적을 통해서 은혜를 경험함

그러나 성경 외에도, 경건 서적을 비롯한 서적들도 사람들이 하나

---

[4] Dietrich Bonhoeffer, *Letters and Papers from Prison*, enlarged edition ed. Eberhard Bethge (New York: Macmillan Publishing Co., 1953), 392.

[5] Dietrich Bonhoeffer, *Life Together*, trans. John W. Doberstein (New York: Harper & Brothers, Publishers, 1954), 70-71.

님의 은혜를 발견하게 해줄 수 있다.

지금은 유실되어 존재하지 않는 책인 키케로의 『호르텐시우스』(Hortensius)는 어거스틴으로 하여금 18세 때에 많은 학자가 말하는 "첫 번째 회심"을 하게 만들었다. 부친이 사망하고 나서 2년 후에 어거스틴이 입수한 『호르텐시우스』는 그의 수사학 기술을 연마하는 것 이상의 일을 했다. "이 책은 나의 감정을 변화시켰습니다. 주님, 이 책은 내 기도를 당신에게 향하게 했고, 내가 다른 목적과 다른 소원을 갖게 했습니다. 온갖 헛된 소망은 무가치한 것이 되었고, 나는 믿기 어려운 마음의 열정을 가지고 불멸의 지혜를 바랐습니다. 나는 당신에게 돌아가기 위해서 일어나기 시작했습니다."[6]

존 번연은 다른 청교도들과 마찬가지로 한 권의 책(성경)을 중시한 사람이었지만, 성경 그뿐만 아니라 다른 책에서도 은혜를 발견했다. 그에게 강력한 도전을 준 책은 두 권인데, 하나는 아더 덴트(Arthur Dent)가 저술한 대중적인 청교도 지침서인 『평범한 사람이 천국으로 가는 길』(The Plain Man? Pathway to Heaven)과 루이스 베일리(Lewis Bayly)의 『경건의 실천』(The Practice of Piety)이었다. 번연이 우울증을 딛고 일어서는 데 큰 도움을 준 책은 마틴 루터의 『갈라디아서 주석』(Commentary on Galatians)이다. 번연을 그 책을 조금 읽고서 "그의 책은 마치 내 심정으로 기록한 것인 듯이, 나는 그의 경험 안에서 내 처지

---

[6] *The Confessions of St. Augustine*, trans. John K. Ryan (Garden City, N.Y.: Image Books, 1960), 81.

가 심오하고 폭넓게 다루어진 것을 발견했다"고 썼다. 그는 계속해서 "나는 갈라디아서를 마틴 루터의 책이 상한 양심에 아주 적합한 것으로 여겨 성경 다음으로 이 책을 선택한다"[7]고 썼다.

폭넓은 문학적 관심을 가졌던 토마스 머튼은 많은 책을 통해서 오는 은혜를 발견했다. 일찍이, 그는 윌리엄 블레이크(William Blake)를 만나 그에게 매료되었다. 그는 『칠층산』(*The Seven Storey Mountain*)에서 이 사건에 대해 언급하기를, "생각해 보니 윌리엄 블레이크를 향한 나의 사랑 안에는 하나님의 은혜에 속한 것이 있었던 것 같다"고 했다. "그 사랑은 결코 사라지지 않았고, 내 삶의 발달 속에 깊이 들어와 있었다."[8] 그는 에티엔 질슨(Etienne Gilson)의 『중세 철학의 정신』(*The Spirit of Medieval Philosophy*)에서 하나님의 자존(self-existence)의 개념, "나의 인생 전체에 대변혁을 일으켜 줄"[9] 개념을 만났다. 힌두교도인 브라마카리(Bramachari)는 그에게 다른 두 권의 책, 즉 어거스틴의 『고백록』과 『그리스도를 본받아』을 소개해 주었는데, 이 책들 역시 그에게 심오한 영향을 주었다.

머튼은 『고독 속의 생각들』(*Thoughts in Solitude*)에서 책들은 여러 가지 방법으로 우리에게 영향을 미칠 것이라고 기록했다. 책들은 "마치

---

7) John Bunyan, *Grace Abounding; The Doubleday Devotional Classics*, ed. by E. Glenn Hinson(Garden City, N.Y.: Doubleday & Co., Inc., 1978), I, 250-251.

8) Merton, *The Seven Storey Mountain*, 122.

9) Ibid., 172.

하나님처럼, 마치 사람처럼, 혹은 우리가 사는 도시의 소음처럼 우리에게 말을 걸 수 있다."[10] 책의 내용과 관련하여 보면, 이 말을 부분적으로는 사실이다.

책 중에는 도시의 소음에 불과한 책들이 있다. 어떤 책은 매우 개인적인 방법으로 우리의 관심을 끌어들인다. 또 어떤 책에서는 하나님이 말씀하시기도 한다. 우리 안에서 진행되고 있는 현상을 고려해 보면, 이 말은 부분적으로 사실이다. 우리가 도시의 소음으로 가득 차면, 성경 중에서 가장 웅대한 구절들도 불협화음처럼 들릴 때가 있을 것이다. 그런 경우에, 우리는 하나님께 주의를 집중할 때와 마찬가지로 내적으로 고요해져야 한다.

어떤 방법으로 경건 서적을 읽어야 가장 큰 유익을 얻을 수 있을까? 베네딕트 전통의 영적 독서(*lectio divina*)에서 가르치는 대로 성경을 읽을 때와 아주 흡사하다. 다음과 같은 방법을 시도해 보라.

1. **책을 선택하라**: 고전으로 열거된 책이라고 해서 모두가 사람들에게 동일하게 도움이 되는 것은 아니다. 되도록 최근에 저술된 고전이 더 읽기 쉽고 통찰을 끌어내기도 쉽다. 그러나 현대의 저술들만 읽으면 세상에서 가장 심오하고 유익한 영적 지도자들을 상실할 수도 있다. 책 선택의 범위를 넓히는 것, 아마도 『생명으로 들어가는

---

10) Thomas Merton, *Thoughts in Solitude* (New York: Farrar, Straus and Giroux, 1956), 62.

문』(*Doors into Life*),[11] 『성숙한 믿음을 추구하는 구도자들』(*Seekers after Mature Faith*),[12] 혹은 『기독교 영성』(*Christian Spirituality*)[13] 등 기독교 경건 고전들의 길잡이를 이용하는 것에 대해서는 많은 말을 할 수 있다. 60권이나 되는 서구 영성 고전(Classics of Western Spirituality)을 섭렵하고 싶어할 수도 있다. 이와 같은 방대한 목록을 줄이려 한다는 것은 어떻게 보면 주제넘은 짓인 듯이 보이겠지만, 영성 생활에 대한 지혜를 얻기 위해서는 다음과 같은 책을 읽는 것도 괜찮을 것이다: 어거스틴의 『고백록』, 누르시아의 베네딕트의 『규칙』(*Rule*); 『성 프랜시스의 잔 꽃송이들』(*The Little Flowers of St. Francis*); 『그리스도를 본받아』; 노리지의 줄리안의 『하나님의 사랑의 계시』(*Showings*); 이냐시오 로욜라의 『영신훈련』(*Spiritual Exercise*); 아빌라의 테레사의 『전기』(*Life*)와 『내면의 성』(*The Interior Castle*); 십자가의 요한의 『영혼의 어두운 밤』(*The Dark Night of the Soul*); 존 번연의 『천로역정』과 『넘치는 은혜』(*Grace Abounding*); 파스칼의 『명상록』; 로렌스 수사의 『하나님 현존 수련』(*The Practice of the Presence of God*); 윌리엄 로의 『경건하고 거룩한 삶으로의 진지한 부름』(*A Serious Call to a Devout and Holy Life*); 존 울먼

---

11) Douglas V. Steere, *Doors into Life through Five Devotional Classics* (New York: harper & Row, 1948).

12) E. Glenn Hinson, *Seekers after Mature Faith* (Waco, Tex.: Word Books, 1968)을 보라.

13) *Christian Spirituality*, ed. Frank N. Magill and Ian P. McGreal (San Francisco: Harper & Row, 1988)을 보라.

의 『일지』(*Journal*); 쇠렌 키르케고르의 『정결한 마음』(*Purity of Heart*); 테이야르 데 샤르댕의 『거룩한 환경』(*The Divine Milieu*), 본회퍼의 『제자도의 대가』(*The Cost of Discipleship*), 『함께 하는 삶』(*Life Together*), 『옥중서신』(*Letters and Papers from Prison*); 알프레드 델프(Alfred Delp)의 『옥중묵상집』(*Prison Meditations*), 토마스 켈리(Thomas Kelly)의 『헌신의 약속』(*A Testament of Devotion*); 더글러스 스티어의 『내면로부터의 시작에 관해서』(*On Beginning from Within*)과 『다른 분의 음성을 경청함에 관해서』(*On Listening to Another*); 토마스 머튼의 『칠층산』, 『고독 속의 생각들』(*Thoughts in Solitude*), 『관상의 새 씨앗들』(*New Seeds of Contemplation*), 『떳떳하지 못한 구경꾼의 추측』(*Conjectures of a Guilty Bystander*); 닥 함마슐드의 *Markings*; 엘리 비젤(Elie Wiesel)의 『모든 강물은 바다로 흘러간다』(*All Rivers Run to the Sea*) 등.

이 목록에는 기본적으로 경건한 특성의 저서들이 포함되어 있지만, 하나님께서 우리의 삶에 접촉하실 수 있는 통로가 될 책이나 시나 이야기들의 목록을 제한하지 않는 것이 좋다. 어거스틴의 경우처럼, 어떤 환경에서는 기독교와 관련이 없는 책들이 심오한 영향을 미칠 수 있다.

2. 고전적 저서들의 역사적 배경에 대해 가능한 한 많은 것을 배우라. 다소 오래 전의 책들의 경우, 그 책의 역사적 배경—저자, 연대, 저술 장소, 목적, 등—에 대한 것을 알지 못하면, 그 책에 담긴 통찰을 분명하게 감지할 수 없다. 어떤 경우에, 우리는 정확하고 분명한

정보를 얻을 수 없다. 예를 들어 『그리스도를 본받아』는 오늘날의 형태에 이르기까지 일종의 편집 과정을 거쳤음이 분명하다. 원래 공동생활 형제단(Brothers of the Common Life)에 입문한 사람들의 핸드북으로 편찬된 『그리스도를 본받아』는 그 운동의 창시자인 게에르트 데 그루테(Geert de Groote)가 저술했을 가능성도 있다. 이 책의 저자로 알려진 토마스 아 켐피스는 아마 최종 편집자였을 것이다. 이러한 정보가 성경 구절을 해석하는 데 도움이 되듯이, 이 정보를 알면 『그리스도를 본받아』를 이해하고 음미하는 데 도움이 될 수 있다.

3. 여유 있게 읽고, 또 읽으라. 고전에는 성급하게 읽어서는 캐낼 수 없는 깊은 통찰이 들어 있다. 수도사들은 영적 독서(lectio divina)를 행할 때면 사상을 흡수하기 위해서 자주 독서를 중단하곤 했다. 그들은 영적 독서란 소가 음식을 새김질하는 것과 유사하다고 생각했다. 소는 건초를 씹고 삼키는 일을 반복한다.

성경을 되풀이해서 읽어야 하듯이, 고전도 반복하여 읽어야 한다. 어떤 보석들은 처음 읽을 때는 숨어 있다가 나중에 튀어나올 것이다.

나는 30년 이상 매년 고전을 가르치고 있는데, 고전을 가르치는 데서 얻는 큰 유익 중 하나는, 매년 새로운 학생 집단이 특정한 고전에 관한 발표를 할 때에 발견하는 새로운 깨달음이다. 시대와 환경의 변화는 각각의 저서를 상이한 빛 속에서 보게 만든다. 만일 우리가 계속 그 책을 읽는다면, 그 빛은 우리의 내적 존재의 깊은 곳을 조명해 줄 것이다.

4. 고전이 주는 통찰을 오늘 우리의 삶과 일에 연결하라. 번연이 루터의 『갈라디아서 주석』(Commentary on Galatians)에 대해서 말한 것처럼, 우리는 저자들이 마치 우리 자신의 심정을 가지고 쓴 것처럼 심오한 방법으로 다루고 있는 저자들의 경험 안에서 우리 자신의 처지를 발견하기 때문에, 그런 책은 고전으로서의 지위를 차지하는 듯하다. 물론 모든 저술은 그것들이 저술된 시대와 환경의 제한을 받지만, 고전이라는 특별한 책들은 하나님이 우리 인간의 경험에 개입하시는 것, 그리고 우리가 평생 하나님께 헌신하는 삶을 사는 방법 등을 탐색하는 데 있어서 시대를 초월한다. 우리는 이렇게 하여 발견해 낸 심오한 사실을 우리의 것으로 삼으며 그것들이 우리의 생존 전체를 가득 채우게 해야 한다.

어떤 고전은 우리에게 그다지 큰 노력을 요구하지 않을 것이다. 그런 책은 현재 우리가 있는 곳에 훌륭하게 맞추어져 있는 우리의 파장에 초점을 둘 것이다. 토마스 켈리의 『헌신의 약속』(A Testament of Devotion)을 읽는 사람은 그 책의 내용을 증명할 것이다. 켈리의 책에는 하나님에 대한 접근 가능성과 인간의 책임에 대한 단순하면서도 심오한 지침이 가득하다. 그러나 지적으로 통찰을 파악하는 것과 그것들을 마음에 받아들이는 것은 같지 않다.

고전 서적이 아닌 다른 매체를 통해 은혜를 경험함

포스트모던 시대의 사람들이 문학 작품을 통해서만 삶에서 은혜의 역사를 경험할 수 있는 것은 아니다. 우리 문화는 구텐베르크가 인쇄기를 발명하면서 시작된 변화에 버금갈 만큼, 혹은 그보다 더 크게 변화해 왔다. 유럽의 문화, 특히 개신교 문화는 대체로 회화적이고 감각적인 유형에서 더욱 활자화된 형태로 변화됐지만, 우리 문화는 활자화된 형태에서 더욱 회화적이고 감각적인 형태로 변화되고 있다. 16세기부터, 개신교는 특히 성례전이나 성상보다는 문서나 말에 의존해왔다. 그런데 이제 그 과정이 역전되고 있다. 우리는 지금 말이나 글에서 배우고 있으면서도, 시각과 촉각을 훨씬 폭넓게 사용하고 있다.[14]

이 같은 중요한 변화의 배후에는 지난 세기의 커다란 기술 혁명이 놓여 있다. 영화, 텔레비전, 컴퓨터 등은 우리가 상징적이고 회화적인 방법으로 생각하는 데 도움을 주어왔다. 닐 포스트먼(Neil Postman)은 『죽을 만큼 즐기는 것』(*Amusing Ourselves to Death*)에서 세사미 스트리트(Sesame Street)라는 텔레비전 프로를 보고 자란 학생들은 교실에서도 세사미 스트리트를 원한다고 지적했다.

연설하는 사람들은 청중의 마음을 감동하게 하기 위해서 짜임새 있는 논거에 의존하는 것이 아니라 "소리의 통렬미"(sound bites)에 의존

---

14) 나는 내 강의를 듣는 학생들에게 "나는 어떻게 학습하는가"라는 주제에 관해서 간단한 논문을 쓰라고 했는데, 그들은 다음과 같은 요인들을 열거했다: (1) 직접적인 참여와 개입, (2) 교사의 영향, (3) 시행착오, (4) 암기와 반복, (4) 정보의 연상과 조직, (6) 동기 부여, (7) 시청각 보조 교재. 가장 일관성 있게 강조된 것은 직접적인 참여와 개입, 그리고 시청각 보조 교재였다.

한다. 설교자들은 감히 청교도 조상들처럼 3시간 동안 설교를 하려 하지 않는다. 정치가들은 확실한 대중 철학에 의지하기보다는 하나의 이미지를 투사함으로써 정치 운동을 한다. 독자들은 「뉴욕 타임즈」나 「워싱톤 포스트」의 분석적인 방법보다는 USA Today의 요약 방법을 더 좋아한다. 대부분의 텔레비전 뉴스 프로그램은 사건들을 사실적으로 보도하기보다는 사람들의 흥미나 논평에 초점을 둔다.

텔레비전이 연예 오락을 목표로 삼으며 "연예 문화"[15]의 창출을 위협하고 있다는 점에서 혁명은 몰락하고 있지만, 이러한 새로운 사고방식은 영성 생활을 유지하고 고취하는 데 적극적으로 기여한다. 우리는 세계적인 문화를 생각하는 것과 동일한 방법으로, 세계적인 기독교 영성에 대한 의식을 획득하기 시작한다. 우리는 삶에서 이루어지는 은혜의 역사에 대한 보다 전인적인 방법을 획득한다. 오감(五感)의 도움을 받을 수도 있을 것이다. 다음과 같은 방법을 생각해 보자.

보기(Seeing)

예술은 은혜의 강력한 매체이며, 세상에서 가장 위대한 예술품 중에는 종교적 영감에서 생겨난 것들이 있다. 토마스 머튼은 18세 때에 로마 교회의 미술품들로부터 깊은 감명을 받았다. 머튼은 로마의 비잔틴 모자이크화에서 "무척 진지하고 생생하고 우아하며 긴박한 것

---

[15] Neil Postman, *Amusing Ourselves to Death: Public Discourse in the Age of Show Business* (New York: Penguin Books, 1986), 87.

을 말해 주는"¹⁶⁾ 예술을 발견했다.

머튼은 평생 처음으로 "사람들이 그리스도라고 부르는 분에 대해서 무엇인가를 찾아내기 시작했다." 비록 그는 자신이 본 것 모두를 이해할 수는 없었지만, 이 은혜의 "가장 진정하고 직접적인 원천은 그리스도 자신이었다. 그분은 그 교회 안에, 그분의 모든 능력 안에, 인성 안에, 인간적인 몸 안에, 물질적이고 육적이고 유형적인 현존 안에 임재해 계셨다."¹⁷⁾

머튼은 그 교회를 방문하면서 3년 전에 돌아가신 아버지의 임재를 경험했는데, 그 경험은 "그가 갑자기 자기 영혼의 타락상과 비참함을 심오하게 통찰할 수 있게 해주었다."

이 경험 덕분에 머튼의 기도는 새로워졌다: "나는 입술과 지성과 상상력을 동원하여 기도한 것이 아니라, 내 삶과 존재의 근원에서부터 기도했으며, 한 번도 알지 못했던 하나님께서 그의 어두움에서 나아와 나에게 내려오셔서 나의 의지를 노예로 붙들고 있는 수천 가지 무서운 일들로부터 해방시켜 주시기를 기도했다."¹⁸⁾

성상(icon)이 우리의 영성 훈련의 일부임을 발견할 수도 있다. 종종 하나님께 초점을 맞추는 일이 기도 안에서 지속된다. 우리의 정신은 다른 일을 생각하며 배회한다. 성상은 하나님께 주의를 집중하는 데

---

16) Merton, *The Seven Storey Mountain*, 108.
17) Ibid., 110.
18) Ibid., 111.

도움을 준다. 성상은 결코 예배의 대상으로 의도된 것이 아니었다. 성상의 목적은 신자들을 그 형상 너머에 있는 하나님에게로 인도해 주는 데 있었다. 그렇기 때문에 성상은 삼차원이 아니라 이차원적으로 그려졌다. 우리는 표면에 있는 형상을 통과하여 삼위일체를 응시해야 한다.

여기에서 종교개혁자들이 자기의 추종자들은 "성경책의 사람들"이 되어야 한다고 주장하면서 만들어낸 문제를 다루어야 한다. 특히 개혁파 전통에서는 예술은 제2 계명을 범하는 것으로 여겼다. 존 칼빈은 제네바에 있는 성 베드로 교회의 스테인드 글래스로 된 유리창을 투명 유리로 바꾸었다.

영국에서 찰스 1세와 의회 사이에 분쟁이 벌어졌을 때(1642-46), 크롬웰 진영의 의회당원들은 어린 그리스도를 안은 성모상이 묘사된 스테인드 글래스 앞을 지나갈 때 그 창문을 깨기 위해서 돌을 던지곤 했다. 이러한 전통의 영향을 받은 개신교인들은 성상, 회화, 모자이크, 조각상, 스테인드 글래스, 건축물, 그 밖의 가시적인 요소들도 성례전적인 것, 즉 은혜의 수단이 될 수 있다는 것을 서서히, 조심스럽게 인정하게 되었다.

건축 역시 삶의 한 가운데 계신 하나님의 임재를 의식하는 데 기여할 수 있다. 상징적으로 천국과 이 세상을 연결해 주는 샐리즈베리 대성당의 하늘을 향한 첨탑, 크렘린에 있는 황금 돔의 성 바실 대성당, 로마에 있는 바로크 양식의 성 베드로 성당 등은 두 가지 탐색—인간의 하나님을 향한 발돋움과 인류를 향한 하나님의 가차 없는 추적—을 각기 나름의 방식으로 훌륭하게 말해 준다. 비록 하나님은 장소에 제한되는 분이 아니시지만, 창고에서는, 예배를 위해서 사랑과 관심을 기울여 세운 건물 안에서 예배를 드릴 때만큼 쉽게 예배할 수 없을 수도 있다는 것을 발견하게 위해서 오랫동안 발길을 돌려 순례해야 했다.

현대 **영화**가 매우 영적인 메시지를 우리에게 전해줄 수도 있을 것이다. 나에게 감명을 준 영화를 예를 들어 보면, Dead Man Walking, Little Women, To Kill a Mockingbird, Steel Mognolias, A River Runs Through it, Nell, Priest, Shindler's List 등이 있다. 영화의 목적이 그렇듯이, 이러한 영화들은 우리를 즐겁게 해 주는 것 외에 훨씬 더 큰 일을 한다. 각각의 영화들은 각기 다른 관점에서 믿음과 소망과 사랑이라는 문제를 다룬다. 책을 읽을 때와 마찬가지로, 우리가 영화로부터 영적인 양분을 끌어낼 수 있는지는 우리가 관상적인 견해를 구비하고 있는지, 아니면 단지 흥미만을 추구하는지에 달려 있다.

만져봄, 맛봄, 냄새를 맡음

오늘날 서구 문화는 회화적일 그뿐만 아니라 촉각적이거나 감각적이기도 하다. 사람들은 직접 손으로 만지는 경험을 원한다. 사람들은 어떤 일에 듣는 것만으로는 만족하지 못한다. 그들은 직접 그것을 보고 행하기를 원한다. 예를 들어, 학생들은 자신이 공부하는 역사의 현장을 직접 여행하며, 자신이 이해하고자 하는 문화에 속한 사람들을 만나기를 원한다. 이는 지난 세기의 기술적인 발달로 말미암아 쉽게 여행할 수 있게 되었기 때문이다.

　과거에는 성례전이 감각적인 욕구를 충족시켜 주었다. 예를 들어 초대 교인들은 그 시대의 걱정에 찌든 사람들에게 세례와 주님의 만찬을 통하여 그리스도께서 마귀들을 물리치신 승리에의 참여, 과거에 지은 죄의 용서, 중생, 조명, 영생의 소망 등을 확실히 보장해 주었다. 다른 종교에서 황소나 염소를 제물로 바치던 의식을 그들은 주님의 만찬, 성찬으로 대신했으며, 그것을 "피흘림이 없는 희생제사"라고 불렀다.

　중세 시대에 서방에서는, 교회들이 유럽을 지배한 다양한 게르만족의 욕구를 충족시켜 주려고 노력함에 따라 미사가 중요해졌다. 대체로 수도사였던 성직자들은 온갖 종류의 일—가축이나 사람의 병을 고쳐 주기 위해서, 길 떠나는 여행자를 보호하기 위해서, 날씨를 좋게 하기 위해서, 전쟁에서 승리를 보장하기 위해서, 마귀와의 전쟁에서 영혼에 힘을 주기 위해서—을 위해 미사를 드렸다. 미사에 대한 수요가 증가함에 따라 하나의 제단으로는 수요를 충족시킬 수 없었기 때문에 교회의 양쪽 통로에 제단을 만들었다. 또한 교회는 삶의 여러 가지 중요한 변천 단계에 맞추어 성례전을 일곱 가지—세례, 견신례, 성찬, 참회, 결혼, 성직 서임, 병자나 임종하는 사람에게 행하는 종부성사—로 늘렸다.

　트렌트 공의회(1545-63)에서 취한 조처들 덕분에, 로마 가톨릭교회 내에서 성례전 체계는 그대로 유지되어 왔다. 제2차 바티칸 공의회(1962-65)에서 성경과 설교를 새롭게 강조함에 따라 비중이 활자화된 매체로 약간 이동했지만, 중세 교회로부터 물려받은 회화적이고 감각적인 것들이 감소하지는 않았다. 그러나 개신교, 특히 개혁교회와 진보적인 전통 안에서는 훨씬 심각한 변화가 이루어졌다. 개신교 개혁자들은 교회를 "말씀이 올바르게 전파되고 성례전이 제대로 집전되는 곳"이라고 정의했지만, 일곱 가지 성례와 미사라는 체계를 거부하면서 개혁을 보다 문서 중심으로 추진해 나갔다.

성경과 설교가 개혁자들의 주요 성례가 되었다. 오늘날 개신교는 청각을 초월하여 모든 감각을 포함하는 보다 최근의 문화적 혁명에 맞추기 위해서 보다 가파른 길을 올라갈 것이다. 교황 요한 23세 (1958-63)가 가동시킨 에큐메니컬한 혁명은 개신교들을 위한 지침을 제공했다. 따라서 우리는 이제 과거에는 불가능했던 방법으로 서로에게서 배울 수 있게 되었다.

특히 눈에 뜨이는 것은 개신교의 젊은 세대들이 개신교회의 말이 많은 예배에 대해 느끼는 "거룩한 불만"이다. 그러한 예배는 로마 가톨릭교회나 정교회나 성공회의 예배와 같은 식으로 그들을 참여시키지 못한다. 교파 간의 장벽이 낮아지면서, 많은 사람, 심지어 목회자들까지도 쉽게 자기들의 전통이 아닌 다른 전통에서 견본을 뽑아낸다.

그러나 감각적 욕구의 충족은 성례전이 아닌 다른 원천에서 올 수도 있다. 오래전에 엘리자베스 배렛(Elizabeth Barret)은 "온 세상은 하나님으로 더불어 활기가 가득하며, 모든 덤불은 불타는 덤불이다"라고 상기시켜 주었다.

"보는" 방법을 아는 사람들이 볼 때, 우주는 성례전적이다. 자연은 루퍼스 존스(Rufus Jones)가 "신적 놀라움을 보는 영혼의 동쪽 창문"[19]이라고 부른 것을 열어준다. 하나님은 우리가 두 개의 세상—시간과 공간의 제한을 받는 세상과 영적인 가치를 가진 세상—의 시민이 되도록 의도하셨다. 이 두 세상의 시민인, 우리는 자신을 이중 국적자라고 부를 수도 있을 것이다. 이것은 떠오르는 태양을 경외하는 마음으로 응시하는 것, 애팔라치아 산의 오솔길을 산책하는 것, 송어잡이를 하는 것, 누워서 하늘의 별을 바라보는 것 등을 의미할 수도 있다. 여기에는 건초를 만드는 것, 추수, 소 젖을 짜는 것, 말의 털을 빗질해 주는 것 등의 일에 참여하는 것이 포함될 수도 있다. 또 그것은 목공일, 시계 만들기, 가구 표면 손질, 집 지어 주기 운동에 참여하여 집을 짓는 것 등의 형태를 취할 수도 있다. 또는 사람들, 즉 가난한 사람들 안에서 하나님의 얼굴을 찾으며 "불쌍한 모습으로 변장한"[20] 그리스도를 사랑하고 그를 위해 봉사한 캘커타의 마더 테레사와 같은 사람—과의 접촉에 초점을 둘 수도 있을 것이다. "하나님 보시기에 우리의 삶을 아름답게 해주는 실질적인 수단들—비록 보잘것없고 비천한 것이라도 가난한 사람을 위해 행하는 일—을 과소평가해서는

---

19) Rufus Jones, *A Preface to Christian Faith in a New Age* (New York: Macmillan, 1932), 56.

20) Mother Teresa, *My Life for the Poor*, ed. José Luis González-Balado and Janet N. Playfoot (San Francisco: Harper & Row, 1985), 95.

안 된다."[21)

---

21) Michael Collopy, *Works of Love Are Works of Peace: Mother Teresa of Calcutta and the Missionaries of Charity* (San Francisco: Ignatius Press, 1996), 198.

제9장

영성 생활을 유지하기-2:
독거와 침묵

　독거와 침묵이 없는 영성 생활은 활력을 유지하지 못할 것이다. 독거는 우리의 감각이 외부의 자극으로부터 끊임없이 공격받는 일을 종식시켜 주며, 침착함을 되찾게 해준다. 여러 해 전에 더글러스 스티어가 관찰한 것처럼, 우리 사회에서는 많은 사람이 침착치 못함에 시달리고 있다.

　침착하지 못한 사람들은 끊임없이 시간에 쫓기는 사람이며, 우리 모두가 이따금 이런 일을 경험한다. 그런 사람들에게는 개인적으로 기도하거나 한가하게 책을 읽거나 깊이 생각에 잠길 시간이 없다. 그들은 조급하며, 여러 가지 일을 결정해야 하며, 다른 사람들을 조르고 위협한다. 침착하지 못한 사람들은 자신이 말하는 것은 좋아하지만 상대방의 말을 듣는 것은 싫어한다. 그들은 다른 사람들에게는 관심을 두지 않고 자신의 계획에 따라 행동한다.

　반면에 침착한 사람들은 다른 사람들과 "하나님을 위해서 기꺼이 시간을 할애하는" 사람이다. 그들은 사람들이 기피하는 대상이 아니라 반기는 대상이다. 그들은 시간적인 여유를 갖고 밤하늘의 별을 바라볼 수 있으며, 인내할 수 있으며, "이미 승리를 확보하신 분 안에" 근거를 두고 있으므로 잠 드는 것을 두려워하지 않는다. 그러한 사람들에게는 계획이 전혀 없는 것이 아니며, "영원을 바라보며 자신에게 일어나는 일들을 보며, 영원을 배경으로 하여 왜곡된 부조화 안에서 유머 감각"을 갖는다. 물론 침착한 사람들도 분열하지만, 그들은 분열의 근원과 그것을 치료하는 방법, 즉 기도로써 치유할 수 있다는 것을 안다.[1]

더글러스 스티어는 캐롤라인 스테픈즈(Caroline Stephens)의 말을 인용하면서 "독거는 강한 사람들의 요새"라고 했다. 문제는 독거를 위한 "시간을 찾는 것"이 아니라, 독거를 필요로 하는 "욕구와 갈망을 의식하는 것"[2]이다.

독거의 목적은 침묵이다. 이것은 단순히 자신을 외부의 소음으로부터 차단하는 것이 아니라, 우리의 삶을 빗나가게 하며 진실된 존재가 되지 못하게 방해하는 소음과 광란적인 것으로부터 해방된 내적

---

1) Douglas V. Steere, "On the Collected and Uncollected Man," *Sermon, First Presbyterian Church*, Tallahassee, Florida, January 22, 1961. Summary drawn from E. Glenn Hinson, *Love and the Heart of Things: A Biography of Douglas V. Steere* (Wallingford, Pa.: Pendle Hill Publications, Nashville, Tenn.: Upper Room Books, 1998), 261.

2) Douglas V. Steere, *Prayer and Worship* (New York: Hazen Books on Religion, 1938), 17.

고요를 뜻한다. 침묵은 우리가 "세미한 음성"(왕상 19:121)을 듣게 해준다. 우리가 세상과 싸우면서 보다 충실하게 하나님께 자신을 개방하려면 침묵의 시간이 필요하다.

이처럼 독거와 침묵의 필요성을 언급함에 있어서, 피정(retreat)을 권하고 싶다. 영어로 retreat라는 단어는 "뒤로 물러서다, 퇴각하다"를 의미하는 라틴어 *retrahere*에서 파생되었다. 일부 기독교인들은 종종 피정을 세상에 대해 점잖지 못한 저주를 하면서 "세상으로부터 도피하는 것"이라고 하는데, 그렇게 보아서는 안된다. 수도원의 피정은 그러한 의도로 행하는 것이 아니었다. 그와 반대로, 초대의 수도사들은 예수님께서 한적한 곳을 찾은 것과 동일한 이유—세상을 존재하게 하셨으며, 세상을 의미 있는 종말을 향해 이끌어가시는 분과 접촉하는 것—에서 독거를 추구했다.

복음서, 특히 누가복음은 예수께서 사역하시면서 중요한 일을 하시기 전에는 항상 한적한 곳에 가셔서 시간을 보내셨다고 말한다. 예수님은 세례 받으신 후, 그리고 공생애를 시작하시기 전에 40일 동안 광야에서 지내셨다(마 4:1-11; 막 1:12-13; 눅 4:1-14). 광야에서 시험을 받으시고 사역을 시작하신 후(눅 4:1-16), 예수님은 기도하기 위해 한적한 곳으로 가셨다(막 1:35-38; 눅 4:42-43). 열두 제자를 선택하기 전에는 기도하러 산에 가셔서 밤새도록 기도하셨다(눅 6:12; cf. 마 10:1-4; 막 3:13-19). 기도하는 방법을 배우려고 예수님께 온 제자들은 주님이 기도하고 계신 것을 보았다(눅 11:1-4; cf. 마 6:9-13). 주님은 사역에 대한 중요한 결정을 내려야 할 시기가 가까이 오자, 기도하기 위해 겟세마네 동산으로 가셨다(마 26:36-41; 막 14:32-38; 눅 22:39-46).

많은 개신교인은 기독교적 삶은 성취해 놓은 업적에 의해서 판단된다고 믿는데, 이런 사람들은 독거와 기도의 삶으로의 소명을 이해하지 못한다. 내가 처음으로 학생들을 데리고 수도원을 방문했을 때, 학생들은 이러한 소명을 이해하지 못했다. 솔직히 고백하자면, 나는 학생들을 중세 시대의 분위기에 노출시킨 것이지, 수도적 소명으로서의 기도에 대해 배우게 하려 한 것이 아니었다.

우리를 초대해준 토마스 머튼은 기대했던 것 이상을 우리에게 주었다. 수도생활에 대해서 담화를 나눈 후, 머튼은 질문이 있느냐고 물었다. 한 학생이 내가 질문하지 않기를 바랬던 질문을 했다: "당신과 같이 총명하신 분이 이곳에서 하는 일은 무엇입니까?" 나는 머튼이 화를 내거나 딴청을 할 것이라고 예상했는데, 머튼은 아주 간단하게 "이곳에 있는 것이 나의 소명이기 때문에 나는 이곳에 있습니다. 나는 기도를 믿습니다"라고 대답했다.

우리 모두가 독거와 침묵을 찾기 위해서 수도원에 가거나 교단에 가입해야 할까? 또는 우리는 세상의 방해와 혼란을 대면하지 않아도 될 자신의 은거지를 찾아야 할까? 물론 그렇지 않다. 오늘날 그러한 소명을 느끼는 사람은 그다지 많지 않다. 누구나 독거를 할 수 있다. 누구나 토마스 머튼과 같은 사람들이 자기의 소명 안에서 발견한 것을 발견할 수 있다.

머튼은 "관상생활: 그 의미와 필요성"이라는 제목의 글에서, 관상생활은 수도원 안에서 정상적으로 이루어졌지만, "보다 넓은 의미에서 보면, 어떤 삶이든지 어느 정도는 관상을 할 수 있다. 그리고 활동적인 삶도 관상적인 요소가 있어서 균형을 이룰 수 있고, 마땅히 그렇게 되어야 한다. 즉 관상적 요소란 묵상, 내적인 기도, 그리고 인간 실존의 가장 근본적인 진리에 대한 깊은 통찰로써 가질 수 있는 평화와 질서와 분명함으로써 발효되는 것이다"[3]고 말했다.

그렇다면, 기독교 지도자는 사역을 지속하기 위해서 필요로 한 독거와 침묵을 어디서, 어떻게 발견해야 하는가? 그것을 발견하는 방법보다는 장소에 대한 대답이 더 쉽다. 그것은 어디서나 찾을 수 있다. 집에서, 일터에서, 휴가를 떠나는 자동차 안에서, 사무실에서, 심지어 다른 사람들과 함께 있는 곳에서 독거와 침묵을 할 수 있다.

사막 교부들은 항상 수사에게 서둘러 수실로 돌아가라고 촉구했다. 어느 교부는 "뭍에 올라와 버둥거리는 물고기는 죽습니다. 수실 밖에서 머물거나 세상 사람들과 함께 거하는 수도사들은 고요함으로부터 멀어집니다[4]라고 경고했다.

그러나 기도 생활에 달관한 사람은 수실만이 하나님께 집중할 수 있는 곳으로 보장해 주는 것이 아님을 알았다. 사막에서 생활한 어느 여자 교부는 "혼자 있으면서 마음으로는 사람들과 함께 있기를 원하

---

3) Thomas Merton, "The Contemplative Life: Its Meaning and Necessity," *Dublin Review* 223(winter 1949):26-35.

4) Abba Antony The Sayings of Fathers 2.1., in *The Desert Fathers*, trans. Helen Waddell(Ann Arbor: University of Michigan Press, 1977), 63.

기보다는, 많은 사람과 함께 있으면서 마음으로 고독한 삶을 사는 편이 낫다"[5]고 했다. 사람들과 함께 있을 때 생각이 산만해지듯이, 혼자 있을 때도 여러 가지 생각으로 산만해지기 쉽다.

더글러스 스티어가 말했듯이, 독거를 구하는 방법은 외적인 환경보다는(물론 이것도 중요하지만) 우리가 느끼는 갈망과 욕구의 깊이에 관계되는 것이다. 우리는 삶 전체가 기도 생활이 되기를 바라지만, 우리의 관심을 사로잡으려는 교회 및 사회 문화 안에서 그렇게 되기를 원한다면, 하나님과 자기 자신에게 관심을 기울이며 집중하는 시간이 필요하다는 것을 쉽게 알 수 있다. 간단히 말하자면, 우리에게는 매일의 피정, 매주의 피정, 매달의 피정, 일 년에 두 차례 3~4일간 행하는 피정이 필요하다.

매일 행하는 피정

매일 피정을 행한다는 것은 약간 이상하게 생각될 수도 있다. 우리는 드물게 혹은 불규칙적으로 독거와 침묵의 시간을 갖는 데 익숙해져 있다. 기독교 지도자의 경우에, 지도자 자신이 살 뿐만 아니라 다른 사람들의 삶에 진정으로 중요한 것을 주려면, 규칙적으로 자주 하나님께 주의를 집중해야 할 필요가 있다. 지도자 중에는 추운 겨울

---

5) The Abbess Matrona, *The Sayings of the Fathers* 2;14; Waddell, 66.

철에 엔진을 시동하다가 배터리를 다 소모한 것 같은 사람들이 많다. 그들은 약간의 소리는 내지만, 생명이 없는 엔진을 가동시켜줄 충분한 에너지를 가지고 있지 못하다. 헌신적으로 일하는 목회자일수록 자동차를 움직이기 위해 노력하다가 배터리를 완전히 소모할 가능성이 크다.

매일의 피정을 어떻게 할 것인가? 이에 대한 대답은 어떻게 하면 하나님에게 주의를 기울일 수 있는 독거와 침묵을 가장 잘 할 수 있느냐에 달려 있다. 한 가지 필요한 것은 훈련(discipline)이다. 목회자들은 종종 하나님께 이렇게 핑계를 댄다: "하나님, 제가 당신의 일을 행하고 있다는 것을 당신은 알고 계십니다. 나에게는 일을 중단하고 당신께 주의를 기울일 시간이 없습니다. 설교 준비, 병원에서 오는 전화, 심방해야 할 사람들, 모임 참석, 장례식 집례 등 내가 해야 할 일은 끝이 없습니다. 이해해 주십시오."

과연 하나님께서 우리를 이해해 주실까? 이러한 핑계를 받아주실까? 혹 그럴지도 모른다. 하나님은 인간적인 실패와 결점을 잘 용서해 주신다. 그러나 구약 성경의 선지자들, 세례 요한, 예수, 그리고 신약성경의 복음서 기자들은 종교지도자들이 무관심하게 되어 외식하는 믿음을 간과하시지 않았다. 마태는 위선적인 서기관과 바리새인들의 표면적 경건에 대해 많은 "화"(禍)를 선포했다. 여기서 말한 표면적인 경건은 위선, "사람들에게 보이기 위한" 종교, 겉으로 드러내 과시하려는 종교, 자기는 건드리려 하지도 않는 무거운 짐을 다른 사람들에게 지우는 것(23:1-7), 종이 되기보다는 선생이 되려 하는 것,

정확하게 십일조를 내지만 율법의 보다 중요한 것을 등한히 하는 것 (23:23-24), 잔의 겉은 깨끗이 하고 무덤의 외부는 깨끗이 회칠을 하지만, 안은 등한히 하는 것(23:25-28), 자기들이 죽인 선지자들을 위해 무덤을 만드는 것 등을 말하는 것이었다.

우리가 하나님께 주의를 집중하는 시간을 갖기로 했다고 가정해 보자. 그 시간에 무엇을 하려는가? 나는 매일 아침 식사를 하기 전에 3마일을 걷는다. 정해 놓고 하는 것이 아니기 때문에 그동안에 무엇을 하는지는 정확하게 설명할 수는 없다. 어떤 날은 그저 걷기만 한다. 어떤 날은 태양이 수평선 위로 떠 오르는 것을 보면서 경외심에 사로잡힌다. 어떤 날은 성경 구절을 묵상한다. 어떤 날은 어떤 사람을 위해서, 또는 어떤 관심사에 대해서 기도한다. 나는 이러한 독거와 주의 집중을 한 결과가 무엇인지 말할 수 있다. 나는 침착해진다. 나는 자신이 있는 곳에 정말로 현존한다. 그 결과 더 많은 일을 하게 된다. 그리고 나의 글은 보다 깊어지며 주위 사람들과의 관계가 더욱 만족스러워진다.

더글러스 스티어는 성경, 일반적으로 복음서의 한 구절을 읽고 나서 30분 동안 침묵함으로써 하루를 시작했다. 우리는 집이든 호텔이든 사무실이든 어디에서나 이렇게 할 수 있다. 전혀 어떤 일정을 계획하지 말고 그곳에 거하라. 우리는 흐르는 시냇물에 발을 들여놓았는데, 그 시내의 근원은 하나님이시다. 더글러스는 이것을 다음과 같이 표현했다.

이 같은 하나님의 주도를 깊이 인식하면서 기도에 임하는 것이 얼마나 큰 차이를 만들어 내는지는 아무리 강조해도 지나치지 않을 것이다. 기도하면서 응답하기 전에, 무엇인가 무척 귀하고 통찰력 있는 일이 진행되어 오고 있음을 의식해야 한다. 그것이 내가 기도하는 동안 계속되며, 내가 의식적으로 기도하는 일을 멈추고 일상적인 일을 할 때도 계속 내 삶을 단단히 뒷받침해 준다는 의식, 바로 이것이 내 기도의 참된 배경이 된다. 기도는 하나님의 "존재(현존)"(is-ness)에 대한 응답이다. 내 기도가 이 포괄적인 사랑을 시작하게 한 것이 아니다. 그 사랑은 내가 무대에 등장하기 오래 전에 상처를 치료하기 위해서 내 몸에, 그리고 세상에 붙여 놓은 찜질약과 같았다. 나는 기도할 때에는 단순히 이 흘러가는 시냇물에 들어가는데, 진실로 귀중하고 중요한 나의 기도의 행동은 무한히 방대한 것 속에 삼켜져, 앞으로 사용하기 위해 깨끗이 씻겨진다.[6]

토마스 머튼은 14세기의 책인 『무지의 구름』(Cloud of Unknowing)에서 찾아낸 통찰에 기초를 둔 기도 형태를 계발해 냈다. 이 "센터링 기도"(centering prayer) 방법의 목적은 말과 생각과 심상(心象)에서 벗어나 그저 그곳에 거하는 데 있다. 머튼과 마찬가지로 트라피스트 수도사인 토마스 키팅(Thomas Keating)은 "그대가 해야 할 일은 그저 얼굴을 내미는 것뿐이다"[7]라고 했다.

그러나 시토 수도회의 바질 페닝턴(Basil Pennington)은 예수, 아가페

---

6) Douglas V. Steere, *Traveling* In, ed. E. Glenn Hinson, Pendle Hill Pamplets 324(Wallingford, Pa.: Pendle Hill Publications, 1995), 181-19.

7) 그는 Intimacy with God(New York: Crossroad, 1994)에서 방법을 묘사했다.

와 같은 "사랑의 단어"(love word) 혹은 "기도의 단어"(prayer word)를 사용하라고 권했다. 선택한 단어를 되풀이함으로써 시작하라. 묵상하는 동안에 무엇인가가 우리의 정신을 산만하게 만든다면, 다시 "사랑의 단어"를 말함으로써 정신을 가다듬으라.[8] 계속 집중의 상태를 유지하려면, 하루에 20분씩 두 차례 이렇게 집중하는 시간을 가지라.

매일의 피정을 위한 보편적으로 "바른" 방법은 없기 때문에, 지금까지 몇 가지 방법을 다루어 보았다. 이러한 하나님과의 관계의 구심성을 인식하려면, 자신에게 가장 훌륭하게 작용하는 것이 무엇인지를 찾아내야 할 것이다. 우리가 찾고 있는 것은 더글러스 스티어가 "의미의 틀"(a frame of meaning)[9]이라고 말한 것인데, 그것은 우리의 작업을 보다 높은 차원으로 들어 올려 주며, 우리가 자신이 행하는 것이 중요하다고 느끼게 해줄 것이다.

매 주, 매 달, 그리고 보다 오랫동안 시행하는 피정

사람들을 위해 봉사하면서 영성 생활을 유지하려면 날마다 피정을 행할 그뿐만 아니라, 내적 자원의 재-창조(re-creation)와 재-침잠(re-

---

8) M. Basil Pennington, O.C.S.O., *Centering Prayer: Renewing an Ancient Christian Form*(Garden City, N.Y.: Doubleday Image Books, 1980), 65; *Call to the Center*(Hyde Park, N.Y.: New City Press, 1995), 13.

9) Douglas V. Steere, *Work and Contemplation*(New York: Harper & Brothers, 1957).

collection)을 위해 보다 오랫동안 행하는 피정이 필요하다.

대부분의 목회자들은 매 주 하루는 사역을 하지 않고 쉬지만, 그 시간을 "하나님을 위해 남겨둔 시간"으로 삼는 사람은 극히 드물다. 작게 보면, 그것은 최소한 한 달에 하루는 종일 일을 떠나서 한적하게 보내야 한다는 것을 의미한다. 보다 이상적인 것은 매주 하루를 그렇게 보내는 것이다.

노스 캐롤라이나 주에 있는 작은 초교파 목회자 모임에서는 매주 소위 "안식 시간"(Sabbath Time)을 지킨다. 그들은 매주 수요일마다 7시간을, 그 모임에 참석한 어느 사람이 묘사한 대로, "그저 시간을 허비하면서"[10] 보낸다.

만일 우리가 기독교 지도자들이 규칙적으로 경험하는 스트레스를 받으면서 일한다면, 우리는 최소한 36-48시간 동안의 피정을 원하기도 할 것이다. 이러한 피정을 어디에서 해야 할 것인가? 오늘날은 에큐메니컬 시대이며 로마 가톨릭교회의 공동체들은 가톨릭 신자가 아닌 사람들에게도 개방하기 때문에 우리는 독거와 기도를 위한 훌륭한 장소를 많이 찾을 수 있다.

켄터키 주 바즈타운 근처에 있는 겟세마네 수도원처럼 전통적으로 다소 폐쇄적인 공동체들도 피정하는 사람들을 수용하기 위해서 시설을 정비해왔다. 이 공동체들은 자기들의 중심적인 일인 기도와 예배,

---

10) Mahan Siler, *Pastor of Pullen Memorial Baptist Church*, Raleigh, N.C..

그리고 그곳에서 피정하는 사람들의 시간을 효과적으로 활용하게 해주는 일에 힘쓴다. 이렇게 홀로 보내는 시간은 우리가 스트레스를 느끼게 만들지도 모르는 형태의 빽빽한 일정을 깨뜨리는 데 도움이 될 수 있다.

개신교인들 역시 많은 중요한 피정 센터를 세우고 있는데, 그곳에서는 순수히 재-창조적인 피정에 필요한 것들을 더욱 많이 비치하고 있다. 이러한 일을 주도하는 곳으로는 영성 생활의 갱신과 활력을 위해서 1930년에 펜실바니아 주 월링 포드에 세워진 퀘이커 파의 피정 센터인 펜들 힐(Pendle Hill), 1948년에 존 올리버 넬슨(John Olover Nelson)이 스코틀랜드에 있는 아이오나 공동체를 모방하여 펜실바니아 주 해리스버그 근처에 세운 커크릿지(Kirkridge)가 있다.

교황 요한 23세가 시작한 에큐메니컬 운동은 놀라운 부수 효과를 초래해왔다. 예를 들어, 버지니아 주 리치먼드에서 특별히 리치먼드 시를 위해 기도하려는 목적으로 설립된 에큐메니컬 센터가 17세기에 쟌느 드 샨달(Jane de Chantal)과 프란시스 드 살레(Francis de Sales)가 설립한 교단인 방문 수녀회(Sisters of Visitation)가 포기한 건물을 인수했다. 리치먼드시에 있는 교회와 교역자들과 교인들은 하루에 세 번 기도회를 가졌다. 리치먼드 힐(Richmond Hill)은 다양한 프로그램을 개발했는데, 거기에는 영적 지도를 위한 훈련 프로그램인 RUAH도 포함되어 있다. 몇 해 전에, 위스콘신주 메디슨에 있는 베네딕트 수녀원에서는 그곳을 개인과 가족을 수용하는 에큐메니컬 센터로 만들었다.

자원이 풍부한 몇몇 교회에서는 자기 교회의 교인들만 아니라 다른 사람도 이용할 수 있는 피정 시설을 만들어 왔다. 예를 들어 보면, 버지니아주 북부에 있는 비엔나 침례교회는 조지 워싱턴 국립공원 외곽에 65명을 수용할 수 있는 센터를 세웠다.

서둘러 다시 일하려는 유혹을 받지 않기 위해 사역의 현장에서 물러서는 것에는 여러 가지 장점이 있는데, 그중 가장 중요한 것은 독거이다. 우리는 진정한 독거를 줄 수 있는 곳을 피정 장소로 선택해야 한다.

독거하는 시간을 최대한 활용하려면 무엇을 해야 하는가? 대답은 다음과 같다: 행동을 적게 할수록 그만큼 피정에서 더 많은 유익을 얻는다. 피정은 자신이 얼마나 많은 것을 할 수 있는지를 알려는 것이 아니라 "하나님을 위해 시간을 남겨 두는 것"이라는 것을 명심해야 한다. 피정의 중요한 구성 요소는 침묵이다. 침묵은 독거하는 동안 자동으로 되는 것으로서, 우리의 신경을 거슬리고 에너지를 소비시키는 산만함으로부터 분리하는 역할을 한다. 그러나 이것은 독거로부터 오는 유익 중 일부에 불과하다. 더욱 중요한 것은 우리가 내면적인 평온과 고요함을 회복하는 것이다. 이것을 토마스 켈리는 "어린아이 같이 믿으면서 영원의 속삭임에 귀를 기울이며, 미소를 지으며 어둠 속으로 걸어가는 것"[11]이라고 표현했다.

피정을 할 때 성경책을 가져 가는 것은 좋지만, 그 외의 많은 책을

---

11) Thomas R. Kelly, *A Testament of Devotion* (New York: Harper & Brothers, 1941), 74.

가져가는 것은 좋지 않다. 대부분의 피정 센터에는 좋은 경건서적이 구비되어 있다. 그러나 독서를 많이 하는 것은 권장할 만하지 못하다. 독서 계획은 우리가 극복하려는 부산함과 산만함을 지속하게 만들기 쉽다. 그보다는 영성 일지를 가져 가라. 영성 일지의 도움을 받아 하나님과의 대화를 깊이 있게 만들라.

만일 지도자의 지도 아래서 피정을 한다면, 피정 지도자가 침묵과 묵상의 시간을 배정할 것이다. 나는 더글러스 스티어가 계발한 피정 모델을 채택하여, 되도록 말을 하지 않으려고 노력한다. 베네딕트 수도회에서는 우리가 지켜야 할 좋은 규칙이 있다: "침묵하는 데 도움이 되는 말만 하라." 이것은 많은 불필요한 말을 제거해 준다. 내가 리치먼드 힐을 비롯하여 여러 곳에서 학생들을 위해 진행하는 48시간-피정은 다음과 같은 형태로 이루어진다.

주제: 관상적 생활 방식

금요일

오후 5:00　도착 및 등록
6:00　　　공동기도
6:30　　　저녁식사
7:30　　　발제 1: "기도와 우리의 변화"(빌 1:9-11)
8:15　　　묵상과 일지 작성을 위한 침묵
9:30　　　친교
11:00　　 아침기도 때까지 침묵

토요일

6:30　　　기상(침묵)
7:00　　　아침 공동기도

7:30 아침식사
9:00 발제 2: "삶 전체를 기도로 삼으라"(살전 5:17)
9:45 묵상과 일지 작성을 위한 침묵
10:15 소그룹 토론
12:00 정오 기도

12:30 점심식사
1:30 휴식, 오락, 혹은 침묵
3:30 발제 3: "기도와 걱정"(빌 4:5-7)
4:15 묵상과 일지 작성을 위한 침묵
5:15 소그룹 토론
6:00 저녁 기도

6:30 저녁 식사
7:30 발제 4: "기도와 하나님의 뜻"(빌 2:12-13)
8:15 묵상과 일지 작성을 위한 침묵
9:30 친교
11:00 아침기도 때까지 침묵

일요일

오전 6:30 기상(침묵)
7:00 아침기도
7:30 아침식사
9:00 발제 5: "기도와 생활의 단순화"(마 6:33)
9:45 묵상과 일지 작성을 위한 침묵
11:00 공동예배
12:00 점심식사
오후 1:00 해산

이 일정표에서 몇 가지 강조해야 할 것이 있다.

(1) 주제는 피정에 참여한 사람들을 결속시키는 데 있지만, 일부 자기 나름의 방법으로 행하려는 사람도 있을 수 있음을 유의하라.

(2) 침묵 시간을 많이 배정했다. 피정 기간 완전히 침묵하기를 원하는 사람들도 있을 수 있다. 침묵은 하나님의 임재 및 우리에게 부어지거

나 우리 안에서 솟아오르는 사랑에 대한 주의 집중을 극대화해 줄 것이다. 이러한 주의 집중은 갱신, 회복, 활력 회복의 길을 열어줄 것이다.

(3) 피정하는 사람들이 침묵하면서, 그리고 침묵 때문에 자기 내면에서 이루어지고 있는 일을 그룹이나 피정 지도자와의 개인적인 대화를 통해서 털어놓을 기회가 필요하다. 한 집단이 침묵에서 큰 결실을 얻게 하기 위해서, 피정 지도자는 그들이 개인적인 상담을 하도록 유도할 수도 있다. 실제로, 더글러스 스티어는 피정하는 사람들 각자와의 개인적인 상담을 일정에 포함시켰다.

(4) 기도 생활이 확립된 공동체는 피정의 틀과 리듬을 제공해 준다. 만일 한 집단의 간부들이 육적인 즐거움과 지원만 제공해 준다면, 그 집단은 다른 예배를 마련해야 한다. 건전한 영성은 경험적 차원, 지적 차원, 사회적, 차원, 제도적 차원의 균형에 의존한다.

(5) 일부 피정 지도자들은 식사하는 동안 베네딕트 수도원이나 시토회 수도원의 수행을 다룬 고전을 읽어 주기도 하지만, 정신적인 활동보다는 침묵이 재-창조 과정을 촉진하는 데 더 효과적일 수도 있다.

(6) 영적 성장의 공동의 차원을 인식하며, 친교를 위한 시간을 배정하라. 때로 이러한 긴장을 푸는 시간을 통해서 삶을 변화시켜 주는 결과를 낳을 수도 있는 심오한 대화가 이루어질 수도 있다.

여기에서 제안한 형태의 피정을 취하려 하지 않는 개별적인 피정자들은 진행 상태를 점검해줄 영적 지도자와의 만남을 통해서 유익을 얻을 수도 있다. 종교 공동체에는 지도를 요청할 경우에 도움을 줄 수 있는 사람들이 있다.

안식 휴가(Sabbaticals)

성직자들처럼 힘든 직업에 종사하는 사람들에게도 대학이나 신학교 교수들 못지않게 3개월 내지 1년 정도의 규칙적인 안식 휴가가 필요하다. 최근에 한 친구가 나에게 충고를 요청하는 편지를 보내왔다. 그는 교단지의 편집자로 일한 적이 있으며, 두 곳의 큰 교회의 목사로 시무했었다. 그는 현재 시무하는 교회에서도 훌륭하게 목회하고 있다. 그 교회의 교인수와 헌금은 많이 증가하고 있다. 그리고 그 교회는 남침례교 총회와 더욱 좋은 관계를 유지하고 있다. 그 교회는 큰 건축 계획을 시행 중이었다. 한편 내 친구는 주의회에서 중요한 책임을 맡고 있었는데, 그 때문에 다른 지도자들과 종종 충돌하곤 했다. 이 모든 일로 인해 기진맥진한 그는, 어떻게 해야 할 것인지 고민이었다.

나는 대단히 예리한 충고를 해주었다: 당신의 교회에 안식휴가를 요청하라. 얼마 후에 친구는 자신이 인사위원회에 안식휴가를 요청했다는 내용의 편지를 보내왔다. 인사 위원들도 목사가 기진맥진한 것을 깨닫고서 안식 휴가를 주고 싶어 했다. 안타깝게도 많은 성직자가 너무 오랫동안 혹사했기 때문에 돌이킬 수 없는 지점에 이르렀다는 것을 교인들은 깨닫지 못한다. 교인들은 목회자가 재충전할 수 있도록 안식 휴가를 주려 하기보다는 사임을 요구하거나 파면시키려 한다. 믿을 수 없겠지만, 무척 많은 유능한 목회자들이 그러한 종말을 맞는다. 교회는 교역자들을 위한 정규 안식 휴가를 마련해야 하며, 교역자들은 그와 같은 영적 보살핌의 시간을 요구해야 한다.

과거에 안식 휴가는 주로 대학교수들과 관련된 것이기 때문에, 안식 휴가를 연구 휴가로 생각하는 사람들도 있었을 것이다. 성직자들에게도 연구 휴가가 필요할 수 있을 것이다. 그러나 오늘날에는 안식 휴가라는 단어 자체가 암시하는 것—휴식—을 누려야 할 필요성이 훨씬 더 크다. 우리에게는 잠시 긴장을 풀고 일에서 손을 떼고 영적 재충전을 위해 보낼 시간이 필요하다. 우리 자신의 삶 속에서 역사하는 은혜와 접촉해야 한다. 그것이 진정 중요한 일이다.

그러한 일을 어디에서 어떤 방법으로 해야 할까? 헨리 나우엔(Henry Nouwen)은 예일 대학에서 강의할 때, 뉴욕주 로체스터 근처에 있는 게네시 수도원에서 일곱 달을 보냈다. 가톨릭 신자인 그는 자신에게 관상 생활의 소명이 있는지를 자유로이 알아보고 싶었을는지도 모른다. 그러나 그는 그러한 소명을 느끼지 못했다. 그러나 그곳에서 지내는 동안 대단히 중요한 일이 발생했다. 그는 자신을 향한 하나님의 사랑을 내적으로 깊이 확신하게 되었고, 예일 대학 및 그 후에 그가 방문하는 곳에 그 사랑을 가지고 갔다.[12] 이와 유사한 안식 휴양을 취함으로써 유익을 받은 목회자들이 종종 있다.

과거에 내 제자였던 사람이 최근에 교회에서 안식 휴가를 얻었는데, 그는 나에게 자신의 "영적 지도자"가 되어 달라고 요청했다. 그

---

12) Henri J. Nouwen, *The Genesee Diary: Report from a Trappist Monastry* (Garden City, N.Y.: Doubleday, 1976).

사람 역시 목회에 성공을 거두고 있었고, 교인들은 그를 존경하고 사랑했다. 그러나 그는 자신의 배터리를 재충전해야 할 필요를 느꼈다. 우리는 그의 휴가 기간에 무엇을 해야 할지 오랫동안 토론했다. 그의 교회 교인 한 사람은 휴가 기간 동안 블루 릿지 산맥에 있는 아름다운 오두막집을 사용하라고 했는데, 그는 이 집을 자신의 은둔처로 삼기로 결심했다. 우리는 영성과 예배와 관련된 독서 계획을 세웠다. 그는 다양한 기독교 전통의 예배를 경험하기 위해서 매 주일 다른 교회에 가서 예배를 보았다. 그는 한 주일은 워싱턴시에서 보내면서 구세주의 교회(Church of the Savior)의 활기찬 생활에 친숙해졌고, 또 한 주일은 버니지아 주 베리빌 근처에 있는 트라피스트 수도원인 성 십자가 수도원(Holy Cross Abbey)에서 보냈다. 우리는 한 달에 한 번 만나서 그가 읽은 것과 그의 내면생활과 소명에 대한 이해 안에서 일어난 것들에 대해 이야기를 했다. 그는 새로운 에너지, 증가된 통찰력, 새로워진 소명 의식을 가지고 교인들에게 돌아갔다. 그는 진정한 안식 휴가를 경험한 것이다.

 안식 휴가의 형태는 다양하다. 자신의 특수한 환경에 맞추어 휴가 때에 할 일을 결정하는 것도 좋다. 어떤 목회자들은 다양한 환경에서 공동체를 경험하기 위해서 여행을 하면서 유익을 얻기도 한다. 예를 들면, 스트레스를 많이 받으면서 목회 생활을 해오던 친구 목사는 6개월 동안의 안식 휴가를 영국과 이스라엘에서 보냈다. 그는 연구한 것이 아니라 주로 역사적인 유적지들을 찾아다니면서 시간을 보냈다. 그에게 가장 중요한 것은 자신을 멀리할 기회를 얻는 것이었다.

어떤 사람들은 영적 성장과 지도를 위한 프로그램에 참여하면서 안식 휴가를 보내기도 한다. 또 종교 공동체 안에 들어가서 그들의 모든 일과에 참여하면서 보내는 사람들도 있다. 내 제자 한 사람은 겟세마네 수도원에 들어가서 수도사들과 똑같이 생활하면서 성무 일과, 영적 독서, 노동에 참여하며 여름을 보냈다. 그는 수도사 총회에도 참석했다. 우리가 하나님의 사랑과 자비하심을 무한히 경험할 수 있듯이, 안식 휴가를 보내는 방법도 무한하다.

제10장

영성 생활을 유지하기-3: 여행에 동참함

　우리가 사역을 지탱하는 일은 하나님께 주의를 집중하는 것과 스트레스와 갈등에서 벗어나는 시간을 갖는 것 그뿐만 아니라 영적 교제와 동반자 관계에도 의존한다.

　목회 사역이란 길고 고독한 일로서, 우리는 다른 사람들이 짐을 지고 가는 일을 도와주지만 우리 자신이 진 짐은 내려놓을 수 없다. 우리는 사람들의 지극히 개인적이고 특별한 고백이나 주장을 들어 주어야 한다. 그리고 그들의 깊고 고통스러운 상처에 동참한다.

　우리는 사람들의 사악함, 중한 죄, 그리고 그들의 죄의식을 지켜보아야 한다. 또 흙으로 지음을 받은 천사들의 건강과 생명이 빠져나가는 것이나, 죽음을 앞둔 얼굴을 지켜보기도 한다.

　우리는 사랑하는 가정이 지옥처럼 변하는 모습도 보아야 한다. 그때 우리는 우리가 외치는 절망과 격분의 소리를 들어주며 "사망이나 생명이나 천사들이나 권세자들이나 현재 일이나 장래 일이나 능력이

나 높음이나 깊음이나 다른 어떤 피조물이라도 우리를 우리 주 그리스도 예수 안에 있는 하나님의 사랑에서 끊을 수 없으리라"(롬 8:38-39)는 것을 상기시켜 줄 영혼의 친구(soul friend)를 필사적으로 찾으려 한다.

그렇다. 덜 괴롭고 더 평온할 때도, 우리는 하나님은 영혼들의 우선적인 인도자시라는 것, 그리고 우리는 자신을 짓누르는 많은 짐을 덜거나 내려 놓을 수 있다는 것을 상기시켜 줄 수 있는 친구들을 이용할 수 있다.

영적 교제는 몇 가지 형태를 취할 수 있다. 우리는 삶에서 이루어지는 은혜의 역사에 접하는 일에 도움을 줄 수 있는 사람의 일 대 일의 지도를 원하거나, 그것을 필요로 할 수도 있다. 로마 가톨릭교회는 수도회에 속해 있거나 사제직을 맡은 사람들에게 이것을 요구해 왔다. 수 세기 동안 이루어져 온 구두로 행하는 죄 고백의 관습은 평신도들에게 영적 지도를 거의 제공하지 못했다.

최근에 가톨릭 교인들이나 정교회 교인이나 성공회 교인들 그뿐만 아니라 개신교인들도 일 대 일로 이루어지는 영적 지도에 관심을 두게 되었다. 그러나 우리가 이런 종류의 개별 지도를 받을 수 없을 수도 있다. 또 우리는 집단으로 이루어지는 영적 지도나 우리와 마찬가지로 갈등하는 사람들의 집단에 참여함으로써 더 편안함을 느낄는지도 모른다. 집단으로 이루어지는 영적 지도에서는 일 대 일로 행할 때보다 친밀한 개방성이 적을 수도 있지만, 개별적인 지도와는 달리 자극을 공유할 수 있는 장점이 있다. 개인이나 집단 내에 신뢰를 형성하는 것이 중요하다.

영적 인도란 무엇인가?

격식을 갖춘 영적 교제의 필요성을 느끼는 지도자의 경우에, 영적 인도(spiritual guidance)의 의미를 정의하고 그것을 심리학이나 상담이나 정신 치료와 구분하는 것이 유익할 것이다. 수도원에서는 영적 지도(spiritual direction)라는 단어를 즐겨 사용했지만, 개신교인들, 특히 독립 교회 전통에 속한 신자들이 볼 때 그 개념은 지나치게 권위적인 듯이 보인다.

디트리히 본회퍼는 핀켄발데의 신학생들에게 행한 "영적 보살핌"에 관한 강연에서 이 용어 사용을 꺼리는 태도의 배후에 놓여 있는 것을 다음과 같이 표현했다.

> "영적 지도란 '일반인들의 사제'(priest of the people)가 행하는 대중 교육을 말한다. 영적 보살핌(spiritual care)을 행할 때 하나님은 행동하기를 원하신다. 우리는 온갖 걱정과 슬픔 속에서 하나님의 신뢰해야 한다. 하나님만이 우리의 도움과 위로가 되실 수 있다."[1]

제2차 바티칸 공의회 덕분에 본회퍼의 말의 배후에 놓여 있는 바

---

1) Dietrich Bonhoeffer, *Spiritual Care*, trans. Jay C. Rochelle (Philadelphia, Penn.: Fortress Press, 1982), 30.

조심해야 할 이유가 크게 감소하였지만, 16세기의 사상을 전달하지 않는 다른 용어를 사용하는 것도 지혜로운 일이다.

틸덴 에드워즈(Tilden Edwards)는 영적 친구(spiritual friend)[2]라는 단어를 사용했고, 케니스 리치(Kenneth Leech)는 영혼의 친구(soul friend)[3]를, 모튼 켈시는 내면 여행의 동반자(companions on the inner way)[4]라는 단어를 사용했다. 영적 인도자(spiritual guide)라는 단어도 널리 사용되고 있다.

전통적으로 사용되어온 영적 지도(spiritual direction)라는 단어를 사용하든지, 아니면 다른 표현을 사용하든지 간에, 우리는 그 사상을 어떻게 이해할 것인지를 정의해야 한다. 어떻게 정의하느냐가 실천에 분명한 영향을 미칠 것이다.

토머스 머튼은 베네딕트 수도회의 전통을 근거로 말하면서, 영적 지도란 "지속적인 형성과 안내의 과정이다. 그 과정을 통해서 크리스천은 자신의 특별한 소명으로 인도되며 격려를 받는다. 그는 성령의 은혜에 충실하게 조화를 이룸으로써 자신의 소명의 특별한 목적과

---

2) Tilden Edwards, *Spiritual Friend: Reclaiming the Gift of Spiritual Direction* (New York: Paulist Press, 1980).

3) Kenneth Leech, *Soul Friend: The Practice of Christian Spirituality* (New York: Harper & Row, 1980).

4) Morton T. Kelsey, *Companions on the Inner Way: The Art of Spiritual Guidance* (New York: Crossroad, 1983).

하나님과의 합일을 획득한다"⁵⁾고 설명했다. 여기에서 핵심 용어는 소명이다. 머튼은 우리가 이해하는 것보다 더 넓은 의미에서 소명이라는 단어를 사용했다. 소명은 인생에서의 자신의 특별한 활동 범위를 찾는 일과 관련되어 있다. 머튼은 『고독 속에서의 생각』(Thoughts in Solitude)에 다음과 같이 기록했다.

> 우리는 살아가는 방법에 대해 생각하기를 멈추고 실제로 살기 시작할 때에 자신이 소명을 발견했음을 깨닫는다. …우리가 자신의 참된 소명에 따라 살지 않을 때, 생각이 우리의 삶을 무감각하게 만들거나 삶의 자리를 차지하며, 혹은 삶에 자신을 내어 맡김으로써 우리의 삶이 우리의 사고를 몰아내고 양심의 소리를 질식시킨다. 우리가 자신의 소명을 발견할 때, 생각과 삶은 하나가 된다.⁶⁾

대부분 사람은 평생 이 같은 소명을 찾는 일을 계속할 것이다. 머튼이 기도할 때 자신이 기도하던 장소를 초월하여 넘어섰는지 나는 확신할 수 없다.

> 나의 주 하나님, 내가 어디로 가고 있는지 나는 전혀 알지 못합니다. 나는 내 앞에 펼쳐진 길을 보지 않습니다. 그 길의 끝이 어디인지 확실히 알 수 없습니다. 또 나 자신을 알지 못합니다. 내가 당신

---

5) Thomas Merton, *Spiritual Direction and Meditation* (Collegeville, Minn.: Liturgical Press, 1960), 5.
6) Thomas Merton, *Thoughts in the Solitude* (Garden City, N.Y.: Image Books, 1958), 85.

의 뜻을 따르고 있다고 생각하지만, 그것은 내가 실제로 그렇게 행하고 있다는 의미는 아닙니다. 그렇지만 당신을 기쁘시게 하고픈 소원이 실제로 당신을 기쁘시게 한다고 믿습니다. 그리고 내가 행하는 모든 일 안에 그러한 소원을 두고 싶습니다. 그러한 소원을 벗어나서는 아무 일도 하지 않기를 바랍니다. 이렇게 행한다면, 비록 나는 알지 못하지만, 당신께서 나를 옳은 길로 인도해 주실 것을 압니다. 그러므로 나는 길을 잃은 것 같고 사망의 그늘을 헤매는 것처럼 보일 때도 항상 당신을 신뢰하겠습니다. 당신께서 영원히 나와 함께 하시므로 나는 두렵지 않습니다. 당신은 결코 나 홀로 위험을 대면하게 버려두시지 않으실 것입니다.[7]

영적 지도에 대해서 다른 방법으로도 생각할 수 있다. 성공회 신자인 마틴 손톤(Martin Thornton)은 영적 지도란 "하나님과의 관계의 긍정적인 양성, 카리스마타(charismata)의 창조적인 양성이다. 그것은 모든 사람이 받아 소유하는 선물이요 은혜다"[8]라고 정의했다. 유진 피터슨(Eugene H. peterson)은 "하나님께서 이미 주도권을 쥐고 계시다는 세련된 의식"[9]이라고 했다. 나도 영적 지도란 사람들이 은혜의 역사(役事), 즉 그들의 삶 속에 인격적으로 임재하시는 하나님과의 접촉할 수 있도록 도와주는 것으로 생각한다.

---

7) Ibid., 81.

8) Martin Thornton, *Spiritual Direction* (London: SPCK; Boston: Cowley, 1984), 10.

9) Eugenne H. Peterson, *The Contemplative Pastor: Returning to the Art of Spiritual Direction* (Dallas: Word).

목회적 돌봄(pastoral care), 상담, 심리학, 혹은 정신치료 등과 영적 지도는 어떻게 다른가? 실제로 초대 교인들이 목회적 보살핌을 지칭하는 데 사용했던 용어인 *cura animae*와 거의 구분이 안 된다. 케네스 리치는 영적 지도는 "보통 영혼의 치료에 적용되는데, 이 경우 개인의 특수한 어려움이 포함된다"[10]고 했다. 많은 사람은 영적 지도와 영혼 치료를 동의어처럼 사용한다. 그러나 대부분 사람은 그것을 상담이나 심리학이나 심리치료 등과 엄격하게 구분한다.

케네스 리치는 목회 상담(pastoral counseling)과 영적 지도의 세 가지 중요한 차이점에 주목했다.

(1) 목회 상담은 정서적으로 괴로운 상태에 초점을 두는 데 반해, 영적 지도는 "지속적인 사역으로서, 병자와 건강한 사람 모두를 대상으로 한다."[11]

(2) 상담자는 진료소나 사무실에서 근무하는 데 반해, 영적 지도자는 "전례적이고 성례전적인 틀, 그리스도의 몸의 공동생활 안에 굳게 자잡는다."[12]

(3) 상담자는 문제에 초점을 두는 데 반해, 영적 지도자는 성장에 초점을 둔다.[13]

---

10) Leech, *Soul Friend*, 34.
11) Ibid., 100f.
12) Ibid., 101.
13) Ibid., 102.

토마스 머튼은 영적 지도에 있어서 영적인 것을 강조하면서, 다음과 같이 설명했다.

> 영적 지도의 목적은 어떤 사람의 삶의 표면 밑을 꿰뚫는 것, 그가 세상에 나타내는 인습적인 몸짓이나 태도의 배후에 도달하여 그의 내면적인 영적 자유, 내면 깊은 곳의 진리—우리는 이것을 그의 영혼 안에 있는 그리스도의 모습이라고 부른다—를 불러내는 데 있다. 이것은 지극히 초자연적인 일이다. 왜냐하면 내면의 사람(속사람)을 기계적인 활동으로부터 구하는 일은 우선적으로 성령의 일이기 때문이다. 영적 지도자는 그 일을 할 수 없다. 그가 하는 일은 영혼 안에 있는 영적인 것을 증명하고 장려하는 일이다.[14]

영적 지도에 있어서 핵심은 다음과 같다.

> 하나님이 으뜸가는 지도자이시며, 우리는 하나의 도구에 불과하다. 영적 지도를 할 때는 무한한 인내가 필요하다. 때때로 우리는 물러나고 하나님으로 하여금 일하시게 하는 것도 좋을 것이다.[15]

영적 친구의 발견

이 장에서 영적 지도라는 프로그램 전체를 논하지는 않겠지만, 영

---

14) Merton, *Spiritual Direction and Meditation*, 8.
15) See E. Glenn Hinson, "Midwives and Mothers of Grace," *Theological Educator* 63 (Spring 1991): 65-79.

적 친구를 찾아내려 할 때 고려해야 할 몇 가지 사항을 지적하는 것도 도움이 될 것이다.

틴델 에드워즈는 연령, 성별, 경험, 인격, 영적 행로, 믿음의 전통, 지위 등을 우리가 영적 친구를 찾아내려 할 때에 염두에 두어야 할 주요한 항목으로 열거했다. 여기에서 영적 친구란 개인적으로 지도해 주는 사람을 말한다. 물론 어느 집단에 속한 사람일 수도 있겠지만, 여기에서는 친구들이 둘씩 짝을 짓는 것에 대해 초점을 둔다.

연령은 상대적이다. 우리가 진정으로 영적 지도자에게서 발견하고자 하는 것은 성숙함인데, 그것이 발달하는 속도는 사람마다 다르다. 그러나 45세가 넘은 사람들을 지도자로 선호하게 하는 두 가지 요인이 있다. 그 나이쯤 된 사람들은 대체로 인생에서 성공하려고 노력하거나 경쟁적으로 무슨 일을 추구하는 상태를 초월하게 된다. 또 중년에 이르면 성적 충동(libido)도 감소하는 것으로 추측된다. 그러나 이런 것들에 대한 관심이 전반적인 성숙에 대한 관심을 능가해서는 안 된다.

우리는 선천적으로 성적인 존재로서의 사람들과 관계를 가지기 때문에 성(性)도 중요한 고려 사항이다. 여기에서 우리는 주된 목적인 영적 성장에서 빗나가게 만들거나 혼동을 주는 관계를 피하려 할 것이다. 아마 영적 지도자로서 동성을 선택할 것인지 이성을 선택할 것인지를 결정하는 데에 개인적인 기호와 경험이 도움이 될 것이다. 상보성(相補性)의 원리에 입각해서 작용하는 것에 대해서는 많은 말을 할 수 있다. 만일 우리가 편안하게 대할 수만 있다면, 동성 지도자에게서는 얻을 수 없는 통찰을 이성 지도자가 가져다줄 수도 있다. 남자와 여자는 오랫동안 상대방을 위한 영적 친구 역할을 해왔다.[16]

영적 친구가 지녀야 할 적절한 경험에는 인생에 대한 경험과 하나님에 대한 경험이 포함된다. 우리는 인생 경험이 풍부한 동료를 원한다. 영적 교사는 즐거운 순간들은 물론이요, 고통과 고난도 경험한 사람이며, 생각이 깊은 사람이다. 내적인 과정에는 외적인 경험이 동반되어야 한다.

인격의 유형 역시 상대적인 중요성을 지닌다. 우리와 영적 지도자의 인격의 차이가 서로를 이해하는 데 방해가 되거나 양립하지 못할 정도로 심하지만 않다면, 우리 자신과 어울리는 유형의 인격보다는 보완적인 인격을 가진 지도자에게서 더 많은 유익을 얻는 듯하다. 우리와 적절히 대조적인 인격을 가진 사람은 우리가 자신과 관련하여 파악하지 못한 것을 듣거나 볼 것이며, 우리가 생각도 하지 못하는 질문을 제기해줄 것이다.

동일한 원리가 영적 행로에도 적용된다. 우리는 자신이 가는 길과 완전히 같은 길을 걸어가는 사람에게서는 많은 것을 얻지 못할 것이다. 에드워즈는 네 가지 기본적인 행로를 구분했는데, 그것은 헌신, 행동, 지식(분석적/직관적), 그리고 "항상 싸우는 것"[17]이다. 헌신의

---

16) 가장 눈에 뜨이는 예는 프랑소아 드 살레와 방문수녀회의 창시자인 쟌느 드 샨달이다.

17) Edwards, *Spiritual Friend*, 112-16.

길을 가는 사람들은 아름다운 것에 관심을 가지며, 행동의 길을 가는 사람들은 선한 것에 관심을 가지며, 지식의 길을 가는 사람들은 참된 것에 관심을 가진다. "항상 싸우는" 사람들은 회의주의자들이다. 헌신의 길을 가는 사람은 행동의 길, 지식의 길, 또는 "항상 싸우는" 길을 가는 사람들로부터 많은 도전을 받을 것이다. 또 행동의 길을 가는 사람은 헌신의 길, 지식의 길, 혹은 "항상 싸우는 실"을 가고 있는 사람으로부터 도전을 받을 것이다.

다원주의적 사회에서 영적 지도자를 선택할 때 믿음의 전통이 중요하게 고려될 수도 있다. 어떤 사람은 같은 교파의 사람들과 함께 있을 때만 편안하게 느낄지도 모른다. 그것은 대단히 제한적인 행동이다. 우리가 자신의 전통에 깊이 뿌리를 내리고 있다면, 우리는 교파적 한계를 넘어서거나 기독교 밖으로까지 나갈 수도 있다. 영적 지도자가 우리의 믿음을 이해할 수 있는지, 아니면 그 반대인지의 여부에 많은 것이 달려 있다. 만일 서로의 믿음의 전통이 너무 다르다면, 영적 지도자와 우리가 서로의 믿음을 이해하기는 어렵다.

지위—전문적인 사역자, 평신도, 신학생 등—도 고려해야 할 또 하나의 요인이다. 영적 친구라면 소명을 명확하게 해주는 지도자의 역할을 충분히 알아야 한다. 자격이 있고 인격적인 자질을 갖춘 사람이라고 해도 일반적으로 권위 있는 위치에 있는 사람은 적당한 지도자가 되지 못한다. 왜냐하면 그의 지위가 이러한 우정을 나누는 데 필요한 개방성을 제한할 수도 있기 때문이다. 예를 들어, 담임 목사들은 자기가 평가하는 하위 교역자들을 위한 훌륭한 지도자가 되지 못하며, 교수들은 자기들이 성적을 평가해야 하는 학생들을 위한 훌륭한 지도자가 되지 못한다. 토마스 머튼이 지적한 것처럼, 훌륭한 영적 지도에는 "개인적인 친밀함에 기초를 둔 서두르지 않은 여유로운 분위기, 다정하고 성실하고 비공식적인 대화가 함축된다."[18] 권력에 기초를 둔 관계는 대체로 성공하지 못한다.

마지막으로, 영적 지도자를 선택할 때 고려해야 하는 이러한 것들보다 영적 지도자의 자질이 훨씬 더 중요하다. 가장 중요한 자질은 프란시스 드 살레(Francis de Sales)가 말했듯이 사랑이다. 지도자는 "사랑이 가득해야"[19] 한다. 아가페 사랑은 노리지의 줄리안이 자신의 지도의 중심으로 삼은 긍휼(compassion)을 구체적으로 표현한다. 하나님은 긍휼하신 하나님, 우리와 함께, 그리고 우리를 위해 고난받으시는 분이시다. 하나님의 긍휼은 그리스도의 수난이 된다. 하나님은 이 사랑을 증명하기 위해서는 어디에서도 멈추지 않는다. 심지어 인간의 죽음 앞에서도 멈추지 않으신다. 영적 지도자는 하나님을 본받으려고 노력해야 한다.[20] 이러한 사랑으로부터 영적 교제에 필요한 요소, 사람들을 보살펴 주고 받아들이고 공감하는 능력이 생겨날 것이다.

두번째 자질은 지식이다. 이것은 책에서 배우는 지식 이상의 것을

---

18) Merton, *Spiritual Direction and Meditation*, 25.

19) Francis de Sales, *Introduction to the Devout Life*, trans. Michael Day (London: J. M. Dent & Sons, 1961), 17.

20) See Julia Gatta, *Three Spiritual Directors of Our Time* (Cambridge, Mass.: Cowley, 1987).

의미한다. 공적인 훈련이 도움이 되지만, 그것도 경험에는 비교가 되지 못한다. 역사, 심리학, 종교적 경험의 신학, 영적 지도 등이 유익할 것이다. 경험에 기초를 둔 지식도 중요하다. 이 경우, 리처드 롤(Richard Rolle)이 그 시대의 신학자들을 지적하여 말한 것처럼, "하나님을 사랑하는 일에 있어서 신학자보다는 나이가 지긋한 부인이 더 경험이 풍부할 수도 있다."[21]

겸손도 필요한 요소이다. 위대한 영적 대가들은 모두 이것을 강조했다. 그런데 안타깝게도, 우리가 사는 이 공격적이고 난폭한 문화에서는 겸손이라는 단어는 수동적이고 비굴한 태도를 의미한다고 이해되고 있다. 『무지의 구름』의 저자는 겸손이나 온유함을 적극적인 방법으로 생각했다: "본질적으로 겸손은 자신의 참모습을 제대로 의식하고 이해하는 것이다."

이것은 두 가지 실체에 토대를 두고 있다. 한편으로는 인간적인 죄와 연약함, 다른 한편으로는 "하나님의 무한히 풍성하신 사랑과 덕"[22]에 토대를 둔다. 영적 지도에 필요한 그 밖의 다른 태도를 형성할 때에는 적절한 자부심이 필요하다.

더글러스 스티어가 지적한 바에 의하면, 프리드리히 폰 휘겔 남작

---

21) Richard Rolle, *The Fire of Love and the Mending of Life*, trans. M. L. del Mastro (Gardon City, N.Y.: Doubleday Image Books, 1981), 111.

22) *The Cloud of Unknowing*, ed. James Walsh, S.J., Classics of Western Spirituality (New York: Pualist Press, 1981), 148. 한글 역본으로 『무지의 구름』(은성출판사, 엄성옥 역)을 참조하라.

은 다음과 같은 네 가지 전제 하에 영적 지도를 시행했다: 하나님은 "영적 지도자가 활동하기 전, 활동하는 동안, 활동을 마친 후에도 임재하시고 활동하시며 영혼을 사로잡으신다"[23]; 휘겔 자신은 "궁핍한 영혼"이다; "영혼들은 모두 동일한 것이 아니다"[24]; 그리고 "영혼을 지도하는 일에 있어서 휘겔 자신은 희생시켜도 좋은 존재이다."[25]

피지도자가 지도자를 계속 의존하는 것을 막기 위해서 영적 지도자들은 의도적으로 일에서 손을 떼려고 노력한다. 우리는 개인적인 욕구들을 충족시키며 장기적인 의존을 육성하려는 방법인 영적 지도의 소명을 받았다고 느끼지 않도록 조심해야 한다. 영적 지도의 목적은 사람들이 자립하도록 도와주는 데 있다.

이러한 자질들의 배후에는 우선적인 지도(기도/묵상)에 주의를 기울이는 적극적인 훈련이 놓여 있다. 훈련이라는 단어는 미국 문화에서는 이해하기 어려운 단어이다. 너무 많은 일 때문에 효과적인 동반자 관계에 있어서 중요한 것들이 파괴될 수도 있다. 훌륭한 영적 지도자들은 "천국의 문턱에서 배우면서"[26] 많은 시간을 보낸다. 휘겔이

---

23) Douglas V. Steere, ed., *Spiritual Counsel and Letters of Baron Friedrich von Hügel* (New York: Harper & Row, 1964), 10.

24) Friedrich von Hügel, *Letters from Baron Friedrich von Hügel to a niece*, ed. Gwendolen Greene (London: J. M. Dent & Sons, 1928), xxix

25) Steere, *Spiritual Counsel of von Hügel*, 12.

26) 이것은 더글러스 스티어가 중국에서 의료 선교사로 활동한 헨리 하즈킨의 경건한 방법을 묘사하기 위해서 사용한 것이다.

죽었을 때에, 클로드 몽트표르(Claude Montefiore)는 "우리는 그러한 영혼들을 책임져 줄 하나님을 소유해야 한다"[27]고 말했다.

집단적인 영적 교제

로마 가톨릭교회의 수도회나 사제들의 경우, 표준적인 영적 지도는 개별적인 차원에서 이루어져 왔다. 그런 식의 개별적인 영적 지도가 성장하기는 했지만, 개신교 종교 지도자를 위한 표준적인 방법이 되지는 못한다. 일반적으로 우리는 함께 노력하고 여행하는 사람들의 무리와 함께 있을 때 더 편안함을 느낄 것이다.

기독교 역사를 보면, 영적 교제의 집단들이 많이 존재했음이 증명된다. 콘스탄틴 대제의 회심을 전후한 박해 시대의 가정 교회들은 서로를 격려하고 권면하고 부탁하는 밀접하게 연결된 가정들이었다.

밀란 외곽의 카시키아쿰(Cassiciacum)에서 어거스틴을 중심으로 모인 작은 무리도 그런 기능을 했다. 그 무리 중 한 사람인 네브리디우스(Nebridius)는 어거스틴과 함께 "진리와 지혜를 열심히 찾기 위해서"[28] 가족들이 있는 카르타고를 떠났다. 그 무리는 어거스틴이 오랫동안 검토해온 일을 실천에 옮기기 위해서 부지런히 일했다. 어거

---

27) Douglas Steere, "Journal," 509에서 인용함.
28) *The Confessions of Augustine*, trans. John K. Ryan (Garden Citym N.Y.: Image Books, 1960), 148.

스틴은 그들을 크게 칭찬했다: "진실로, 나는 사심 없이 이 친구들을 사랑하고 있으며, 그들 역시 사심 없이 나를 사랑한다는 것을 알고 있습니다."[29]

13세기에 기도하기 위해 작은 독립 집단으로 모였던 베긴(Beguines)은 성경을 공부하고, 서로를 지원해 주며, 사랑과 자비의 행동을 했다.[30] 해이드위치(Hadewijch)가 쓴 시들을 보고 판단해 보면, 그들이 추구한 친밀함은 기쁨은 물론이요 고통의 원인이 되었다. 그녀는 어느 장시(長詩)에서 다음과 같이 탄식했다.

> 일찍이 사랑의 아름다움을 보고
> 재빨리 그 기쁨에 친숙해지며
> 그것을 즐기는 사람들,
> 사태가 그들에게 유리하게 될 때
> 내가 발견한 것보다
> 훨씬 더 쉽게 사랑을 확보할 것을
> 하나님은 아십니다.[31]

하나님의 친구들(Friends of God)과 공동생활 형제단(Brothers of the

---

29) Ibidl, 155.

30) 베긴들의 관습에 대해서 알려면 J. Van Mlierle, S. J., "Benuins, Beguines, Beguinages,: in *Dictionnaire de Spiritualite*, Ascetique et Mystique (Paris: Beauchesne, 1937), 1:1341-52를 보라.

31) Hadewijch: *The Complete Works*, trans. Mother Columba Hart, O.S.B. (New York: Pualist Press, 1980), 152.

Common Life) 역시 비슷하게 친밀한 공동체를 이루었다.[32]

필립 야곱 스페너(Philip Jacob Spener)는 바울이 고린도전서 14장 26-40절에서 묘사한 "옛날의 사도적인 모임"과 비슷한 작은 독립 집단들 내에서의 진지한 성경공부를 추진했는데, 이것이 17세기 루터파 교회를 "죽은 정통"에서 구하는 토대가 되었다.[33]

존 웨슬리는 경건주의 운동에서 물려받은 모라비아 교도들의 소그룹 사상을 받아들여 사용했다.

이러한 영적 교제의 집단들은 어떻게 형성되며, 그 본질은 무엇인가? 내가 알고 있는 대부분 집단은 자신의 삶에서 이루어지고 있는 일들을 숨김없이 털어놓고 대화할 수 있는 안전한 장소가 있어야 하는 욕구에서 비롯된 것이다. 일반적으로 우리가 내면에서 요동치고 있는 동일한 관심사를 가지고 있는 한두 사람에게 힌트를 주면, 그들은 서로 만날 수 있는 가능성, 시간과 장소 등에 동의한다.

이렇게 하여 형성되는 것을 가장 정확하게 정의한 것이 "계약 집단"(covenant group)일 것이다. 이 집단의 회원들은 집단의 본질, 그리고 그 집단이 어떤 집단이 되어야 할 것인지 등과 관련하여 서로 계약을 맺는다. 이러한 집단에는 수용성, 개방성, 보살핌, 감수성, 그리고

---

32) Cf. R. Post, *The Modern Devotion* (Leiden: E. J. Brill, 1968), 353-58.
33) Philip Jacob Spener, *Pia Desideria*, trans. and ed. Theodore G. Tappert (Philadelphia: Fortress Press, 1964), 89. 한글 역본으로 『경건한 소원(은성출판사, 엄성옥 역)을 참조하라. 』

듣는 능력이 필요하다. 다락방(Upper Room)이 후원하는 영성 형성을 위한 아카데미(Academy for Spiritual Formation) 내의 계약 집단들은 "여러 가지 관계들을 심화하기 위한 장소"와 "호혜적인 영적 지도를 경험하는 기회"를 제공해 준다. 참석자들은 자신의 경험을 관상적인 방법으로 털어놓고 이야기하며 함께 깊이 고찰한다. "그들은 듣는 일과 상호작용을 통해서, 자기 집단 내에서 다양한 은사들을 발견하고 확인하고 권장할 수 있다." 그리고 "각각의 회원이 자신의 여정을 의식하는 것을 도와주며, 그 여행에 충실하도록 육성해 주고 도전해준다."[34]

더글러스 스티어가 말한 바와 같이,[35] 용납(acceptance)은 "무관심에서 비롯된 관용"을 의미하는 것이 아니다. 그것은 신약성서에서 아가페 사랑의 의미―사람들을 나 자신의 틀에 맞추려 하지 않고 포용하는 것―와 아주 근접하다. 공동체, 참된 코이노니아(*koinonia*)는 호혜성과 다양성을 존중하는 것에 의존한다. 이러한 집단은 바울이 고린도 교인들에게 촉구한 규정 아래서 잘 작용할 수 있을 것이다: "각 사람에게 성령의 나타남을 주심은 유익하게 하려 하심이라"(고전 12:7).

진정한 용납이 이루어지면, 개방성(openness)이 보장될 것이다. 사람들을 향한 개방성이란 우리 자신의 견해를 갖지 않게 된다는 것을 의

---

34) Danny E. Morris, "Birthing and Academy." *The Upper Room*, p. 6.
35) Douglas V. Steere, *On Listening to Another* (New York: Harper & Brothers, 1955), 12.

미하는 것이 아니다. 그와는 반대이다. 자신의 견해 안에서 안전감을 느끼며 영적 교제의 집단을 가치 있게 만들어줄 주고-받음의 관계를 다룰 수 있는 사람들은 다른 사람들의 견해를 제대로 이해할 수 있다. 회원들 간에 솔직하고 정직한 교제가 이루어지려면 개방적인 태도가 필요하다. 회원들이 경계심을 풀고 속을 털어놓을 수 있어야 한다.

돌봄(caring)은 영적 교제의 핵심이다. 그것은 용납과 개방성에 혈액을 공급해 주어 그것들이 성장하게 해준다. 휘겔은 영적 지도에 대해 말하면서 "보살핌은 세상에서 가장 좋은 것이다. 보살핌이 가장 중요하다. 기독교는 우리에게 사람들을 보살펴 주라고 가르친다"[36]라고 평했다. 소속된 회원들의 결속이 튼튼해짐에 따라서, 계약 집단은 일종의 중보의(intercessory) 고리가 될 수 있다. 회원들이 숨김없이 속을 털어놓게 되면, 그것은 회원들이 기쁨과 슬픔, 믿음과 의심, 사랑과 분노 안에서 서로를 하나님께 들어 올려 주는 형태의 기도가 된다. 회원들은 자기들의 삶과 짜 맞추어져 있는 이 친구들을 신뢰할 수 있기 때문에 아무것도 숨기지 않는다.

회장은 계약 집단을 지도하고 회원들을 환대하는 일에서 대단히 중요한 역할을 한다. 대니 모리스(Danny Morris)는 회장은 회원들이 믿음과 관련하여 터놓고 이야기하는 것에 초점을 두는 일을 돕기 위해서

---

36) Quoted by Douglas V. Steere, "*Autobiography*, 1984," 3.

두 가지 형태의 질문을 사용한다고 주장했다.
1. 오늘 하나님은 나에게 무엇을 말씀하시는가? 어떤 초청을 하시는가? 어떻게 초청하시는가? 나를 부르시는가? 오늘 나의 내면에 있는 무엇인가를 자극하여 준 것을 무엇인가? 그것은 나의 삶에 어떻게 영향을 주었는가?
2. 나를 방해하는 것들은 어디에 있는가? 내가 하나님께 응답하는 것을 방해하는 것은 무엇인가?

회원들이 공동의 초점을 형성하는 것을 돕기 위해서, 회장은 다음과 같이 질문할 수 있다.
1. 지금 우리는 갈등을 해결하고 있습니까? 아니면 갈등을 회피하고 있습니까? 우리가 서로 보다 솔직하게 마음을 열기 위해서 버려야 할 걸림돌은 무엇입니까?
2. 우리는 한 집단으로서 제대로 행하고 있습니까?

회장에게는 환대의 책임도 있다. 계약 집단에게는 특별히 환대가 중요하다. 참석자들은 긴장을 풀고 편안하게 느낄 수 있는 환경이 필요하다. 참석자들이 숨김없이 속을 털어놓으려면, 공동체 의식이 필요하다. 스코트 펙(M. Scott Peck)은 『다른 북』(The Different Drum)이라는 책에서 "참된 공동체의 현저한 특성들"을 다음과 같이 열거했다.
(1) 포괄성(inclusivity), 헌신, 합의
(2) 현실주의

(3) 관상

(4) 안전한 장소

(5) 개인적인 무장 해제를 위한 실험실

(6) 정중하게 싸울 수 있는 집단

(7) 회원들 모두가 지도자가 되는 집단

(8) 평화의 정신.[37]

　이 특성들은 서로 긴밀하게 관련되어 있다. 배타성은 공동체를 죽이는 것이다. 포괄성은 합의를 통해 공존하고 결정에 이르기 위한 헌신을 요구한다. 보편적으로 합의된 결정에 도달하려면 문제를 현실적으로 대면하는 태도와 겸손이 필요하다. 현실주의와 겸손은 관상적인 자기 성찰에서 자라나온다. 참된 공동체는 회원들이 공개적으로 소리쳐 울어도 안전하다고 느끼며 방어적인 태도를 버리고 제대로 싸울 수 있는 환경을 창출한다. 회장은 일단 일을 시작한 후에는 지도권을 집단 전체에 넘길 수 있다. 펙이 주장한 바와 같이, 이것을 "지도자가 없는" 집단으로 보기보다는 "회원 모두가 지도자가 되는" 집단으로 보는 것이 더 정확하다.[38] 이러한 공동체에서 중요한 것은 집단적인 승리의 정신이 아니라, 토마스 켈리가 말한 것처럼 "그 집

---

37) M. Scott Peck, *The Different Drum: Community-Making and Peace* (New York: Simon and Schuster, 1987), 59-76.

38) Ibid, 72.

단에 속한 사람들을 결속해 주는 직접적인 사랑의 관계"[39)]이다.

에큐메니컬 공동체

이 장을 마치면서, 우리는 지역 교회에서부터 세상 끝으로 확장되는 그리스도의 몸 안에서 중요한 뒷받침과 지지를 발견하게 된다는 것을 상기하는 것도 좋을 듯하다. 루터는 이발사에게, 자기가 기도할 때에는 혼자서 기도하는 것이 아니라고 말했다. "당신 혼자서 무릎을 꿇고 있거나 서 있다고 생각하지 마십시오. 그보다는 기독교계 전체, 모든 경건한 크리스천들이 당신 곁에 서 있으며, 당신은 그들 가운데 서서 하나님께서 무시할 수 없는 공동의 연합된 기도를 드리고 있다고 생각하십시오."[40)]

기독교 지도자들은 교황 요한 23세와 제2차 바티칸 공의회로 말미암아 에큐메니컬한 견해에 커다란 변화가 초래된 것으로 인해 하나님께 무한한 감사를 드려야 한다. 오늘날 한 사람(혹은 교회, 국가)의 기쁨이 모두의 기쁨인 것처럼, 한 사람의 고통은 모두의 고통이 되었다. 우리가 괴롭힘을 당하거나 공격을 당하거나 포위를 당하고 있음

---

39) Thomas R. Kelly, *A Testament of Devoion* (New York: Harper & Row, 1941), 78.

40) Martin Luther, *A Simple Way to Pray, In Luther's Works* (Philadelphia Penn.: Fortress Press), 43, 198.

을 깨달을 때, 가장 먼저 우리 교파가 아닌 곳으로부터, 때로는 우리의 믿음의 전통과는 다른 종교로부터 안도와 위로가 주어질 수도 있다. 세계 기독교 공동체는 기독교의 일치를 위한 기도 주간을 제정하여 지키고 있는데, 그것은 서로를 위해 기도하는 주간이 되는 듯하다. 그리스도의 몸 전체, 그리고 그 몸의 각 지체들에 관심을 기울이기를 바란다.

제11장

교회와 세상에 가장 필요한 사람

교회와 세상에 가장 필요한 것은 성인(聖人)이라는 말을 들으면, 개신교인들은 놀랄 것이다. 개신교인들은 삶의 모범으로 삼아야 하는 "거룩한 사람들"이라는 사상 자체를 부정하기 위해서 정력을 허비해 왔다. 학자들은 바울이 성인들(*hagioi*)이라고 말한 것은 선택된 소수의 신자를 말하는 것이 아니라 모든 신자를 언급한 것이라고 지적해 왔다. 종교개혁자들과 마찬가지로, 대부분의 개신교인들은 사람들의 본이 될 수 있는 모범적인 신앙의 엘리트라는 사상을 경멸해왔다.

지금 나는 중세 시대에 크게 남용되어온 성인 숭배, 성유물 숭배, 성인들을 위해 드리는 기도, 성인에게 드리는 기도, 그 밖에 여러 가지 번잡한 의식으로 돌아가라는 것이 아니다. 나는 누가복음 2장 36-38절의 "성전을 떠나지 아니하고 주야에 금식하여 기도한" 과부 안나처럼 살아있는 성인들에게 관심이 있다. 그런 인물을 열거해 보면 다음과 같다: 203년경 셉티무스 세베루스 황제의 박해 때 믿음을 위해 목숨을 바친 카르타고의 젊은 여인 퍼페투아(Perpetua)[1]; 하나님께 완전히 자신을 바쳐 라틴 세계에서 가장 영향력 있는 신학자가 된 어거스틴(354-430); 무한히 긍휼하신 하나님을 체험하여 그 시대 가장 추앙받는 영적 지도자가 된 노리지의 줄리안(1343-ca. 1416); 황제와 교황들의 위협에도 굴하지 않은 마틴 루터(1483-1546) 등을 들 수 있다. 더욱 최근의 인물로는 26세 때부터 천연두에 걸려 죽을 때까지 매년 약 두 달 동안 미국의 식민주를 여행하면서 노예제도의 폐지를 호소한 존 울먼(1720-72); 간디의 추종자로서 27세 때 미국 내의 민권을 위한 비폭력 운동의 지도자로 선출된 마틴 루터 킹 2세(1929-68); 신약성서 신학자요, 코이노니아 농장(Koinonia Farm)의 창설자이며, 난민을 위한 사역인 Habitat for Humanity and Jubilee Partners에 감화를 준 클래런스 조던(Clarence Jordan, 1912-69) 등을 예로 들 수 있다.

성인이란 어떤 사람인가?

성인(聖人)이란 완벽한 사람, 절대 실수를 하지 않는 사람이 아니다. 실제로 어떤 성인은 성인들의 반열에 들 수 없을 정도로 큰 잘못을 범하기도 한다. 예를 들어, 많은 사람은 민권 운동과 관련된 여인들과

---

1) *The Martyrdom of Saints Perpetua and Felicitas*에는 그녀의 일기가 포함되어 있다.

의 관계 때문에 마틴 루터 킹 2세의 이름을 제명하려 했다.[2] 토마스 머튼은 죽기 전에 루이빌에 있는 어느 병원 간호사와 연애를 했는데, 그 때문에 아마 가톨릭교회의 시복식과 시성식 과정을 통과하지 못할지도 모른다. 성인들은 결코 완벽한 사람들이 아니다.

또 성인들은 결코 특별한 사람도 아니다. 어느 성녀는 자신에 대해서 "나는 아무것도 몰랐습니다. 나는 아무것도 아니었습니다. 바로 그 때문에 하나님께서 나를 택하셨습니다"[3]라고 말했다. 세상에 천재는 많지 않지만 성인은 많을 수 있다. 왜냐하면 성인들의 삶은 모든 사람, 심지어 천재들에게도 개방되어 있기 때문이다. 천재가 성인이 되는 데 필요한 것은 모든 사람이 하나님께 굴복하는 데 필요한 것과 같다. 중요한 것은 사람들이 하나님께 드려 사용하시게 하는 능력을 하나님께서 어떻게 사용하시느냐 하는 것이다.

더글러스 스티어가 "성인의 권위"(The Authority of the Saint)라는 제목의 강연에서 지적한 것처럼, 성인들의 성품은 지극히 다양하다.

> 우유부단한 베드로; 신비적인 지성의 요한; 권위주의적인 유대인 입법자 바울; 터툴리안, 어거스틴, 파스칼 등처럼 강력하고 열정적이고 의지적인 성향의 사람들; 알렉산드리아의 클레멘트, 우리

---

2) 켄터키주 최초의 흑인 여성 상원의원인 조지아 데이비스 파워즈는 *I Shared the Dream* (Far Hills, N.J.: New Horizon Press, 1995), 145062, 169-77, 179-86, 227-35에서 마틴 루터 킹 목사가 관련된 성 관계가 있음을 주장했다.

3) Catherine Laboure는 Jill Haak Adels, *The Wisdom of the Saints: An Anthology* (New York: Oxford University Press, 1987), 130을 인용했다.

겐, 아퀴나스, 에라스무스 등 절충적이고 균형 잡히고 합리적인 본성을 가진 사람들; 아씨시의 프랜시스, 야코폰 다 토디(Jacopone da Todi), 헨리 수소, 토마스 트래헌(Thomas Traherne), 프랜시스 톰슨(Francis Thompson) 등의 시인들; 제노아의 캐더린, 아빌라의 테레사, 죄렌 키르케고르 등과 같이 선천적으로 약하거나 정신적인 문제를 가진 사람들; 스웨덴의 브릿젯(Bridget)처럼 실질적인 관리인; 독일인 구두 수선공 뵈메; 영국인 가죽 세공업자인 폭스; 뉴저지 주의 재단사 울먼, 신학 시험에 합격하지 못했고, 특히 도덕 신학 점수가 좋지 않았기 때문에 여러 해 동안 고해성사를 맡기지 않는 것이 좋다고 여겨졌던 무식한 프랑스 아르스의 교구 목사 등.[4]

그렇다면 성인이란 어떤 사람인가? 더글러스 스티어는 1961년 뉴욕에 있는 유니온 신학교의 객원 교수로 부임하여 행한 첫 강의에서 여섯 가지 특성을 열거했다.[5]

첫째, 성인이란 하나님의 은혜로 빛나는 삶을 살았고, 자신을 완전히 하나님의 처분에 맡긴 사람들이다. 그들은 실재(The Real)를 발견

---

4) Douglas V. Steere, *On Beginning from Within* (New York: Harper Prothers, 1943), 43.

5) 그는 On Beginning from Within에서 약간 다른 목록을 제시했다: (1) 성인들은 내면에서부터, 하나님을 향한 지극히 작은 행동을 언급하면서 시작한다. (2) 그들은 "하나의 단순한 영웅심을 나타내는데, 그들이 자신의 지극한 사랑이 위험에 처한 것을 목격할 때에는 그것은 절대로 멈추지 않는다." (3) 그들은 "지구력"을 소유한다. (4) 그들은 사람들을 개인적으로 보살펴준다. (5) 그들은 세속적인 것과 신성한 것을 구분하지 않으며, 삶 전체가 성례전적인 것으로 생각한다. (6) 그들에게도 실수가 있다.

했으며, 그 후로는 '실재하는 것'(what is real)에 대해 책임을 져야 했던 사람들이다. 탁월하고 헌신적인 유엔 사무총장 닥 함마슐드처럼, 그들은 하나님께 응답한 사람들이다. 함마슐드는 일지에 다음과 같이 적어 두었다.

> "우리가 인격적인 신을 믿지 않는 그 날 하나님이 죽는 것이 아니며, 우리의 삶이 한결같은 광채의 조명을 받지 못하게 되며 날마다 이성을 초월하는 곳에 근원을 둔 경이를 새롭게 하지 못하게 되는 그 날 우리는 죽는다."[6]

둘째, 은혜가 주입된 삶을 사는 사람인 성인들은 안전을 구하지 않고 신실하기를 구한다. 더글러스 스티어는 "그들은 결코 환난을 당하지 않는 것이 아니라, 우리와는 다른 시각으로 환난을 바라볼 뿐이다"[7]라고 말했다. 기자들이 캘커타의 마더 테레사와 인터뷰를 하면서, 거리에서 죽어가는 사람들을 데려다가 보살펴 주어도 대부분 죽고 마는데도 어떻게 그 일을 계속할 수 있느냐고 물었다. 테레사는 "하나님께서 나를 부르신 것은 성공하라는 것이 아닙니다. 하나님은 나를 불러 충실하라고 하셨습니다"라고 대답했다. 그녀는 자신을

---

6) Dag Hammarskjöld, *Markings*, trans. Leif Sjöberg and W. H. Auden(London: Faber and Faber, 1964), 64.

7) Douglas V. Steere, "Spiritual Renewal in Our Time," *Union Seminary Quarterly Review* 17(November 1961):47.

"하나님의 연필"[8]이라고 불렀다. 그녀의 견해는 어떤 것이었는가?

나는 결코 대중을 내 책임으로 여기지 않습니다. 나는 다만 개인을 볼 뿐입니다. 나는 한 번에 한 사람만 사랑할 수 있습니다. 나는 한 번에 한 사람에게만 먹을 것을 줄 수 있습니다.
단 한 사람입니다. 하나입니다.
여러분은 서로에게 더 가까이 다가감으로써 그리스도에게 더 가까이 갑니다. 예수께서는 "너희가 내 형제 중에 지극히 작은 자에게 행한 것이 곧 나에게 행한 것이라"고 말씀하셨습니다.
그러므로 여러분은 그 일을 시작하고 …나도 시작합니다.
나는 한 사람을 택합니다. …아마 내가 그 한 사람을 택하지 않는다면, 나머지 사람들 모두를 택하려 하지 않을 것입니다.
이 모든 일은 큰 바다의 물방울 하나에 불과합니다. 그러나 만일 우리가 그 한 방울을 바다에 흘러보내지 않는다면, 바다에는 한 방울의 물이 부족하게 될 것입니다.
우리 자신, 우리 가족, 우리가 다니는 교회에도 이 말이 적용됩니다. 그저 하나가 되어야 합니다.[9]

성인들이라고 해서 환난을 겪지 않는 것이 아니다. 윌리엄 럿셀 몰트비(William Russel Maltby)가 주장한 것처럼, 예수님은 자기를 따르는 사람들은 "아주 행복하고, 전혀 두려움이 없고, 항상 환난을 겪

---

8) Mother Teresa, *My Life for the Poor*, ed. José Luis González-Balado and Janet N. Playfoot (San Francisco, Harper & Row, 1985), 95.

9) Machael Collopy, *Works of Love Are Works of Peace: Mother Teresa and the Missionaries of Charity* (San Francisco: Ignatius Press, 1996), 35.

야 한다"[10]고 약속하셨다. 이 약속을 참작해 보면, 세 번째로 성인들은 역경에 대처하는 방법을 터득한 사람들이다. 그들은 끈기를 수양해왔다. 1932년 대공황 때에 도로시 데이(Dorothy Day)와 티터 모린(Peter Maurin)이 가톨릭 노동자 운동에 끌어들였던 사회적으로나 개인적으로 적응하지 못하던 사람들의 무리처럼, 그들은 "그럭저럭 지낸다."[11]

넷째, 성인들은 기뻐하는 사람들이다. 사도 바울은 기쁨을 사랑 다음가는 성령의 열매로 언급했다(갈 5:22-23). 그리스도 안에 있는 하나님의 뜻은 "항상 기뻐하고 쉬지 않고 기도하고 범사에 감사하는 것"(살전 5:16-18)이다. 바울은 감옥에 갇혀 있을 때나 죽음이 다가올 때도 기뻐했다(빌 1:18-19). 빌립보 교인들 역시 항상 기뻐해야 했다. 바울은 그들이 어리둥절함을 감지하고서 "내가 다시 말하노니 기뻐하라 너희 관용을 모든 사람에게 알게 하라 주께서 가까우시니라"(빌 4:4-5)라고 거듭 말했다.

아씨시의 프랜시스는 그리스도를 위해 고난을 받아 미친 사람 취급을 받을 때도 "말할 수 없는 기쁨"을 발견했다. 프랜시스는 "마귀는 하나님의 종에게서 영적 기쁨을 빼앗을 수 있을 때 가장 기뻐한

---

10) Cited by Steere, "Spiritual Renewal in Our Time," 48.
11) Ibid., 50. 도로시 데이와 가톨릭 노동자 운동에 대해서 알려면, William D Miller, *Dorothy Day: a Biography* (San Francisco: Harper & Row, 1982), 249-80을 보라.

다. 그는 흙을 가지고 다니다가 양심에 아주 작은 틈이라도 발견하면 그곳에 그 흙을 던지며 마음의 솔직함과 삶의 깨끗함을 더럽히려 한다"[12]라고 말했다.

아빌라의 테레사는 자신을 "까다롭고 괴팍한 신자들로부터"[13] 구해 달라고 기도했다. 뉴 잉글랜드의 완고한 청교도들은 큰 잘못을 범했다. 그들은 사람들이 기뻐하는 것을 두려워한 듯하다. 성인들은 기쁨이 충만한 사람들이다.

다섯째, 성인들은 "꿈의 불을 붙여주고 깨끗하게 해주는 사람들이다."[14] 그들은 하나님께서 이루려 하시는 것을 본다. 그들은 "나라가 임하시오며 뜻이 하늘에서 이루어진 것 같이 땅에서도 이루어지이다"(마 6:10)라고 기도한다. 독일 신학계의 기둥 역할을 포기하고 의학을 공부하여 람바레네에서 평생을 보낸 알버트 슈바이처, 또는 아씨시의 프랜시스에게서 감화를 받아 시인으로서의 촉망되는 장래를 포기하고 여생을 로데시아에서 마쇼나 부족들과 함께 궁핍한 생활을 한 아더 쉬얼리 크립스(Arthur Shearly Cripps)[15] 등이 그러한 사람이다.

---

12) Thomas of Celano, *Second Life* 125, in *Saint Francis of Assisi: Writings and Early Baiographiew*, trans. Raphael Brown et al., ed. Marion A. Habig (Chicago: Franciscan Herald Press, 1972), 465.

13) Cited by Steere, "Spiritual Renewal in Our Time," 51.

14) Ibid.

15) Cripps에 대해서는 Douglas V. Steere, *God's Irregular: Arthur Shearly Cripps* (London: SPCK, 1974)을 보라.

성인들은 "도전을 갈망하며 실제로 도전한다."[16)]

마지막으로, 성인들은 기도의 사람들이다. 그들은 끊임없이 부어 주시는 하나님의 사랑에 자신을 개방한다. 성인의 삶의 특성은 내면적으로 하나님께 주의를 집중하고 복종하는 것이다. 베르나노(Bernano)의 소설 『어느 시골 사제의 일기』(*The Diary of a Country Priest*)에 등장하는 사제는 성인의 기도에 근접한 생활을 했다.

"사랑하는 하나님, 당신께 모든 것을 기꺼이 드리렵니다. 그러나 그 방법을 저는 알지 못합니다. 저는 그저 당신이 가져가시는 대로 맡기렵니다. 가장 좋은 방법은 고요히 머물러 있는 것입니다. 나는 드리는 방법을 알지 못하지만, 당신은 가져가시는 방법을 알고 계십니다. …그렇지만 단 한 번이라도 당신께 크게 후하게 드리고 싶었습니다."[17)]

성인들이 우리의 삶에 주는 영향

성인들은 은혜의 빛을 받은 삶을 사는 사람, 안전을 구하기보다는 신실하기를 구하는 사람, 역경을 잘 견뎌내는 사람, 기뻐하는 사람, 꿈이 가득한 사람, 그리고 기도하는 사람이다. 이러한 사람들이 이

---

16) Steere, "Spiritual Renewal in Our Time," 53-54.
17) Georges Bernanos, *The Diary of a Country Priest* (London: Carroll & Graf Publishers, Inc., 1995), 296-97.

세상을 변화시킬 수 있을까? 성인들이 개개인의 삶에 영향을 미칠 수 있다는 사실에 이의를 제기하는 사람은 그리 많지 않을 것이다. 내 인생에도 감명을 준 성인이 있었다.

그의 이름은 마쉬(O. C. Marsh)이다. 그는 유명한 사람이 아니었다. 그의 이름이 신문에 실린 것은 단 한 번, 그가 죽었을 때뿐이다. 그러나 오늘날 내가 존재하게 된 데에는 이 평범하고 눈이 뜨이지 않는 성인의 영향이 크다.

나는 4살 때에 마쉬 삼촌에게서 은혜가 무엇인지를 배우기 시작했다. 언젠가 우리 가족들은 미조리주 쿠바 근처에 있는 브러쉬 강(Brush Creek)에서 낚시를 했는데, 그 근처에 삼촌의 농장이 있었다. 나는 피라미나 작은 물고기가 미끼에 입질했는데도 모른 채 낚싯대를 붙들고 서 있었다. 이런 나를 보신 삼촌은 가만히 내가 있는 곳으로 오셔서 낚싯줄을 들어 올리시면서, "글렌, 무엇이 잡혔는지 보자꾸나"라고 말씀하셨다. 삼촌은 작은 농어를 낚싯바늘에 끼시더니, 낚싯줄을 다시 물 속에 던지셨다. 내가 처음으로 물고기를 낚았을 때의 기쁨, 혹은 처음으로 은혜에 접했을 때 기쁨을 여러분은 상상할 수도 없을 것이다.

나는 삼촌에게서 긍휼이 무엇인지를 배웠다. 내 부모님이 요란했던 결혼생활에 종지부를 찍고 이혼하셨을 때, 삼촌 부부는 형을 데려다가 길러 주셨다. 얼마 후, 그분들은 사촌 둘을 데려다가 4년 동안 돌보아 주셨는데, 그것은 그 아이들의 어머니가 폐병 환자 요양소에 들어가게 되었기 때문이었다.

나는 삼촌에게서 겸손이 무엇인지를 배웠다. 삼촌은 소심하지는 않았지만, 결코 주제넘게 나서지 않으셨고, 명예나 칭찬을 원치 않으셨다. 그분은 아무리 특별한 사람이라도 비천한 일을 할 수 있다는 본을 보여 주셨다. 그분은 농사를 짓고 이발사 일을 해서 생계를 유지하는 데 만족하셨다.

나는 삼촌에게서 지혜와 지식을 구분하는 방법을 배웠다. 삼촌은 초등학교 밖에 나오지 않았지만, 내가 알고 있는 사람 중에 가장 지혜로운 분이셨다. 그분은 인생에서 가장 중요한 것이 무엇인지를 알고 계셨다. 즉 사랑과 화평과 오래 참음과 자비와 양선과 충성과 온유와 절제가 중요하다고 생각하셨다(갈 5:22-23).

나는 삼촌에게서 신실함의 의미를 배웠다. 삼촌은 쿠바를 떠나 세인트루이스로 이사하셨고, 나는 삼촌 집에 묵으면서 세인트루이스에 있는 워싱턴 대학을 다녔다. 당시 나는 아직 교회에 제대로 다니지 않고 있었다. 삼촌이나 숙모는 믿음에 대해서 많은 말씀을 하시지 않았다. 그분들은 나에게 믿음을 강요하지 않고, 다만 믿음대로 행하는 삶을 사셨다. 그분들의 믿음은 매일매일의 삶을 지배했다. 예배가 있는 날에는 교회에 가셨고, 어려운 사람이 있으면 구제하셨다. 병든 사람이 있으면 찾아가서 기도해 주셨다. 그분들은 결코 교회에 가는 것에 대해서 나에게 설교하신 적이 없었지만, 나는 그분들의 모범적인 삶에 감명을 받아 같은 신앙생활에 깊이 이끌려 들어갔다. 이 이야기가 독자들의 기억의 샘에 있는 이야기와 연결되기를 바란다.

성인들이 세상을 변화시킬 수 있을까?

성인들이 보다 큰 범주의 공동체나 세상을 변화시킬 수 있는지에 관한 질문은 다루기 어려운 질문이다. 많은 사람은 이에 대해 회의적이다. "성인들은 개개인의 삶에 영향을 줄 수 있다. 아마 집단들에도 영향을 줄 수 있을 것이다. 그렇지만 그보다 범주가 큰 세상에도 영향을 줄 수 있는지는 별개의 문제이다." 실제로 역사에 대한 어느 이론에서는 개인들은 거의 중요치 않다고 가정한다. 우리는 시냇물에 떠 있는 대팻밥과 같아서 물결이 흐르는 대로 흘러간다.

성인들은 이 이론을 부인한다. 그러나 우리 대부분은 이와 같은 회의적인 태도를 이해할 수 있다. 결국, 성인들은 사회개혁가가 아니다. 낙관주의적이던 1980년대에 남침례교 신학교 학생들이 제작한 셔츠나 포스터를 보면, 대부분 사람은 주제넘다고 생각할 것이다. 그들은 대답하게도 "우리는 세상을 변화시키는 일에 나섰다"라고 선언했었다. 성인들은 사회에 저항할 수 없는 논거를 제기하는 교수들이 아니다. 더글러스 스티어가 지적한 것처럼, 그들은 단순히 자신의 삶을 사람들 앞에 놓으며 "곤란한 초대를 하는데, 사람들은 그것을 받아들이거나 거부할 것을 결정해야 한다."[18] 그렇다면, 그들은 어떻게 자기들과 접촉하는 소수의 사람만 아니라 많은 사람에게 영향을 줄 수 있는 것일까? 또 우리는 어떻게 해서 세상과 교회가 가장 필요로

---

18) Steere, *On Beginning from Within*, 17.

하는 것은 성인들이라고 주장할 수 있는가?

더글러스 스티어는 『내면으로부터의 시작에 관해서』(*On Beginning form the Within*)에서, 성인들은 꿈을 실현함으로써 사회의 "상처받기 쉬운 중심"에 영향을 주어 신실함의 새로운 차원으로 들어 올려 줄 수 있다고 주장했다.[19] 핵심은 성인들 "자신이 사회를 초월하는 것에 놀랄 만큼 충실한 것" 안에 있다. 더글러스 스티어는 계속해서 다음과 같이 말했다.

> "충실하고 헌신적인 신자들이 있는 한, 사회에는 국가나 사회 기관이 개인의 참된 목적과의 관계를 고려하게 만들며 질서의 원리를 다짐하는 강력한 힘이 작용한다."[20]

이제 시대적으로는 700년이나 떨어져 있지만 서로 연결된 두 사람—아씨시의 프랜시스(1182-1226)와 캘커타의 마더 테레사(1910-97)—의 삶에 대해 언급하려 한다. 두 사람 사이의 연결 고리는 마더 테레사의 삶은 프랜시스를 본받는 것이라는 사실에 있다.

프랜시스가 20세가 되기 전까지만 해도 그가 역사에 영구적인 흔적을 남길 성인이 되리라고 생각한 사람은 거의 없었다. 피터 베르나도네(Peter Bernadone)를 아버지로 하여 부유한 가정에 태어난 장래의 성인은 아씨시 성문에서 구걸하는 집 없는 사람들, 도시 밖의 고립

---

19) Ibid., 31.
20) Ibid., 30.

된 지역에서 살아야 하는 문둥병자들, 또는 십자가를 지고 전쟁에 참전한 사람들에게 거의 관심을 두지 않았다. 그는 부의 혜택을 충분히 누리면서 살았다.

그러나 20세쯤 되었을 때, 그는 어떤 일에 참여하게 되었는데, 그것은 그의 삶을 극적으로 전환시키는 계기가 되었다. 아씨시는 지혜롭지 못하게도 인근의 도시 페루지아를 상대로 전쟁을 벌였다. 페루지아는 튼튼한 요새였다. 프랜시스는 그 조처가 지혜로운 것인지는 생각하지 않은 채, 아씨시의 다른 시민들과 마찬가지로 화려한 갑옷을 입고 전쟁 장비를 갖추고 말을 타고 페루지아를 향했다. 그러나 그는 목적지에 도착하기도 전에 포로가 되어 1년 이상 감옥에서 지내다가, 아버지가 보석금을 지불해서 석방되었다.

마지못해서 행하는 것이라도 고독하게 홀로 지내는 생활은 사람들의 변화시킨다. 아씨시에 돌아온 프랜시스는 어딘가 달라져 있었다. 혼자 보내는 시간이 많아졌다. 그는 진지해졌고, 특별한 일을 하기 시작했다. 이런 일들이 정확하게 어떤 순서로 발생했는지는 알지 못하지만, 약 5년이 흐르는 동안 프랜시스는 근본적으로 변화되었다.

아씨시의 어느 귀족이 아풀리아를 상대로 전쟁을 벌였는데, 부와 명예를 얻을 수 있을 것이라는 꿈에 도취한 프랜시스는 그 원정에 동의했다. 그러나 처음에는 병 때문에, 나중에는 환상을 보고서, 그는

자신이 사용하려고 수집해 두었던 장비들을 다른 군인에게 주었다.[21]

그는 문자 그대로 가능한 단순하게 예수님을 따름으로써 호전적인 시대를 돌파하기로 결심하고서, 아버지의 가게에서 훔친 옷감을 팔았고, "청빈 양"(Lady Poverty)[22]과 결혼했다. 그는 그 돈으로 무너져가는 성 다미안(St. Dimian) 성당을 수리하라고 사제에게 주었지만, 프랜시스의 부모를 두려워한 사제는 받지 않았다. 프랜시스는 그 돈을 창턱에 던졌다.[23] 아들이 정신이 나갔다고 생각한 아버지는 프랜시스를 어두운 지하실에 가두었는데, 아들을 불쌍하게 생각한 어머니가 아들을 놓아 주었다. 그러나 아버지는 아들의 뒤를 추적하여 아들을 주교에게 데리고 가서 자기의 재산을 모두 돌려받으려 했다. 프랜시스는 그 자리에서 옷을 모두 벗고 벌거숭이가 되었다. 만일 주교가 자기의 외투를 입혀 주지 않았다면, 프랜시스는 벌거벗은 채 그곳을 떠나야 했을 것이다.[24]

이리하여 가족들과 완전히 결별한 프랜시스는 자유로이 철저한 제자의 길을 걸을 수 있게 되었다. 그는 오직 예수님만 따르려 했고, 철저히 단순하게 살았다. 그는 전에는 보지도 못하고 냄새조차 맡지 못했던 문둥병자들을 돌보아 주었고, 어느 문둥병자와는 입을 맞추기

---

21) Thomas of Celano, *First Life* 4-5.
22) Ibid., 6-7.
23) Ibid., 8-9.
24) Ibid., 10-15.

도 했다.[25] 그는 성 다미안 교회와 뽀르치운쿨라 교회를 보수했고, 그곳은 자기를 따르는 작은 무리의 본부로 삼았다.[26] 그는 예수님의 명령에 따라 평화의 메시지를 전파하기 시작했다. 사람들이 합류하자, 그는 그들을 둘씩 짝을 지어 내보내면서 평화의 메시지를 전하게 했다. 그는 그들에게 "사랑하는 형제들이여, 둘씩 짝을 지어 세상 각처를 다니면서 사람들에게 평화와 죄사함에 이르는 회개를 전하십시오"[27]라고 가르쳤다.

이처럼 작고 눈에 뜨이지 않는 노력 속에는 100년이 못 되어 유럽 전역에서 기독교인들의 상상력을 사로잡으며 무의미한 십자군 원정을 종식시킬 운동을 출발시킬 강력한 사상의 씨앗이 들어 있었다.

프랜시스는 십자군 전쟁이 절정에 달했을 때 이 용감한 생각을 하게 되었다. 1204년에 제4차 십자군 원정이 이루어졌는데, 이 때 십자군 전쟁의 목적이 기본적으로 변화되었다. 원래 십자군 전쟁은 1095년에 비잔틴 제국을 터키의 위협에서 구하기 위해 시작되었었다. 그런데 4차 원정 때에, 베니스의 상인들은 십자군들을 배로 성지에 수송해 주는 대가로 자라(Zara)라는 상업 도시를 함락시켜 달라고 요구했다. 자라를 함락시키려면 콘스탄티노플을 장악해야 했고, 따라서 비잔틴 제국은 니케아에 중심을 둔 작은 국가로 전락하게 되었다.

---

25) Ibid., 17.
26) Ibid., 18, 21.
27) Ibid., 23-25, 29.

1212년에는 어린이 십자군 원정이 있었다. 완전히 무장을 한 기사들도 이루지 못한 일을 위해서 12세부터 18세까지의 어린이들이 나선 것이다. 해외로 행군하던 어린이들은 도중에 영양실조나 약탈자들의 공격으로 죽었다. 악랄한 상인들은 나머지 어린이들을 이집트로 데려가서 노예로 팔았다.

보나벤투어(Bonaventure)의 판단에 의하면, 프랜시스는 "사람들을 죽이기 위해서가 아니라 죽임을 당하고픈 소망을 가지고"[28] 성지로 가기를 갈망했다. 그는 설교와 순교에 의해서 사람들을 그리스도께 인도하기를 원했다. 1219년, "회심하고 나서 13년 되는 해"에 프랜시스는 시리아를 향해 출발하여 마침내 이집트의 다미에타(Damietta)에 도착했다. 그러나 그는 그곳에서 체포되었다가, 술탄을 만난 후에 석방되었다.[29]

존 홀랜드 스미스(John Holland Smith)의 기록에 의하면, "이 일이 있기 전까지 그는 자신의 용기의 한계를 알지 못했었는데, 이제 그는 자신이 그리스도를 위해서라면 무슨 일이라도 할 수 있다는 것을 알게 되었다."[30] 이 순례로 인해 그는 끔찍한 대가를 치렀다. 그가 아씨시에 도착했을 때, 그의 작은 형제단은 오스티아의 감독인 우골리노

---

28) Bonaventrue, *Major Life* 9.5.
29) Celano, *First Life* 57.
30) John Holland Smith, *Francis of Assisi* (New York: Charles's Sons, 1972), 132.

추기경의 보호를 받고 있었고, 프랜시스는 곧 자신이 창설할 의도가 없는 수도회의 평신도 형제가 되었음을 발견했다.[31] 처음에 그가 고안해낸 단순한 규칙 대신에 복잡한 규칙이 1221년과 1223년에 각기 제정되었다. 1226년에 그는 완전히 건강을 잃었고, 거의 소경이 되었다. 그는 1226년 10월 4일에 세상을 떠났다.

프랜시스의 인생은 짧고 눈에 뜨이지 않는 삶이었지만, 하나님께 복종하는 삶이었으며, 다른 사람들이 응답하지 않을 수 없는 초청을 하는 삶이었다. 그 삶이 세상을 변화시키는 효과를 지녔는지 판단해 보라. 후대 사람들은 그와 관련하여 놀라운 이야기를 기억하고 있다. 그가 새들에게 설교했는데, 새들이 십자가 표식을 만들기 위해서 꼬리로 서서 날개를 폈다고 한다.[32] 프랜시스가 그레치오(Greccio)에서 사나운 늑대를 길들였고,[33] 굿비오에서도 무서운 늑대를 길들였다는 이야기도 있다.[34] 덫에서 놓여난 작은 토끼 한 마리가 프랜시스에게 도망쳐 와서 그의 품에 안겼다는 이야기도 있다.[35] 그는 모욕과 욕설과 위해를 감수했고, 자기를 고문한 사람들을 용서했다.[36] 그는 십

---

31) Ibid., 75.

32) Ibid., 58.

33) Bonaventure, *Major Life* 11; *Legend of Perugia* 34.

34) *The Little Flowers of St. Francis*, 21.

35) Celano, *First Life* 60.

36) Ibid., 16.

자가만이 참된 기쁨이 된다고 가르쳤다.[37] 그것은 자연과 인류와 화해와 평화의 상징이었다. 프랜시스의 사후에, 사람들은 다음과 같은 프랜시스의 기도문을 사용했는데, 그것은 오늘날 "성 프랜시스의 기도"라고 불린다.

> 주여, 나를 평화의 도구로 써 주소서
> 미움이 있는 곳에 사랑을,
> 상처가 있는 곳에 용서를
> 의혹이 있는 곳에 믿음을
> 절망이 있는 곳에 희망을
> 어둠이 있는 곳에 광명을,
> 슬픔이 있는 곳에 기쁨을 심게 하소서.
> 오 거룩하신 주님,
> 나로 하여금
> 위로받기보다 위로하며
> 이해받기보다는 이해하며
> 사랑받기보다는 사랑하게 하소서.
> 우리는 사람들에게 베풀 때에 받으며,
> 용서해줌으로써 용서받으며,
> 자기를 죽임으로써 영생을 얻습니다.

이 기도가 정확하게 프랜시스의 가르침을 나타내고 있을까? 이 기도문은 그 후 도처에서 사람들에게 감명을 주었기 때문에 그것이 정

---

37) *The Little Flowers of St. Francis*, 8.

확한 가르침인지는 그리 중요한 문제가 아닐 수도 있다. 그러나 어쨌든 이 기도문은 정확한 것이라고 알려져 있다.

존 홀랜드 스미스는 프랜시스의 전기에 프랜시스의 설교를 들은 적이 있는 스팔라토의 토마스(Thomas of Spalato)의 말을 인용했다. 스팔라토는 "그의 호소의 핵심은 끊임없이 평화의 중요성을 강조한 데 있다. 그의 말은 불화를 버리고 평화의 형제애를 재확립하는 데 초점을 두고 있었다"고 말했다. 또 그는 "그는 평화를 설교할 때는 가난한 사람들을 위해서, 그리고 그들을 대상으로 설교했다. 가난한 사람들의 처지에서 보면 그 시대의 전쟁 위협은 이미 견딜 수 없을 만큼 괴로운 삶에 또 하나의 짐을 더해 주는 것을 의미할 뿐이었다"[38]고 덧붙여 말했다.

프랜시스의 삶은 중요했다. 십자군 원정에 참여했던 용감한 사람들은 이미 세상 사람들의 기억에서 사라진 지 오래지만, 프랜시스는 지금도 기억되고 있다. 그의 평화의 메시지는 더욱 자비하고 관대한 유럽이 등장하게 될 것을 알려 주었다. 그것은 무의미한 십자군 전쟁의 종식이 시작될 것을 알려 주었다. 프랜시스가 보인 본보기는 그때 이후 지금까지 평화 운동이나 그러한 운동을 추진하는 사람들에게 감명을 주어왔다.

예수를 따르는 일에 있어서 프랜시스를 모방한 사람들은 많지만,

---

38) Smith, *Francis of Assisi*, 164-65.

오늘 우리 시대의 두드러진 인물은 캘커타의 마더 테레사이다. 1979년에 마더 테레사가 노벨 평화상을 수상했을 때, 어떤 사람들은 항의하기도 했다. 어떤 사람은 그 직후에 "이 거룩한 수녀의 견해에는 예언적 비판의 요소가 완전히 빠져 있다"[39]라는 내용의 글을 썼다.

마더 테레사는 마틴 루터 킹 2세가 아니었다. 그녀는 평화를 위한 행동주의자가 아니었다. 그보다는 아씨시의 프랜시스처럼 단지 삶을 하나님께 완전히 바치며 마음을 다해 가난한 사람들을 위해 봉사한 성인이었다. 그녀는 아이들을 교육하고, 죽어가는 사람들의 냄새 나는 상처를 씻어 주고, 사회에게서 버림받은 문둥병자들을 보살펴 주고, 거리의 부랑자들을 수용하며, 폐병 환자들을 치료해 주었다. 간단히 말해서, 그녀는 사회로부터 소외되고 버림받고 사랑받지 못하는 사람들을 사랑했다.

마더 테레사의 본명은 아그네스 곤자 보야주(Agnes Gonxha Bojaxhiu)로서, 1910년에 마케도니아의 스코플레(Skopje)에서 태어났다. 12살 때에, 제수잇 선교사로부터 인도 빈민들의 참상에 대한 이야기를 들었다. 그녀의 내면에서는 하나의 소명 의식이 자라기 시작했다. 로레토 수녀회(Sisters of Loretto)는 그녀가 인도에 갈 수 있게 배려해 주었고, 그녀는 9년 동안 인도의 어느 학교에서 가르쳤다. 그러던 어느 날 하수도에 버려진 시체를 보았는데, 그것은 그녀의 내면에 하나님께

---

39) Jack A. Jennings, "A Reluctant Demurrer on Mother Teresa," *Christina Century*, March 11. 1981, 258.

서는 그녀가 특별한 일―인도에서 가장 가난한 사람들을 위해 봉사하는 것―을 하기를 원하신다는 확신을 일으켜 주었다.

그녀는 로레토 수녀회로부터 손을 떼고 캘커타의 대주교의 승인을 얻는 데 어려움을 겪었지만, 참고 인내하여 결국 승리했다. 그녀는 모든 일을 그리스도를 위해서 하기로 했다. 그녀는 "나는 아무것도 아닙니다. 내가 하는 일은 하나도 없습니다. 나는 하나님의 연필입니다. 하나님께서 원하시는 것을 쓰시는 몽당연필입니다"[40]라고 말했다.

마더 테레사는 1997년 9월에 세상을 떠났다. 그녀가 우리 앞에 제시한 삶과 초청이 인류에게 어떤 영향을 미칠 것인지 확실하게 말할 수 있는 사람이 과연 있겠는가? 나는 세상이 오늘날의 정치적/경제적 실력자들을 완전히 망각한 후에도 마더 테레사를 기억할 것이라고 말할 수 있다. 마더 테레사는 사심 없는 사랑의 본보기를 제시함으로써, 세상을 보다 자비하고 관대하고 사려 깊은 곳으로 만들었다.

그녀는 1987년 6월 22일에 켄터키주 루이빌에서 벨라민 훈장을 받으면서 "사랑은 삶입니다. 사람들은 빵보다는 사랑에 굶주려 있습니다. 사랑은 하나님의 선물입니다. 우리는 순수한 마음으로 사랑해야 합니다"[41]라고 말했다.

세상과 교회는 성인들을 필요로 한다. 현명한 정치가들이나 총명

---

40) Mother Teresa, *My Life for the Poor*, 95.
41) 이것은 내가 그녀의 담화를 개인적으로 기록해둔 것이다.

한 과학자들이나 많은 급여를 받는 전문 경영인들이나, 똑똑한 연예인이나 토크 쇼 진행자들보다 성인이 더 필요하다. 마더 테레사는 이미 세상을 떠나고 없는 지금, 이 세상에 특별한 것이나 평범한 그 무엇이 등장하려 하고 있는가? 나는 그렇다고 생각한다. 하나님의 은혜에 의해서 성인들이 "태어나려 하고 있다"고 말할 수 있다. 하나님의 은혜로 조명된 삶을 사는 사람들, 안전을 구하기보다 충성을 구하는 사람, 역경을 견뎌내는 방법을 터득한 사람, 기뻐하는 사람, 꿈이 있는 사람, 기도의 사람들이 있다. 교회와 세상이 가장 필요로 하는 것은 바로 이런 사람들이다. 그 일은 우리에게서 시작된다.

부록

성격과 영성(Personality and Spirituality)

자신이 잠시 침묵하는 일이나 어떤 형태의 기도를 하는 등의 훈련을 하는 데 있어서 어려움을 느끼는 이유를 알고 싶은 사람이 있을 것이다. 많은 이유를 들 수 있겠지만, 현대의 심리학적 연구에서는 성격의 형태가 큰 작용을 할 것이라고 지적한다. 예를 들어, 외향적인 사람들은 침묵과 묵상을 어렵게 여길 것이며, 내향적인 사람들은 꿀벌이 꽃을 찾듯이 침묵을 반길 것이다.

그러나 나는 성격의 형태에 따라서 어떤 사람이 다른 사람보다 더 신령하게 되거나 하나님께 더 용납된다고 생각하지 않는다. 물론 개중에는 영성 훈련을 다른 사람보다 쉽게 여기는 사람들이 있겠지만, 그렇다고 해서 고대 영지주의자들이 사용했던 것과 같은 범주—육적인 사람, 영적인 사람, 정신적인 사람(육적인 사람과 영적인 사람의 중간적 위치)—를 만들어 내서는 안 된다. 영지주의자들은 육적인 사람은 영적으로는 소망이 없는 사람이고, 영적인 사람은 자동적으로 천계에 들어가며, 정신적인 사람은 영적인 일과 씨름하는 사람이라고 간주했다. 현대의 Myers-Briggs Peresonality Inventory(마이어즈-브릭스 성격 목록)에는 성격의 유형과 관련된 기호나 성향 등이 수록되어 있다. 거기서는 그러한 기호가 지닌 영적 가치를 판단하지는 않는다.

우리는 자신을 하나님께 개방할 때에, 하나님께서 우리가 성격이나 삶의 경험 등이 초래할 수도 있는 한계를 초월할 수 있게 해주실 수 있다는 것을 알아야 한다. 은혜가 우리의 죄 보다 크려면(롬 5:15, 20), 은혜는 성격의 결과들보다 커야 한다.

찰스 키팅(Charles J. Keating)은 "우리의 기본적인 성격은 감옥이 아니라 출발점이다"[1]라고 말했다. 문화, 경제, 과거의 종교적 경험 등 많은 요인이 우리의 영성에 영향을 미친다. 그러나 종교적인 영역에서 가장 중요한 것은 하나님께 마음을 열고 복종하는 것이다. 심리적인 윤곽이 우리의 삶을 지배하도록 내버려 둘 필요가 없다.

성격은 영성에 어떤 영향을 주는가

성격은 특정 형태의 기도를 선호하거나 영성에 대한 접근 방법을 선호하는 경향에 영향을 미친다. 이 부록에서는 영성에 접하는 몇 가지 방법들을 짝을 짓는 데 중점을 두겠지만, 우리는 성격의 차이점으

---

1) Charles j. Keating, *Who We Are Is How We Pray: Matching Personality and Spirituality* (Mystic, Conn.: Twenty-Third Publications, 1987), 118.

로 말미암아 초래되는 "성향"에 관심을 기울여야 한다. 이와 같은 넓은 범주에서의 관찰 결과를 성찰할 때에, 개인적인 특성을 망각해서는 안 된다. 하나님은 각 사람을 하나하나씩 다루시지, 성격의 윤곽에 의해서 다루시지 않는다.

칼 융은 성격의 형태를 네 쌍으로 분류한다: 내향적인 사람-외향적인 사람(Introvert-Extrovert), 직관적인 사람-의식적인 사람(Intuitive-Sensing), 감성적인 사람-이성적인 사람(feeling-thinking), 인지력이 뛰어난 사람-판단력이 뛰어난 사람(Perceiving-Judging). 이렇게 짝지어진 유형들은 하나의 스펙트럼 안에 놓여 있는 것으로 보아야 한다.

만일 우리가 한쪽으로 치우치는 경향을 나타낸다면, 우리는 자신을 중심으로 끌어당겨 줄 영성 훈련을 원할 것이다. 원만한 영적 성장을 이루려면 약한 쪽을 지향함으로써 균형을 이루어야 한다. 여기에서는 서로 짝지어진 각각의 형태를 전반적으로 다룰 필요가 없지만, Myers-Briggs Personality Inventory가 우리의 영성 이해에 미치는 영향에 대해 생각해 보는 것도 도움이 될 것이다.

Myers-Briggs Personality Inventory에 대한 많은 설명이 있는데, 그 설명에 대해서 자신의 기호에 기초를 두고서 응답해야 한다. 각 사람의 성격의 전반적인 경향을 파악하기 위해서, 이러한 반응을 도표로 그려본다. 성격의 형태와 행동이 다르다는 점에 유의하라. 예를 들어, 분명히 내향적인 성격을 나타내는 사람이 일반적으로 외향적인 사람의 특성이라고 생각되는 특성을 나타낼 수도 있다. 그렇다고 해도, 그 사람은 목록에서는 내향적인 성격을 선호하고 그러한 성향을 나타낼 것이다.

여기서는 Myers-Briggs가 짝지어 놓은 성격의 특별한 성향들을 다루지 않겠다. 독자들은 자신이 소유하지 않는 목록을 취하며, Myers-Briggs Inventory와 영성을 다룬 글들을 읽어보기를 바란다.

찰스 키팅(Charles J. Keating)은 어느 저서에서 성격의 형태에 따른 영향을 다음과 같이 다루었다.

1. 내향적 영성은 복합적이고 획일적이지 않으며, 따라서 개인적인 영성이다. 외향적 영성은 내향적 영성보다 쉽거나 단순하지 않지만, "보다 일관성이 있고" 보다 쉽게 사람들을 돕는다.

2. 직관적인 사람들은 꿈이 많은 사람이다. 따라서 그들의 영성은 상상력을 많이 사용한다. 직관적인 사람들은 항상 가능성을 예측하며, 함축된 의미를 캐낸다. 반면에 의식적인 사람(Sensing)은 확고한 근거를 원한다. 그들은 주위 세상에 대해 사실주의적 견해를 취한다. 흥미롭게도 종교 기관에서 일하는 사람들의 대다수가 바로 이러한 사람들이다. 조직체에서는 꿈이 많은 사람을 기대하지만, "꿈이 많은 사람"은 조직에서 살아남는 데 어려움을 느낄 수 있다.

3. 감성적인 사람들(Feelers)은 주위 사람들에 대한 책임을 받아들이기를 원할 것이다. 그들은 하나님을 자신의 동역자로 생각한다. 그들은 영적 성장을 과소평가하는 경향이 있기 때문에, 영적 성장에서 어려움을 경험한다. 이와는 대조적으로 이성적인 사람들(Thinkers)은 이성과 논리를 중시한다. 그들은 영적 성장 자체를 의

심하기 때문에 영적 성장에 어려움을 겪는다.
4. 비판적인 사람들(Judging)은 애매한 것을 보면 불편을 느끼며, 자신이 통제할 수 있는 것을 원한다. 종교적 영역에서, 거기에는 영성과 하나님이 포함된다. 그들은 하나님을 포함하여 다른 사람들이 자신을 대신하는 것을 용납하지 못한다. 반면에 인식적인 사람들(Perceivers)은 자신에게 임하는 일에 대해 개방적이며 동요함이 없이 받아들인다. 그들은 모험을 감행하는 사람들이다.

성격에 맞는 영성 발견하기

수 세기 동안 기독교는 여러 형태의 성격에 어울리는 풍부한 영성을 산출해왔다. 많은 교단이나 교파들은 기본적인 특징의 일부를 공유하고 있지만, 각기 특별한 형태의 성격에 호소하는 특징을 소유하고 있다. 지금까지는 대체로 로마 가톨릭 교단들 사이에 조화를 이루는 일이 실시되어온 듯하다. 그러나 우리는 쉽게 개신교나 정교회에서도 끌어당기는 힘을 발휘했다고 상상할 수 있다. 이들 두 전통에서도 가톨릭교회의 교단들과 흡사한 영성을 나타내고 있을 수도 있다. 예를 들어, 감리교인들은 개신교의 프랜시스 교인들이라고 생각되어 왔다. 침묵을 강조하는 퀘이커 교도들은 베네딕트 전통과 많은 부분을 공유하고 있다.

찰스 키팅은 성격의 유형을 가톨릭교회의 네 가지 형성 형태에 비교했다: 이냐시오의 영성, 살레의 전통, 테레사의 정통, 샤르뎅의 전통. 그의 연구에서는 도발적으로 성격의 유형을 이러한 기독교 영성에의 접근 방법과 연결 짓는다.

체스터 마이클(Chester P. Michael)과 마리 노리시(Marie C. Norissey)는 기도의 형태와 성격의 유형을 약간 다른 결과와 연결했다.

그들은 네 가지 주요한 성격 모두가 아니라 두 가지 성격을 다루었는데, 이성적-비판적 기질을 고도로 훈련된 이냐시오의 기도 방법과 연결 지었다. 이 기도는 상상력에 크게 의존한다. 로욜라는 『영신 수련』(Spiritual Exercises)에서 기도에 대해 다양한 제안을 했다. 그는 하루에 세 번 주의 깊게 자기를 성찰하고 복음서를 묵상하는 것 외에, 세 가지 기도 방법을 추천했다.

(1) 십계명, 일곱 가지 대죄, 영혼의 세 가지 능력, 육체의 다섯 가지 감각을 묵상함
(2) 기도의 각 낱말의 의미를 깊이 생각함
(3) 주기도문, 아베 마리아, 사도신경, Salve Regina, Anima Christi 등을 운율에 맞추어 낭송함.

직관적-감성적인 사람은 어거스틴의 방법을 선호할 것이다. 이냐시오의 기도는 "현명한 상상력"에 의해서 기도자를 무대에 등장시키는 데 반해, 어거스틴의 기도는 "독창적인 상상력"에 의해서 성경의

표현을 현대적 상황에 옮겨 놓는다.[2] 주된 관심은 원래의 상황에서 그 표현을 이해하려는 것이 아니라, 그것이 지금 의미하는 바를 아는 데 있다. 사도 바울이 고린도 교인들에게 경고하면서 이스라엘 백성이 광야에서 방랑 생활을 한 것을 예로 들어 인용한 것은 이와 흡사한 것을 염두에 둔 듯하다.

> "그들에게 일어난 이런 일은 본보기가 되고 또한 말세를 만난 우리를 깨우치기 위하여 기록되었느니라"(고전 10:11).

마르세이유의 카시안은 시편을 사용함에 있어서 사막 교부들과 비슷한 방법을 언급했다. 아바 이삭(Abba Isaac)의 주장에 의하면, 우리는 시편을 낭송할 때 다음과 같이 해야 한다.

> 시편 기자가 그의 시편을 기록하거나 노래할 때에 지녔던 것과 동일할 마음의 태도를 지녀야 한다. 우리는 시편 기자들처럼 되어야 할 것이다. …시편의 단어를 사용할 때에, 우리는 일종의 묵상적 연상에 의해서 우리 자신의 환경과 갈등, 우리의 태만함이나 열심의 결과, 하나님의 자비하신 섭리나 마귀의 시험, 인간의 연약함이나 생각 없이 이루어지는 무지 등을 기억한다.[3]

---

2) Chester P. Micahel and Marie C. Norissey, *Prayer and Temperament: Different Prayer Forms for Different Personality Types* (Charlottesville, Va.: The Open Door, Inc., 1984), 58.

3) Cassian, *Conference* 10.11; *Library of Christian Classics*, XII:244.

여기에서 핵심 단어는 "묵상적 연상"(meditative association)이다. 물론 어떤 기질의 사람이나 모두 이것을 행할 수 있겠지만, 직관적-감성적 성격을 가진 사람이 더 자연스럽게 이것을 행할 수 있을 것이다.

이성적-인식적(sensing-Perceiving) 유형의 사람들의 특징은 성령의 인도하심을 그대로 받아들이려는 개방적인 태도인데, 이들은 프랜시스의 방법을 보다 편안하게 느낄 것이다. 이 방법에서는 기도와 사랑의 봉사 행동을 연결한다. 아씨시의 프랜시스는 만물 안에서 아름다움, 선, 하나님의 사랑을 본 "자연 신비주의자"(nature mystic)라고 알려져 있다.[4] 『태양의 노래』(*The Canticle of Brother Sun*)는 프랜시스가 자연을 어떻게 보고 느꼈는지를 잘 보여 준다.

> 오! 나의 주님,
> 당신이 지으신 만물이 당신께 찬송을 드리나이다.
> 보시옵소서 우리 형제
> 저 우람한 태양의 찬송을…
> 온 누리, 대낮을 주관하는 태양,
> 우리 하나님이 바로 그를 통해 우리를 비추고 계시는 것,
> 오! 태양은 너무도 눈 부셔
> 얼마나 찬란한 빛을 발하고 있는지요!
> 지극히 높으신 주여
> 태양이야말로 바로 당신의 모습이니이다.

---

4) Edward A. Armstrong, *Saint Francis: Nature Mystic* (Berkeley: University of California Press, 1973), 9.

오! 나의 주님
그리고
우리 자매 달과 저 많은 별이
당신께 찬송을 드리나이다.
밤하늘에 방긋이 떠
저렇게 맑고 고상한 빛을 반짝이게 하신 분은
하나님 당신이었나이다.

오! 나의 주님
춘하추동 사계절의 기후로
재롱부리는 우리 형제
바람, 공기, 구름,
그리고 개인 하늘, 흐린 날…
저들이 드리는 찬송을 받으소서
저들을 얼러가며 만물을 보살피시는 분은
주여
당신이시기 때문입니다.

오! 나의 주님
물, 우리 자매 물의
찬송을 받으소서
물보다 더 요긴한 것이 어디 있으리오
겸손하고 맑고 보배로운 물.

오! 나의 주님
불, 우리 형제
불의 찬송을 받으소서.

그는 힘차고 다부진 형제
언제나 유쾌하고 아름다운 불
주여
당신은 이 불로 어두운 밤을 비추시나이다.

오! 나의 주님
우리 자매 대지가
드리는 찬송을 받으소서
땅 위의 온갖 생명을
그녀는 잉태하고 길러가는 어머니
갖가지 아롱진 풀과 꽃들
그리고 진귀한 초목의 열매들을
그녀로 생산하게 하셨나이다.[5]

이것은 범신론이 아니라 만유재신론(panentheism)이다. 프랜시스에게는 "모든 자연이 노래하며, 우리 주위에서 하늘의 음악을 울리게 한다." 그의 제자요 최초의 전기 작가인 첼라노의 토마스(Thomas of Celano)는 다음과 같이 기록했다.

> 그는 꽃을 발견하면, 마치 꽃에게 이성이 있는 듯이, 꽃에게 설교하고 주님을 찬양하라고 권했다. …마침내 그는 모든 피조물을 형제라고 불렀고, 다른 사람들은 결코 경험하지 못한 지극히 특별한

---

5) Francis of Assisi, *The Canticle of Brother Sun; St. Francis of Assisi: Writings and Early Biographies*, ed. Marion A. Habig (Chicago: Franciscan Herald Press, 1973), 130-31.

방법으로, 그의 예민한 마음을 가지고, 자연의 은밀한 일을 분별했다. 그는 마치 하나님의 아들들의 영광의 자유 안으로 이미 도망친 사람 같았다.[6]

직관적-사색적(Intuitive-Thinking) 유형의 사람들은 토머스가 제시한 기도를 할 때 더 편안하게 느낄 것이다. 그 기도는 생각을 질서정연하게 전개하는 것을 강조하며, 논리적이고 합리적이고 사변적인 묵상을 선호한다. 우리는 이런 형태의 기도에서 덕이나 허물이나 신학적 진리를 취하여, 그것을 모든 각도에서 바라본다. 마이클과 노리시는 일곱 가지 질문—무엇이, 왜, 어떻게, 누구를, 어디서, 언제, 그리고 무엇을 가지고 돕는가?—를 사용하는 것, 그리고 그것들을 각각의 질문에 적용하는 것을 추천한다. 이 형태의 기도는 비인격적인 탐구나 연구 계획으로 변질되며 정서와 감정을 소홀히 하게 될 위험이 있다.

네 가지 기본적인 기질의 사람들 모두가 베네딕트 전통의 영적 독서(*lectio divina*)에서 유익을 얻을 수 있다. 영적 독서에는 네 가지 기본적인 정신 기능에 상응하는 네 단계가 있다.

(1) 독서(*lectio*)에서는 성경, 다른 서적이나 매체, 자연, 사람 등에 관해 읽고 생각하는 데 있어서 감각하는 기능(*sensing function*)을 채택한다.

(2) 묵상(*meditatio*)에서는 독서를 통해서 얻는 통찰을 반추하기 위해서 사고하는 기능(*thinking function*)을 사용한다. 초기 수도사들은 이것은

---

6) Thomas of Celano, *First Life* 81, in ibid., 296-97.

소의 되새김운동에 비유했다.

(3) 기도(*oratio*)는 하나님과의 대화나 의사소통을 하기 위해서 이러한 통찰을 인격화한다.

(4) 관상(*contemplatio*)은 직접적인 하나님 의식을 통해서 일관성 있는 전체에 이르는 과정을 이루기 위해서 직관적인 기능(*intuitive function*)을 의지한다. 여기에서 하나님과의 대화에서 흘러나오는 사랑의 합일이 발생해야 한다.

영적 독서는 초심자나 어느 정도 진보한 신자 모두에게 적합한 방법이다. (영적 독서에 대해서 상세히 알려면 Gathered in the Word by Norvene Vest를 보라. 이 책의 한글 역본으로 『영성형성을 위한 거룩한 독서』 [은성출판사, 최대형 역]을 보라).

약한 면에 치중하기

우리는 대체로 자신의 성향에 따라 발휘되는 매력을 좋아할 것이다. 그러나 영적 성장과 관련해서 생각해 보면, 약한 측면에 관심을 기울여야 한다.

우리는 은혜의 도움을 받아 자신의 열등한 기능을 발달시킬 수 있다. 어떤 형태의 기도는 감각의 기능의 초월적인 차원을 활성화해줄 수 있다. 감각하는 기능의 경우, 감각과 상상력을 강조하는 프랜시스나 이냐시오의 기도 방법이 도움이 된다.

직관적인 기능과 관련해서는, 상징을 많이 사용하는 어거스틴의 방법은 유익하다. 사고하는 기능과 관련해서 보면, 계시된 진리 속으로 깊이 탐구해 들어가는 것 및 반대되는 것들을 일치시키는 것을 강조하는 토마스의 방법을 활용할 수 있다.

느끼는 기능(feeling function)을 발달시키는 데에는 어거스틴, 프랜시스, 이냐시오, 베네딕트의 방법이 도움이 된다. 중요한 것은 그 일을 하려는 소원이다. 보다 원만한 영성 생활을 하기를 원하는가? 아니면 주도적인 기능에 의해서 추진되는 영성 생활에 만족하려는가?

영성 생활에서는 경험적 차원, 지적 차원, 사회적 차원, 제도적 차원의 균형을 이루는 것이 무척 중요하다. 우리의 영성 생활의 활력은 우리가 전인적으로 하나님의 사랑에 응답하면서 이러한 각각의 차원을 강화하는 데 달려 있다.

공동 예배와 성격의 형태

성격에 관심을 두다 보면, 공동체와의 정규적인 모임이 건전한 영성 발달에 얼마나 크게 기여하는지 망각하기 쉽다. 개신교, 특히 미국의 개신교는 개인의 경건을 지나치게 강조하며 집단적인 경험을 과소평가하는 경향이 있다. 계몽주의는 개인주의를 하늘 높이 쏘아 올렸는데, 그것은 세월이 흐르면서 점점 더 높이 올라가서 찰스 라이히(Charles Reich)가 말한 "제3의 의식"(Consciousness III), 사회의 존재 자체를 위협하는 초개인주의(hyperindividualism)를 향해 올라갔다.

베이비 붐 세대나 X세대에게서 영성과 공동체는 중시하지만, 제도적 종교는 중시하지 않는 경향을 살펴볼 수 있는데, 이러한 견해는 영성의 영역에서도 나타났다. 공동 예배의 어느 측면이 특별한 성격적 특성을 만족시키는지를 아는 것보다는 공동 예배가 교회에 모이는 믿을 수 없을 정도로 다양한 그리스도의 몸에 기여해온 공적을 인정하는 것이 더 중요하다. 그러한 일이 일어나려면, 은혜로 말미암아 각 사람의 성격으로 말미암은 모든 한계가 초월되듯이, 은혜로 말미암아 다양성을 극복해야 한다.

대부분 사람은 자신의 영적 지도를 위해서 예배 모임에 의존하는데, 이러한 모임을 통해서 그들의 기본적 욕구 중 일부를 충족시키기를 기대하는 것은 잘못된 것이 아니다. 마이클과 노리시는 공동예배가 개성의 주된 기능 모두를 충족시켜 주는 방법을 지적했다.

공동체는 느끼는 기능을 만족시켜 주며, 설교는 사고 기능을 만족시켜 주며, 상징과 메시지로서의 십자가는 감각적 기능을, 그리고 성만찬은 직관적 기능을 충족시켜 준다. 우리가 예배를 인도하는 지도자이건 아니건 간에, 우리는 공동예배가 자신의 지속적인 영적 순례를 위한 기본적인 토대를 제공해준다는 것을 발견할 것이다. 그리스도의 몸된 교회와 더불어 하나님을 예배하며, 자기 삶의 개인적인 공간에서 하나님께 자신을 개방하며, 하나님을 섬기며, 무슨 일을 하든지 사람들을 보살피라.

참고문헌

제1장

Berry, Carmen Renee, and Mark Lloyd Taylor. *Loving Yourself as Your Neighbor: A Recovery Guide for Christian Escaping Burnout and Codependency.* San Francisco: Harper & Row, 1990.

Bonhoeffer, Dietrich. *Spiritual Care.* Translated by Jay C. Rochell. Philadelphia, Pa.: Augsburg Fortress Publishers, 1985.

Edwards, Tilden. *Spiritual Friend: Reclaiming the Gift of Spiritual Direction.* New York: Paulist Press, 1997.

Freeman, Forster. *Readiness for Ministry through Spiritual Direction.* Washington, D.C.: Alban Institute, 1986.

Grenz, Stanley J. *A Primer to Postmodernism.* Grand Rapids, Mich.: Wm. B. Eerdmans Publishing co., 1996.

Guenther Margaret. *Holy Listening: The Art of Spiritual Direction.* Boston, Mass.: Cowley Publications, 1992.

Lakeland, Paul. *Postmodernity: Christian Identity in a Fragmented Age.* Minneapolis, Minn.: Augusburg Fortress Publishers, 1997.

Merton, Thomas. *Spiritual Direction and Meditation.* Collegeville, Minn.: Liturgical Press, 1960.

Nemeck, Francis Kelly, and Marie Theresa Coomes, *The Way of Spiritual Direction.* Minneapolis, Minn.: Luturgical Press, 1985.

Oswald, Roy M. *Clergy Self-Care: Finding a Balance for Effective Ministry.* Bethesda, Md.: Alban Institute, 1991.

Peterson, Eugene H. *The Contemplative Pastor: Returning to the Art of Spiritual Direction*. Grand Rapids, Mich.: Wm. B. Eerdmans Publishing co., 1993.

Roof, Wade Clark. *A Generation of Seekers: The Spiritual Journeys of the Baby Boom Generation*. San Francisco: Harper San Francisco, 1993.

Schuler, David S., Milo L. Brekke, and Merton P. Strommem. *Readiness for Misintry*. Vandalia, Ohio: The Association of Theological Schools in the United States and Canada, 1975.

Yungblut, John R. *The Gentle Art of Spiritual Guidance*. New York: Continuum Publishing Co., 1995.

제2장

Clebsch, William A., and Charles R. Jaekle. *Pastoral Care in Historical Perspective*. Northvale, N.J.: Jason Aronson Publishers, 1994.

The Ministry in Historical Perspectives. Edited by H. Richard Niebuhr and Daniel Day Williams. San Francisco: Harper & Row, 1956, 1883.

Sage, Athanase. *The Religious Life According to St. Augustine*. Translated by Paul C. Thabault. Brooklyn: new City Press, 1990.

Spener, Philip Jacob. *Pia Desideria*. Translated and edited by Theodore G. Tappert. Philadelphia, Pa.: Augsburg Fortress Publishers, 1964. 한글 역본으로 『경건한 소원』(은성출판사, 엄성옥 역)이 있다.

Thronton, Edward R. *Professional Education for Ministry: A History of Clinical Pastoral Education*. Nashville: Abingdon Press, 1970.

Writings on Spiritual Direction by Great Christian Masters. Edited by Jerome M. Venfelder and mary C. Coelho. New York: Seabury press, 1982.

제3장

The Art of Prayer: An Orthodox Anthology. Complied by Igumen Chariton of Valamo. London: Farber & Farber, Inc., 1997. 한글 역본으로 『기도의 기술』(은성출판사, 엄성옥 역)이 있다.

Baillie, John. *Christian Devotion*. New York: Charles Scribner's Sons, 1962, esp. pp. 43-51.

_____. *A Diary of Private Prayer.* New York: Simon & Schuster Trade, 1996.

Balthasar, Hans Urs von. *Prayer.* Translated by Graham Harrison. San Francisco, Calif.: Ignatius Press, 1986.

Barth, Karl. *Prayer.* 2d ed. Edited by Don E. Saliers. Philadelphia: Westminster Press, 1985.

Bondi, Roberta C. *In Ordinary Time: Healing the Wounds of the Heart.* Nashville, Tenn.: Abingdon Press, 1996.

_____. *Memories of God: The Theological Reflections on Life.* Nashville, Tenn.: Abingdon Press, 1995.

_____. *To Pray and to Love: Conversations on Prayer with the Early Church.* Minneapolis, Minn.: Augsburg Fortress Publishers, 1991.

Bonhoeffer, Dietrich. *Prayers from Prison.* Interpreted by Christoph Hempe. London: Collins, 1977.

Bounds, E. M. *Power through Prayer.* New Kensington, Pa.: Whitaker House, n.d. *Prayer and Praying Men.* Ada, Mich.: Baker Books, 1992.

Bowden, Guy A. *The Dazzling Darkness: An Essay on the Experience of Prayer.* London: SPCK, 1963.

Brooke, Avery. *Learning and Teaching Christian Meditation.* Rev. ed. Cambridge, Mass.: Cowley Publications, 1990.

Buttrick, George A. *Prayer.* New York and Nashville: Abingdon-Cokesbury, 1942.

Carter, Harold A. *The Prayer Tradition of Black People.* Valley Forge, Pa.: Judson Press, 1976.

Carver, William Owen. *Thou When Thou Prayest.* Nashville: Sunday School Board, SBC, 1928.

Clemmons, William. *Discovering the Depths.* Nashville: Broadman Press, 1976.

Coburn, John B. *A Life to Live - Way to Pray.* New York: Seabury Press, 1973.

_____. *Prayer and Personal Religion.* New York: Walker Publishing Co., 1985.

Daly, Gabriel, O.S.A. *Asking the Father: A Study of the Prayer of Petition.*

Ways of Prayer Series. Wilmington, Del.: Michael Glazier, 1982.

Daujat, Jean. *Prayer*. Translated by Martin Murphy. New York: Hawthorn Books, 1964.

DelBene, Ron. *The Hunger of the Heart: A Call to Spiritual Growth*. nashville, Tenn.: Upper Room Books, 1992.

Christian Duquoc and Claude Geffre. *The Prayer Life*. Concilium, vol. 79. New York: Herder & Herder, 1972.

Ellul, Jacques, *Prayer and Modern Man*, Translated by Edward Hopkin. New York: Seabury Press, 1970.

Farmer, Herbert H. *The World and God: A Study of Prayer, Providence and Miracle in Christian Experience*. London: Nisbet & Co., 1948.

Forsyth, Peter Taylor. *The Soul of Prayer*. Bellingham, Wash.: Regent College Publishing, 1993.

Fosdick, Harry E. *The Meaning of Prayer*. Minneapolis, Minn.: Macalester Park Publishing, 1997.

Gallen, John, ed. *Christian at Prayer*. Notre Dame, Ind.: University of Notre Dame Press, 1976.

Garret, Constance. *Growth in Prayer*. New York: Macmillan, 1950.

Gibbard, Mark. *Guides to Hidden Springs*. London: SCM Press, 1979.

_____. *Prayer and Contemplation*. London: Mowbrays, 1976.

_____. *Twelve Who Prayed*. Minneapolis: Augsburg, 1977.

_____. *Why Pray?* London: SCM Press, 1970.

Gossip, Arthur John. *In the Secret Place of the Most High*. New York: Charles Scribner's Sons, 1947.

Groff, Warren F. *Prayer: God's Time and Ours!* Ann Arbor, Mich.: Books on Demand, 1984.

Hallesby, Ole Christian. *Prayer*. Minneapolis, Minn.: Augsburg Fortress Publishers, 1994.

Hallock, Edgar F. *Prayer and Meditation*. Nashville: Broadman Press, 1940.

Harkness, Georgia. *Prayer and the Common Life*. New York: Abingdon Cokesbury, 1948.

_____. *The Religious Life*. New York: Association Press, 1953.

Harringron, Wilfrid, O. P. Prodigal Father. *Ways of Prayer*, 2. Wilmington, Del.: Michael Glazier, 1982.

Irénée Hausherr, Irénée. *The Name of Jesus*. translated by Charles Cummings. Kalamazoo, Mich.: Cistercian Publications, 1978.

Hazelton, Roger. *The Root and Flower of Prayer*. New York: Macmillan, 1943.

Heard, Gerald. *A Preface to Prayer*. New York and London: Harper & Brothers, 1944.

Higgins, John. J. *Merton's Theology of Prayer*. Spencer, Mass.: Cistercian Publications, 1971.

Hinson, E. Glenn. *The Reaffirmation of Prayer*. Nashville: Broadman Press, 1979.

_____. *A Serious Call to a Contemplative Lifestyle*. Rev. ed. Macon, Ga.: Irwin, Kevin. *Liturgy: Prayer and Spirituality*. New York: Paulist Press, 1984.

John XXIII, Pope. *Prayers and Devotions of Pope John XXIII*. Edited by John P. Donnelly. London: Burns & Oates, 1967.

Jones, Rufus M. The Double Search: Studies in Atonement and Prayer. Philadelphia: John C. Winton Co., 1906.

_____. "What Does Prayer Mean?" In *Rufus Jones Speaks to Our Time*, edited by Harry Emerson Fosdick. New York: Macmillan, 1957.

Kesley, Morton. *The Other Side of the Silence: Mediation for the Twenty-First Century*. New York: paulist Press, 1997.

Klenicki, Leon, and Gabe Huck, eds. *Spirituality and Prayer: Jewish and Christian Understandings*. Ann arbor, Mich.: Books on demand, n.d.

Laubach, Frank Charles. *Frank Laubach's Prayer Diary*. Westwood, N.J.: Revell, 1964.

Leech, Kenneth. *True Prayer: An Invitation to Christian Spirituality*. harrisburg, Pa.: Morehouse Publishing, 1995.

LeFevre, Perry. *Understandings of prayer*. Philadelphia: Westminster Press, 1981.

Lewis, C. S. *Letters to Malcolm: Chiefly on Prayer*. New York: Harcourt,

Brace & Company, 1972.

McEachern, Alton H. *A Pattern of Prayer.* Nashville: J. M. Productions, 1982.

Macy, Howard R. *Rhythms of the Inner Life.* Newbery, Ore.: Barclay Press, 1992.

Maloney, George, S.J. *Centering on the Lord Jesus. Ways of Prayer,* 3. Wilmington, Del.: Michael Glazier, 1982.

Mangan, Celine, O. P. *Can We Still Call God, "Father",* Ways of Prayer, 12. Wilmington, Del.: Michael Glazier, 1984.

Merton, Thomas. *Contemplative Prayer.* New York: Doubleday Image Books, 1971.

_____. *New Seeds of Contemplation.* New York: New Directions Publishing, 1972.

Northcott, Hubert. *The Venture of Prayer.* London: SPCK, 1962.

Oates, Wayne E. *Nurturing Silence in a Noisy Hear: How to Find Inner Peace.* Minneapolis, Minn.: Augsburg Fortress Publishers, 1996.

O'Driscoll, Herbert. *A Doorway in Time.* San Francisco: Harper & Row, 1985.

Osiek, Carolyn, and Donald Senior, eds. *Scripture and Prayer.* Wilmington, Del.: Michael Glazier, 1988.

Paterson, William F. *The Power of Prayer.* New York: Macmillan, 1970.

Pennington, Basil, O.C.S.O. *Centering Prayer: Renewing as Ancient Christian Prayer Form.* New York: Doubleday & Co., 1982.

_____. *Challenges in Prayer(Ways of Prayer series),* Wilmington, Del.: Michael Glazier, 1982.

_____. *The Way Back Home: An Introduction to Centering Prayer.* New York: Paulist Press, 1982.

Pittenger, W. Norman. *God's Way with Men: A Study of the Relationship Between God and Man in Providence, "Miracle," and Prayer.* London: Hodder & Stoughton, 1969.

Poling, David A. *Faith Is power for You.* New Yrok: Greenberg, 1950.

Porteous, John. *Order and Grace: A Discussion of Prayer, Providence, and Miracle.* London: james Clarke, 1925.

Puglisi, Pico Mario. *Prayer*. Translated by Bernard M. Allen. New York: Macmillan, 1929.

Quoist, Michel. *Prayers*. Translated by Agnes M. Forsyth and Anne Marie de Commaile. Fracklin, Wis.: Sheed & Ward, 1985.

Ratuin, Yves. *How to Pray Today*. Translated by John Beebers. St. Meinrad, Ind.: Abbey Press, 1974.

Rauschenbusch, Wlater. *Prayer of the Social Awakening*. Fresno, Calif.: Kairos World Press, 1996.

Rhymes, Douglas. *Prayer in the Secular City*. Philadelphia: Westminster Press, 1967.

_____. *Through Prayer to Reality*. Winona, Minn.: St. Mary's College Press, 1974.

Roberts, Howard. *Learning to Pray*. Nashville: Broadman Press, 1984.

Schmidt, Herman, ed. *Prayer and Community*. Concilium, vol. 52. New York: Herder & Herder, 1970.

Steere, Douglas V. *Dimensions of Prayer: Cultivating a Relationship with God*, revised edition. Nashville, Tenn.: Upper Room Books, 1997. 한글 역본으로 『기도의 능력』(은성출판사, 엄성옥 역)이 있다.

_____. *On Listening to Another*. New York: Harper & Brothers, 1955.

_____. *Prayer and Worship*. New York: Association Press, 1938.

_____. *Prayer in the Contemporary World*. Wallingford, Penn.: Pendle Hill Publications, 1990.

_____. *Work and Contemplation*. New York: Harper & Brothers, 1957.

Stoddart, Jane T. *Private Prayer in Christian Story*. Garden City, N.Y.: Doubleday, Doran, 1928.

Teilhard de Chardin, Pierre. *The Divine Milieu: An Essay on the Interior Life*. New York: Harper Collins, 1975.

Underhill, Evelyn. *The Golden Sequence: A Fourfold Study of the Spiritual Life*. New York: E. P. Dutton, 1933.

_____. *The Life of the Spirit and the Life of Today*. Harrisburg, Pa.: Morehouse Publishing, 1995.

_____. *Mysticism: The Nature and Development of Spiritual*

Consciousness. Boston, Mass.: One World Publications, 1994.

Vischer, Lukas, Intercession. *Geneva: World Council of Churches*, 1980.

_____. *The Way of the Pilgirm*. Translated by R. M. French. New York: Ballantine, 1974. 한글 역본으로 『순례자의 길』(은성출판사, 엄성옥 역)이 있다.

Whiston, Charles F. *Pray: A Study of Distinctively Christian Praying*. Grand Rapids: Eerdmans, 1972.

_____. *Teach Us to Pray*. Boston: Pilgrim Press, 1949.

_____. *When Ye Pray, Say Our Father*. Boston: Pilgrim Press, 1960.

Winward, Stephen F. *Teach Yourself to Pray*. New York: Harper & Row, 1960.

제4장

Bladwin, Christina. *One to One: Self-Understanding Through Journal Writing*. New York: M. Evans & Company, 1991.

Kelsey, Morton T. *Adventure Inward: Christian Growth through Personal Journal Writing*. Minneapolis, Minn.: Augsburg Fortress Publishers, 1980.

Lindbergh, Anne Morrow. *Gift from the Sea*. New York: Vintage Books, 1991.

Progroff, Ira. *At a Journal Workshop: Writing to Access the Power of the Unconscious and evoke Creative Ability*. New York: Putnam Publishing, 1992(2nd edition).

_____. *The Practice of Process Meditation: The Intensive Journal Way to Spiritual Experience*. New York: Dialogue House Library, 1980.

Roh, Ray. *Keeping a Spiritual Journal*. Pecos, N. Mex.: Dove Publishing, 1978.

Simons, George F. *Keeping Your Personal Journal*. New York: Paulist Press, 1978.

제5장

Blizzard, Samuel W. *The Protestant Parish Minister: A Behavioral Science Interpretation. Monograph Series No. 5*. West lafayette, Ind.: Society for the scientific Study of Religion, 1985.

Caussade, Jean-Pierre de. *The Sacrament of the Present Moment*. Translated by Kitty Muggeridge. San Franscisco: harper San Franscisco, 1989. 한글 역본으로 『자기 포기』(은성출판사, 엄성옥 역)이 있다.

Cullman, Oscar. *Christ and Time: The Primitive Conception of Time and History*. New York: Gordon Press Publishers, 1977.

Edwards, Tilden. *Living in the Presence: Spiritual Exercises to Open Our Lives to the Awareness of God*. San Francisco: Harper San Francisco, 1995.

_____. *Living Simply Through the Day: Spiritual Survival in a Complex Age*. New York: Paulist Press, 1977).

_____. *Sabbath Time: Understanding and Practice for Contemporary Christians*. Rev. ed. nashville: Upper Room Books, 1992.

kelly, Thomas R. *A Testament of Devotion*. San Francisco: Harper San Francisco, 1996.

Oates, Wayne E. *Confessions of a Warkaholic*. New York: Word Publishing, 1971.

제6장

Augustine. *Confessions*. Translated by John K. Ryan. New York: Image Books, 1960.

_____, *Soliliquies* NPNF, Series 1, VII:539.

Bernard of Clairvaux Sermon 74 on the *Song of Songs* 5-6, in Varieties of Mystic Experience by Elmer O'brien, S. J.(New York: Mentof-Omega Books, 1964), 105.

Bernard of Clairvaux. Sermon 84 on the *Song of Songs* 2; Library of Christian Classics. 한글 역본으로 『내사랑아 네눈이 비둘기같구나』(은성출판사, 엄성옥 역), 아가서 시리즈 제2권이 있다.

Catherine of Siena. *The Dialogue*. Translated by Suzanne, Nofke, O.P.

Classics of Western Spirituality: New York: Paulist Press, 1980.

Forest, Janes. "The Gift of Merton," *Commonweal*, January 10, 1969.

Hammarskjold, Dag, *Markings*. Translated by Leif Sj erg and W. H. Auden. London: Faber and Faber, 1964.

Heschel, Abraham Joshua. *Man Is Not Alone: A Philosophy of Religion*. New York: Farrar, Straus & Giroux, 1951.

Hilton, Walter. *The Stairway of Perfection*. Translated by M. L. Lel Mastro. New York: Image Books, 1979.

Hinson, E. Glenn, "Contemptus Mundi-Amor Mundi: Merton's Progression from World Denial to World Affirmation," Cistercian Studies 26: 1991.

_____. *Love at the Heart of Things*. Wallingford, Pa.: Pendle Hill, 1998.

_____. "The Catholicizing of Contemplation: Thomas Merton's Place in the Church's Prayer Life." *Perspectives in Religious Studies* 1:1974.

Hugo of St. Victor. *Nineteen Sermons of Ecclesiastes: Library of Christian Classics in Late Medieval Mysticism*. Edited by Ray C. Oetry. Philadelphia: Westminster Press, 1957.

Jones, Rufus M. *The Double Search: Studies in Atonement and Prayer*. Philadelphia: J. C. Winston, 1906.

Kelly, Thomas R. *A Testament of Devotion*. New York: Harper and Row, 1941.

Leclercq, O.S.B., Jean. *The Love of Learning and the Desire for God: A Study of Monastic Culture*. Translated by Catherine Misrahi. New York: Fordham University Press, 1961.

McGuinn, Bernard. *The Growth of Mystcism: From Gregory the Great Through the 12th Century*. New York: Crossroad Herder, 1996.

Merton, Thomas. *A Vow of Conversation: Journals* 1964-1965. New York: Farrar, Straus, & Giroux, 1988.

Merton, Thomas. *Conjectures of a Guilty Bystander*. New York: Image Books, 1968.

Merton, Thomas. *No Man Is an Island*. New York: Harcourt, Brace, and

Jovanovich, 1955.

Merton, Thomas. *The Signs of Jonas*. New York: Harcourt, Brace, & Goroux, 1979.

Pascal, Blaise. *Pensées*. Edited by Louis Lafuma. Translated by John Warrington. London: J. M. Dent & Sons; New York; E. P. Dutton, 1960.

Robinson, John A. *Honest to God*. *London*: SCM Press; Philadelphia: Westminster Press, 1963.

Schultenover, David G. *George Tyrrel in Search of Catholicism*. Shepherdstown, Penn.: Patmos Press, 1981.

Steere, Douglas V. *On Speaking of the Silence*. Wallingford, Penn.: Pendle Hill Publications, 1972.

_____. *Classics of Western Spirituality*. New York: Paulist Press, 1984.

_____. *The Open Life*. Philadelphia, Penn.: Book Committee of the Religious Society of Friends, 1937.

Teilhard de Chardin, Pierre. *Le Milieu Divin*. London: Fontana Books, 1962.

Woolman, John. *The Journal of John Woolman*. New York: Corinth Books, 1961.

제7장

Kelsey, Morton T., and Barbara Kelsey. *Sacrament of Sexuality: The Spirituality and Psychology of Sex*. Warwick, N.Y.: Amity House, 1986.

Moore, John. *Sexuality, Spirituality: A Study of Feminine/Masculine Relationships*. Tisbury, Wiltshire, England: Element Books, 1980.

Morrison, Melanie. *The grace of Coming Home: Spirituality, Sexuality, and the Struggle for Justice*. Cleveland, Ohio: Pilgrim Press, 1995.

Nelson, James B. *The Intimate Connection: Male Sexuality, Masculine Spirituality*. Philadelphia: Westminster John Knox Press, 1988.

Timmerman, Joan H. *Sexuality and Spiritual Growth*. New York: Crossroad, 1992.

제8장

Armstrong, Edward A. *Saint Francis: Nature Mystic: The Derivation and Significance of the Nature Stories in the Franciscan Legend.* Ann Arbor, Mich.: Books on Demand, n.d.

Baggley, John and Richard Temple. *Doors of Perception: Icons and Their Spiritual Significance.* Crestwood, N.Y.: St. Vladimir's Seminary Press, 1988.

Chittister, Joan D. *A Passion for Life: Fragments of the Face of God.* Maryknoll, N.Y.: Orbis Books, 1996.

Christian Spirituality. Edited by Frank N. Magill and Ian P. McGreal. San Francisco: Harper & Row, 1988.

Forest, James H. *Praying with Icons.* Maryknoll, N.Y.: Orbis Books, 1997.

Galavaris, George. *The Icon in the Life of the Church: Doctrnie, Liturgy, Devotion.* Leiden: E. J. Brill, 1981.

Hinson, E. Glenn. *Seekers after Mature Faith.* Waco, Tex.: Ward Books, 1968.

Madeleine L'Engle, Pamela Almand, et al. *Penguins and Golden Calves: Icons and Idols in Antarctica and Other Unexpected Places.* Whiaton, Ill.: Harold Shaw Pubishers, 1996.

Limouris, Gennadios. *Icons: Windows on Eternity.* Faith and Order Paper 147. Geneva: World Council of Churches Publications, 1990.

Magabge, John. "Along the Desert Road: Note on Spiritual Reading." In *Spirituality in Ecumenical Perspective*, edited by E. Glenn Hinson. Louisville: Westminster/John Knox Press, 1993.

Nouwen, Henri J. M. *Behold the Beauty of the Lord: Praying the Icons.* Notre Dame, Ind.: Ave Maria Press, 1987.

Ouspensky, Leonide, and Vladimir Lossky. *The Meaning of Icons.* Translated by G. E. H. Palmer and E. Kadloubovsky. Rev. ed. Creswood, n.y.: st. Vladimir's Seminary Press, 1982.

Pelikan, Jaroslav Jan. *Imago Dei: The Byzantine Apologia for Icons.* Washington, D.C.: National Gallery of Art; Princeton, N.J.: Princeton University Press, 1990.

Quenot, Michel. *The Icon: Window on the Kingdom.* Crestwood, N.Y.: St.

Vladimir's Seminary Press, 1991.

Steere, Douglaas V. *Doors into Life through Five Devotional Classics*. New York: Harper & Row, 1948.

제9장

DelBene, Ron. *Alone with God: A Guide for Personal Retreats*. Nashville, Tenn.: Upper Room Books, 1997.

Griffin, Emilie. *Wilderness Time: A Guide to Spiritual Retreat*. San Francisco: Harper San Francisco, 1997.

Hart, Thomas N. *Coming Down the Mountain: How to Turn Your Retreat into Everyday Living*. New York: Paulist Press, 1988.

Job, Rueben P. *A Guide to Retreat for All God's Shepherds*. Nashville, Tenn.: Abingdon Press, 1994.

Maloney, George A. *An Eight-day Retreat: Alone with the Alone*. Notre Dame, Ind.: Ave Maria Press, 1982.

Nelson, Virgil. *Retreat Handbook: A Way to Meaning*. Valley Forge, Pa.: Judson Press, 1976.

Padovano, Anthoney T. *A Retreat with Thomas Merton: becoming Who We Are*. Cincinnati, Ohio: St. Anthony Messenger Press, 1995.

Pennington, M. Basil. *A Retreat with Thomas Merton*. New York: Continuum Publishing Co., 1995.

Shawchuck, Norman, Reuben P. Job, and Tobert G. Doherty. *How to Conduct a Spiritual Life Retreat*. Nashville: The Upper Room, 1986.

Steere, Douglas V. *Time to Spare*. New York: Harper Brothers, 1949.

Studdert-Kennedy, Geoffrey A. *The New Man in Christ*. Edited by the Dean of Worcester. London: Hodder & Stoughton, 1932.

Underhill, Evelyn. *The Fruits of the Spirit*. Harringburg, Penn.: Morefouse Publishing, 1989.

_____. *The Ways of the Spirit*. Edited by grace A. Brame. New York: Crossroad, 1990.

제10장

Allen, Joseph J. *Inner Way: Toward a Rebirth of Eastern Christian Spiritual Direction.* Grand Rapids, Mich.: Wm. B. Eerdmans Publishing Co., 1994.

Berry, William A. *Spiritual Direction and the Encounter with God: A Theological Inquiry.* New York: Paulist Press, 1992.

Barry, William A., and William J, Connolly. *The Practice of Spiritual Direction.* New York: Seabury Press, 1992.

Bonhoeffer, Dietrich. *Spiritual Care.* Translated by Jay C. Rochell. Philadelphia, Penn.: Augusburg Fortress Press, 1985.

Boyer, Ernest, Jr. *A Way in the World: Family Life as Spiritual Discipline.* San Francisco: Harper & Row, 1987.

Common Journey, *Different Paths: Spiritual Direction in Cross-Cultural Perspetive.* Edited by Susan Rakoczy, Maryknoll, N.Y.: Orbis, 1992.

Culligan, Kevin. *Spiritual Direction: Contemporary Readings.* New York: Living Flame, 1983.

Dougherty, Rose Mary, S.S.N.D. *Group Spiritual Direction: Community for Discernment.* Mahweh, N.J.: Paulist Press, 1988.

Dyckman, Katherine Marie and L. Patrick Carroll. *Inviting the Mystic, Supporting the Prophet: An Introduction to Spiritual Direction.* Mahwah, N.J.: Paulist Press, 1981.

Edwards, Tilden. *Spiritual Friend.* New York: Paulist Press, 1980.

Fischer, Kathleen R. *Women at the Well: Feminist Perspectives on Spiritual Direction.* New York: paulist Press, 1988.

Freeman, Forster. *Readiness for Ministry through Spiritual Direction.* Washington, D.C.: Alban Institute, 1986.

Gratton, Carolyn. *The Art of Spiritual Guidance: A Contemporary Approach to Growing in the Spirit.* New York: Crossroad, 1993.

Groff, Kent Ire. *Active Spirituality: A Guide for Seekers and Ministers.* Bethesda, Md.: Alban Institute, 1993.

Grosh, Gerald R. *Quest for Sanctity.* Wilmingron, Del.: Michael Glazier, 1988.

Guenther, Margaret. *Holy Listening: The Art of Spiritual Direction.*

Cambridge, Mass.: Cowley Publications, 1992.

Johnson, Ben Campbell. *Speaking of God: Evangelism as Initial Spiritual Guidance*. Louisville: Westminster John Knox, 1991.

Jones, Alan W. *Exploring Spiritual Direction: An Essay in Christian Friendship*. New York: Seabury Press, 1982.

Kelsey, Morton T. *Comparisions on the Inner Way: The art of Spiritual Direction*. New York Crossroad, 1983.

_____. *Set Your Hearts on the Greatest Gift: Living the Art of Christian Love*. Hyde Park, N.Y.: New York City Press, 1996 and Nashville, Tenn.: Upper Room Books, 1996.

Laplace, Jean. *Prepating for Spiritual Direction*. Translated by John C. Guinness. Chicago: Franciscan Herald Press, 1975.

Leckey, Dolores. *Growing in the Spirit*. Washington, D.C.: Alban Institute, 1975.

Leech, Kenneth. *Soul Friend: An Invitation to Spiritual Direction*. San Francisco: Harper San Francisco, 1992.

_____. *Spirituality and Pastoral Care*. Cambridge, Mass.: Cowley Publications, 1989.

Merton, Thomas. *The school of Charity: The Letters of Thomas Merton on Religious Renewal and Spiritual Direction*. Edited by Patrick Hart. New York: Farrar, Straus, & Giroux, 1990.

_____. *Spiritual Direction and Meditation*. Collegeville, Minn.: Liturgical Press, 1960.

Morneau, Robert F. *Spiritual Direction: Principles and Practices*. New York: Crossroad, 1992.

Nemeck, Francis Kelly, and Marie Theresa Coomes. *The Way of Spiritual Direction*. Wilmington, Del.: Michael Glazier, 1985.

Peterson, Eugene H. *The Contemplative Pastor: Returning to the Art of Spiritual Direction*. Grand Rapids: Eerdmans, 1993.

Rohr, Richard. *Spiritual Direction and Growth within the Family*. Kansas City, Mo.: National Catholic Reporter, 1988.

Ruffing, Janet. *Uncovering Stories of Faith: Spiritual Direction and Narrative*. New York: Paulist Press, 1989.

Sellner, Edward Cletus. *Mentoring: The Ministry of Spiritual Kinship*. Notre Dame, Ind.: Ave Maira Press, 1990.

Spiritual Direction: *Contemporary Readings*. Edited by Kevin Gl Culligan. Locust Valley, N.Y.: Living Flame, 1983.

Studzinski, Raymond. *Spiritual Direction and Midwife Development*. Chicago: Loyola University, 1985.

Thornton, Martin. *Spiritual Direction*. Cambridge, Mass.: Cowley Publications, 1984.

Vanderwall, Francis W. *Spiritual Direction: An Invitation to Abundant Life*. New York: Paulist Press, 1981.

Van Kaam, Adrian L. *Dynamics of Spiritual Guidance*. New York: Continuum, 1995.

제11장

Brother Francis: An Anthology of Writings by and about St. Francis of Assisi. Edited by Lawlence Cunningham. New York: Harper & Row, 1972.

Egan, Eileen. *Such a Vision of the Street*. New York: Doubleday, 1985.

Francis of Assisi Today. Edited by Christian Duquoc and Floristan Casiano. San Francisco: Harper San Francisco, 1981.

My Life for the Poor: Mother Teresa of Calcutta. Edited by Jose Luis Gonzalez-Balado and Janet N. Playfoot. New York: Ballantine, 1987.

Steere, Douglas V. *On Beginning from Within*. New York: Harper Brothers, 1943.

부록

Bryant, Christhpher. *Prayer and Different Types of People*. Gainsville, Fla.: Center for Application of Psychological Type, 1983.

Jung, Carl Gustav. *Psychological Types*. Princeton, N.J.: Princeton University Press, 1959.

Keating, Charles J. *Who We Are Is How We Pray: Matching Personality and Spirituality*. Mystic, Conn.: Twenty-third Publications, 1987.

Michael, Chester P., and Marie C. Norrisey. *Prayer and Temperament: Different personality Types*. Charlottesville, Va.: Open Door, 1984.

Myers, Isabel Briggs, and Peter Myers. *Psychological Types*. Palo Alto, Calif.: Consulting Psychologists Press, 1980.

색인

ㄱ

가이사랴 마리티 35
감옥에서 보낸 편지 50
개인 기도서 45
거룩한 독서 39, 155, 298
거룩한 환경 207
게에르트 데 그루테 208
경건생활 입문 42
경건의 실천 203
경건의 학교 91
경건하고 거룩한 삶으로의 진지한 부름 206
경건한 소원 48, 54, 56, 91, 255, 302
고독 속에서의 생각 243
고독 속의 생각들 204, 207
고백록 94, 130, 148, 176, 204, 206
공동생활 형제단 44, 208, 254
관상의 새 씨앗들 207
교령회 101
구세주의 교회 237
그루테 208
그리스도를 본받아 42, 44, 47, 199, 204, 206, 208

근대경건운동 42
기도의 시작 69

ㄴ

나타니엘 호손 77
내면로부터의 시작에 관해서 207
내면으로부터의 시작에 관해서 275
노리지의 줄리안 150, 194, 206, 250, 264
누르시아의 베네딕트 155, 188, 206
닐 포스트먼 210

ㄷ

닥 함마슐드 52, 150, 153, 207, 267
대각성 18, 91, 93, 142, 144
디글리스 스티어 11, 12, 78, 79, 80, 81, 82, 83, 95, 96, 98, 149, 151, 167, 168, 207, 219, 220, 224, 226, 228, 232, 234, 251, 252, 256, 265, 266, 267, 274, 275
데이비드 브레이너드 93
데키우스 황제의 박해 33, 36

도로시 데이 269
도로시 스티어 114
독백 157
독일신학 47
디트리히 본회퍼 50, 52, 87, 201, 241
떳떳하지 못한 구경꾼의 추측 207

ㄹ

라온의 안셀름 40
라인홀드 니버 149
로렌스 수사 72, 73, 206
로이드 테일러 27
로이 오스월드 26
루이스 베일리 203
루이스 스피츠 44
루퍼스 존스 61, 149, 217
리처드 롤 190, 191, 251
리치먼드 힐 230, 232

ㅁ

마더 테레사 217, 267, 275, 283, 284, 285
마리 노리시 292
마음의 기도 71, 72
마인라드 신학교 55
마틴 루터 150, 201, 203, 204, 264, 265, 283
맨슨 33
메시아 덫 27
모든 강물은 바다로 흘러간다 207

모튼 켈시 94, 107, 242
목회적 돌봄 15, 245
몰트비 뱁콕 165
무지의 구름 227, 251
미쉘 코이스트 78
밀란의 암브로스 38

ㅂ

바질 페닝턴 86, 227
버타 브라운 11, 102
베긴 254
베이비 붐 세대 19, 20, 22, 165, 300
베일리 스미스 143
보나벤투어 279
본회퍼 50, 52, 87, 201, 202, 207, 241

ㅅ

사람은 섬이 아니다 161
사무엘 블리자드 139
샐리즈베리의 존 40
샤르뎅 55, 73, 80, 164, 207, 291
샴포의 윌리엄 40
성숙한 믿음을 추구하는 구도자들 206
성인의 권위 265
센터링 기도 227
속회 91
수도원 운동 31, 37, 38, 39, 40,

43
순례자의 길 72, 308
스웨덴의 브릿젯 266
스콜라주의 40, 43, 46, 142
스팔라토의 토마스 282
신비 종교 20
신성 클럽 93
십자가의 요한 190, 206

⊙

아놀드 토인비 53
아더 쉬얼리 크립스 270
아빌라의 테레사 206, 266, 270
아씨시의 프랜시스 266, 269, 270, 275, 283, 294
안셀름 40
안토니 블룸 69
알더스 헉슬리 125
알렉산드리아의 데메트리우스 35
야코폰 다 토디 266
어거스틴 38, 39, 61, 94, 130, 148, 156, 174, 175, 176, 177, 178, 194, 197, 203, 204, 206, 207, 253, 264, 265, 292, 299
어느 시골 사제의 일기 271
어느 일 중독자의 고백 123
에게리아 92, 111
에라스무스 42, 43, 44, 266
에블린 언더힐 85, 146, 147
에티엔 질슨 204

엘리 비젤 207
영성 형성에 관한 교령 54
영신 수련 41, 90, 292
영신훈련 206
영원하신 방관자 82
영적 인도 241, 242
영적 지도 12, 13, 15, 53, 55, 85, 90, 147, 205, 230, 234, 236, 240, 241, 242, 244, 245, 246, 247, 249, 250, 251, 252, 253, 256, 257, 264, 300
영적 지도와 묵상 13, 15
영적 친구 242, 246, 247, 248, 249
영혼의 어두운 밤 206
옥중 서신 207
월터 힐튼 156, 191
웨이드 클라크 루프 19
웨인 오츠 123
윌리엄 럿셀 몰트비 268
윌리엄 로 206
윌리엄 블레이크 65, 204
유니테리어니즘 142
이냐시오 로욜라 41, 90, 206
일반인들의 사제 241

ⓩ

잠을 자지 않는 사람들 71
쟌느 드 샨달 230, 248
쟝-피에르 드 코사드 129

색인 321

정결한 마음 207
제노아의 캐더린 266
제자도의 대가 207
조나단 에드워즈 93
조지 바나 21
조지 허버트 63, 73, 140
존 뉴튼 198
존 로빈슨 146
존 스미스 99
존 울먼 81, 93, 114, 164, 206, 264
존 웨슬리 91, 93, 100, 255
존 홀랜드 스미스 279, 282
죄렌 키르케고르 207, 266
죽을 만큼 즐기는 것 210
지금 이 순간의 성례 129, 140

ㅊ

찰스 키팅 288, 290, 291
천로역정 92, 114, 206
체스터 마이클 292
칠층산 160, 204, 207
침묵으로부터 말하기 168

ㅋ

카르멘 레니 베리 26
카밀루스 엘스퍼만 14, 55
칼 라너 52
캐롤라인 스테픈즈 220
케네스 리치 245

켄터베리의 안셀름 40
코사드 129, 130, 200
퀘이커 교도 81, 93, 95, 143, 149, 167, 168, 169, 291
크시메네스 41
큰 바위 얼굴 77, 78
클래런스 조던 264
키티 제노비스 84

ㅌ

토마스 머튼 52, 95, 96, 98, 99, 100, 108, 120, 125, 128, 159, 166, 167, 169, 170, 200, 204, 207, 211, 222, 227, 246, 250, 265
토마스 켈리 137, 143, 207, 209, 231, 259
토마스 키팅 227
토마스 트래헌 266
토머스 켈리 86
트렌트 공의회 31, 41, 48, 215
티터 모린 269
틸덴 에드워즈 14, 129, 242
틸하드 샤르댕 115

ㅍ

판테누스 35
퍼페투아 92, 113, 264
평범한 사람이 천국으로 가는 길 203
포스트모더니즘 21
포시디우스 38, 39

프란시스 드 살레 230, 250
프랑소아 드 살레 41, 248
프랜시스 톰슨 266
피정 17, 86, 106, 138, 221,
　　　224, 225, 228, 229, 230,
　　　231, 232, 233, 234
피터 아벨라르드 40
필립 야곱 스페너 46, 91, 255

ⓗ
하나님의 사랑의 계시 194, 206

하나님의 자존 204
하나님의 친구들 254
하나님 현존 수련 206
함께 하는 삶 207
해이드위치 254
헌신의 약속 86, 207, 209
헨리 나우엔 236
헨리 넬슨 와이먼 129
헨리 수소 266
현장실습 훈련 32
휘겔 남작 85, 167, 251